T0279014

AMOR *sano*
AMOR *del bueno*

MONTSE CAZCARRA

UNA GUÍA PARA CONVERTIR
TU RELACIÓN EN UN LUGAR SEGURO
PARA TI Y PARA TU PAREJA

Grijalbo

Primera edición: septiembre de 2023

Printed in Spain – Impreso en España

ISBN: 978-84-253-6425-9
Depósito legal: B-12.007-2023

Compuesto en Pleca Digital, S. L. U.

Impreso en Black Print CPI Ibérica
Sant Andreu de la Barca (Barcelona)

GR 6 4 2 5 9

A mí misma, por permitirme amar más allá del miedo

A Joan, por querer acompañarme en la ventura de
construir un lugar seguro para los dos

Y a todas aquellas personas que desean un amor sano
y que están dispuestas a trabajar en ellas
para ofrecerlo… y recibirlo

ÍNDICE

INTRODUCCIÓN

Al poco tiempo de empezar a ejercer como psicóloga me di cuenta del gran sufrimiento que podemos vivir en las relaciones de pareja.

Esta apreciación fue cobrando forma y relevancia a medida que en mi práctica profesional acompañaba tanto a personas, a título individual, a mejorar su relación consigo mismas y con su pareja, como a parejas que buscaban resolver conflictos y evitar que escalasen, entenderse mejor, fortalecer el vínculo y, en definitiva, que su relación se convirtiese en un lugar seguro.

Esta observación se hace extensible a los miles de seguidores del contenido que divulgo en las redes sociales. Todos ellos, con independencia del género, la edad o la localización geográfica, anhelan tener relaciones más sanas, en las que no haya sufrimiento y su bienestar no peligre.

Y es que el malestar es lo que nos mueve. Es raro despertarse un día diciendo: «Voy a trabajar para que mi relación sea más sana, para crear un vínculo seguro para mí y para mi pareja». Sería estupendo, no lo voy a negar, y quizá sea el caso de algunas personas. Sin embargo, suelen ser las emociones incómodas las que nos dan un toque de atención en forma de: «Haz algo para mejorar la situación». Y el sufrimiento que experimentamos en las relaciones de pareja puede llegar a niveles desorbitados, incluso a paralizar nuestra vida y a poner en jaque el resto de sus facetas.

Muchas personas a quienes he tenido el placer de acompañar en su proceso de crecimiento personal acudían a consulta, precisamente, movidas por un malestar que tenía origen en uno de los vínculos más estrechos de su vida: su relación de pareja.

«No estamos bien», «No nos entendemos», «Somos compañeros de piso», «Mi pareja no me proporciona lo que necesito», «¿Lo nuestro puede funcionar?», «Cada vez discutimos más», «¿Podemos reavivar la chispa y salvar la relación?» eran las inquietudes que expresaban, acompañadas de una gran incomodidad que podía traducirse en ansiedad, en pensamientos de corte obsesivo, en intentos casi compulsivos de aplicar una u otra estrategia para lograr que la relación por fin funcionase...

Y yo me preguntaba: «Con lo complicada que puede llegar a ser la vida, con lo difícil que resulta mantener el equilibrio, ¿no se supone que las relaciones de pareja deben ser una fuente de apoyo, tranquilidad y seguridad?». Sin saberlo, estaba haciendo referencia a lo que Bruce McEwen, neuroendocrinólogo estadounidense, denominó «carga alostática».[1]

Cuando nos vemos sometidos a elementos estresores de manera continuada, nuestro equilibrio interno puede verse afectado: el cuerpo no tiene margen para recuperarse tras el evento estresante si el estresor sigue activo; en consecuencia, acabamos acostumbrándonos a vivir con esta sobrecarga. ¿El resultado? Nos encontramos ante una nueva situación de «equilibrio» (un equilibrio forzado que tiene origen, en realidad, en un desequilibrio), un nuevo estado en el que nuestra capacidad para sostener sucesos estresantes es menor.

Te pondré un ejemplo: ¿verdad que por la mañana sueles tener más paciencia que por la tarde, cuando ya has vivido varias situaciones que, aunque de manera aislada parecen insignificantes, al acumularse al final del día te agotan sobremanera? Bien, pues lo mismo sucede con otros estresores quizá más significativos a los que hacemos frente a lo largo de nuestra vida: acabamos agotados y sin espacio mental ni emocional para gestionar las dificultades de forma sana, tal y como nos gustaría.

Cuando pensamos en fuentes de estrés es posible que en primer lugar nos venga a la cabeza nuestro trabajo, o la situación económica que atravesamos, o un problema de salud, o los conflictos que podamos tener con un jefe exigente o con un compañero con quien no nos llevamos del todo bien. Sin embargo, ¿no es la relación con nuestra pareja un motivo de estrés más común de lo que nos gustaría?

La facilidad con la que nos enfadamos, discusiones que escalan, conflictos que no se resuelven —sino que se eternizan—, discrepancias en cuanto a la crianza o la distribución de las tareas del hogar, la impotencia que nos causa no ser capaces de entendernos, sentir que hagamos lo que hagamos la situación no mejora, la frustración de no dar con la clave para que nos sintamos a gusto en el vínculo...

¿Ves por dónde voy? Las relaciones deben fomentar nuestro bienestar; en todo caso, no contribuir a nuestra carga alostática. En otras palabras, las relaciones de pareja deben aportarnos un entorno seguro en el que experimentar calma y tranquilidad, no causarnos malestar.

«¿Y cómo podemos conseguir que nuestra relación se convierta en un lugar seguro y promueva nuestro bienestar?», puede que te preguntes. Mi propuesta pasa por hacer introspección y autocrítica, y por observar desde la curiosidad a nuestra pareja y lo que sucede dentro del vínculo con el objetivo de ver para comprender, dar sentido y sentirnos más cerca, a pesar de las diferencias. Pero ¿a qué me refiero con «ver»? Te lo explicaré con mayor detenimiento en el primer capítulo, pero permíteme que lo resuma en las siguientes líneas.

En las interacciones que suceden entre tu pareja y tú, probablemente tengas en cuenta sus palabras y, de forma paralela, en un plano no del todo consciente, su comunicación no verbal. Bien, pues a lo anterior deberíamos añadir unas cuantas variables más: hablo de tu mundo interno y del de tu pareja, de las heridas de experiencias pasadas que puedan estar mediatizando el significado que atribuís a vuestras interacciones, de vuestro estilo de vinculación (o apego), de la mochila emocional que lleváis a cuestas y que puede estar sesgando el significado emocional que concedéis a vuestros mensajes. Para que me entiendas: quiero que te vuelvas experto en ti mismo, en tu pareja, en cómo funciona vuestra relación, en lo que necesita cada uno de vosotros, en lo que os molesta, en lo que os ayuda a sentiros vistos, escuchados, validados, tenidos en cuenta, seguros y queridos.

«¿Y cómo nos ayudará todo lo anterior?» puede ser la siguiente pregunta lógica. Que veas a tu pareja y que la ayudes a verte acercará vuestras realidades emocionales, algo así como abrir la puerta a vuestro mundo interno. Puede que ahora no lo creas, pero te prometo que incorporar esta perspectiva cambiará vuestra forma de veros, de ver el vínculo y lo que sucede en un plano menos evidente de vuestra relación. Tu forma de entender las relaciones cambiará: tu mirada estará atenta a sutilezas, que, en realidad, son las que nos ofrecen una imagen más rica y valiosa de nuestros vínculos. Me ha pasado a mí. Les ha pasado a las personas a quienes acompaño y he acompañado en consulta. Y también te pasará a ti.

Diría que somos más o menos conscientes de cuando nuestra pareja está enfadada, o de cuando se pone a la defensiva. Seguramente coincidas conmigo. Pero ¿serías capaz de decirme cuándo te pide a gritos con sus palabras, con sus gestos, con sus silencios... ser vista o tenida en cuenta? ¿Sabrías decirme en qué situaciones se producen pequeñas rupturas en el vínculo? Dicho de otro modo, ¿podrías identificar qué palabras suponen una pérdida de seguridad para tu pareja? ¿Y para ti? Quizá ahora no, pero el objetivo de este libro es que, cuando termines de leerlo, seas capaz de ver a tu pareja en términos de **necesidades emocionales**.

Tenemos tantas cosas en la cabeza, tantas tareas y preocupaciones, que, cuando interactuamos con nuestra pareja, solemos hacerlo en un nivel superficial; todo resulta muy funcional, centrado en resolver problemas y en encontrar soluciones. Pero hay un hándicap: eso se enmarca en el mundo de las acciones.

Sin embargo, ¿qué sucede con nuestras emociones? ¿Dónde quedan nuestras necesidades emocionales? Solemos estar tan enfrascados en lo que tenemos que hacer que descuidamos el sentir y no vemos a nuestra pareja. Y, si no la vemos, no podemos entender cómo se siente ni qué necesita.

Quiero que imagines que llevas incorporado un traductor de necesidades emocionales. ¿Cómo se siente mi pareja? ¿Qué necesidades emocionales están en juego? ¿Qué necesita de mí, según su estilo de apego y su lenguaje del amor? ¿Cómo de seguro es el vínculo para ella en estos momentos? ¿Cómo necesitaría que yo respondiera para aumentar la seguridad emocional en la relación?

Pero también ¿cómo me siento yo? ¿Con qué emociones conecto? ¿Qué me llega de su mensaje con más fuerza? ¿Cómo me hace responder? ¿Esta respuesta contribuye a una mayor seguridad emocional para el vínculo? ¿Cómo puedo responder para que mi pareja se sienta vista y validada? Y mis necesidades, ¿dónde quedan? ¿Es esta relación segura para mí? ¿En qué medida puedo ofrecerle lo que necesita a la vez que honro mis propias necesidades?

Ver a tu pareja significa ser consciente de todo lo anterior y tenerlo en cuenta a la hora de escoger cómo lees sus mensajes y qué respuesta decides darles. ¿Entiendes ahora por qué es tan importante para mí que consigas ver a tu pareja y que te dejes ver por ella?

En ocasiones, no somos conscientes de esta realidad, la emocional, ni de la importancia que entraña para nuestros vínculos. Sí, sabemos que somos personas que sienten y padecen, pero ¿lo tenemos verdaderamente en cuenta a la hora de escoger nuestras acciones y nuestras palabras, con el mensaje implícito que mandamos a nuestra pareja, en cada una de nuestras interacciones? Diría que no. O, al menos, no tan a menudo como nos gustaría, ni de forma tan consciente como requiere nuestro vínculo.

Lo entiendo: estamos agotados por las exigencias de las obligaciones diarias, y leer los mensajes que nos envía nuestra pareja en el plano emocional y procurar que nos vea y nos entienda puede resultar una causa de agotamiento adicional, algo así como tener que comunicarnos con nuestra pareja en un idioma que no necesariamente dominamos al final de la jornada, que es cuando más cansados estamos.

No quiero que te asustes. Dicho así, sé que puede parecer complicado. Pero te prometo que a lo largo de este libro te acompañaré a descifrar los entresijos de tu mundo emocional y el de tu pareja para que puedas verla y dejarte ver de tal manera que os conozcáis a otro nivel, uno más profundo e íntimo.

Algo que sucede a las personas a quienes he acompañado en consulta es que, una vez que son capaces de identificar cómo se sienten, de ver qué necesitan y de ponerle nombre, se vuelven más competentes para identificarlo en su pareja: de repente, la ven de otra manera, de una forma más profunda, más íntima. No es magia, pero casi.

Y es que este libro va de esto: de conseguir que la **seguridad emocional** sea la característica principal del vínculo, y de construir, recuperar o afianzar la intimidad en la relación.

¿Por qué hago énfasis en la seguridad? Porque para mí es la base de toda unión sana. La seguridad nos permite mostrarnos tal y como somos y sentir que nuestra relación es un refugio al que volver cuando necesitamos sentirnos cuidados, queridos y protegidos; un lugar en el que es seguro mostrarse vulnerable. Y esto sucede, en parte, gracias a la seguridad y, en parte, gracias a la **intimidad**.

Verás, en consulta acompaño a parejas que intentan resolver con cercanía la distancia que ha ido separándolas con el tiempo. Sería una excelente idea si no fuese porque la cercanía que proponen suele ser física y sexual, cuando la distancia que las separa es de naturaleza emocional. La intimidad debe nutrirse de un acercamiento genuino que nazca de la curiosidad, que no juzgue, que quiera ver para entender y para estar ahí de la manera en que se nos necesita, y crear, así, un lugar seguro. Y para eso se requiere compasión.

Ya verás que la compasión es un elemento indispensable en el trabajo que realizarás a lo largo de los capítulos: parto de la base de que todos actuamos de la mejor manera que sabemos, usando las herramientas con las que contamos. Sin embargo, a veces nos quedamos muy cortos… o nos pasamos, proporcionando a nuestra pareja lo contrario de lo que necesita. ¡Y es que no puede ser de otra forma si no hemos tenido oportunidad de aprender a querer, pero a querer bien, de forma sana y segura!

En este libro te hablaré a ti, querido lector, querida lectora. Pero quiero proponerte una cosa, a ver qué te parece: que seamos tres quienes nos involucremos en la lectura de estas páginas. Tres, sí: tú, yo… y tu pareja. Si bien es cierto que lo que tú integres en tu día a día como resultado de las reflexiones que te propongo puede contribuir a un cambio significativo en las dinámicas de la relación y que, en consecuencia, tu pareja se sienta más segura en el vínculo e introduzca cambios también por su parte de manera natural y espontánea, sería estupendo si pudieras involucrarla en la lectura de alguna u otra forma.

Soy muy de ejemplos y de sugerencias. Ya me irás conociendo. Tú quédate con lo que te aporte y hazlo tuyo. Yo, por mi parte, me tomaré la libertad de lanzar alguna que otra propuesta sobre cómo enfocar algunos temas o sobre cómo transmitírselos a tu pareja, porque soy consciente de que a veces, por simple que pueda parecer, hablar de emociones nos paraliza.

Mira, voy a ponerte un ejemplo: un día que salgáis a merendar o cuando estéis tranquilamente paseando a vuestro perro, coméntale que estás leyendo un libro que crees que puede resultar interesante para ambos, que trata sobre las necesidades emocionales que se dan en las relaciones de pareja y cuyo objetivo es que estas sean un lugar seguro para todas las personas implicadas. Dile que sientes curiosidad por identificar tus propias necesidades emocionales y por ponerlas en palabras para que te vea. Dile también que te encantaría que hiciera el mismo ejercicio, porque la relación te importa, porque quieres estar bien, porque quieres que esté bien y esto pasa por veros, pero veros de verdad.

Desde ya te aviso de que insistiré mucho en que os veáis. Pero es que creo de verdad que eso marca la diferencia entre dos personas que viven bajo el mismo techo y que comparten un espacio emocional, que están verdaderamente conectadas, en sintonía y construyen juntos un «nosotros». Esto fomentará la intimidad, además de promover un vínculo sano que se convierta en un lugar seguro en el que la calma y la tranquilidad estén muy presentes.

A lo largo de este libro encontrarás la explicación de algunos conceptos clave (prometo no aburrirte), historias con las que sentirte identificado, sugerencias de preguntas para reflexionar y muchas propuestas de ejercicios (incluso juegos) que podrás ir poniendo en práctica en tu día a día.

Pero te pido que tengas en cuenta lo siguiente: este libro no está pensado para ser leído, sino trabajado. Y eso significa hacerse preguntas (a veces difíciles, a veces incómodas), entonar autocrítica y atreverse a mirar más allá. También significa dar un paso al frente y apostar por diferentes formas de expresarse, responder y actuar.

Es posible que todo lo anterior te abrume a ratos. Cuento con ello: puede que tanta información, tantas propuestas de ejercicios y tantos cambios sean demasiado para ti. Trata de tenerlos en cuenta y ve incorporándolos cuando estimes oportuno. No tienes por qué integrarlo todo a la vez, pero asegúrate de ir integrándolo poco a poco, paso a paso. Porque las relaciones son eso: pequeñas acciones cada día.

En el primer capítulo hablaremos de necesidades emocionales. En el segundo exploraremos los distintos estilos de apego y cómo estos se relacionan con nuestras necesidades y la seguridad del vínculo. En el tercer capítulo trataremos la seguridad emocional, que es un aspecto clave para que la relación sea sana. Y en el cuarto trabajaremos la intimidad y la conexión, promoviendo la vulnerabilidad, la compasión y la gratitud, y subrayando la importancia del contacto físico en el plano emocional.

Todo lo anterior lo trabajarás desde una perspectiva integradora. ¿Qué quiero decir con esto? Que abordaremos desde distintos frentes lo que sucede dentro de tu relación. En concreto, te proporcionaré herramientas para que puedas comunicarte de forma más empática, asertiva y efectiva. También exploraremos cómo lo que aprendiste sobre las relaciones y los vínculos con tus cuidadores principales en las primeras etapas de tu vida tiene un impacto en tu presente, a través de tu estilo de apego. Además, abordaremos las respuestas que ofreces ante determinadas interacciones desde una perspectiva neurofisiológica, entendiendo cómo funciona tu sistema nervioso y cómo afecta a tus relaciones (algo muy importante y que a mí particularmente me parece interesantísimo). Y por último, pero no por ello menos importante, nos adentraremos en el fascinante mundo de las emociones. Créeme que no me faltan motivos para calificarlo como «fascinante»: estoy segura de que te percatarás o serás más consciente de cuestiones que siempre habían estado ahí pero que ahora, como por arte de magia, salen a la luz gracias a que eres capaz de verte a ti y ver tu mundo emocional, de ver a tu pareja y su realidad en un plano más profundo, y de mirar de forma distinta las dinámicas que suceden dentro del vínculo.

No quiero entretenerte más. ¿Qué me dices? ¿Vamos a ello?

1

NECESIDADES EMOCIONALES: «¿QUÉ NECESITO QUE ME APORTE MI RELACIÓN?»

¿Alguna vez te has preguntado qué hace que una relación perdure en el tiempo? No hablo de quedarse en una relación a cualquier precio, o de estar por estar, sino de estar bien y de escoger quedarse porque la relación funciona, porque nos proporciona lo que necesitamos.

«Se quieren», «Han encontrado al amor de su vida», solemos decirnos. Y es que el amor es el concepto al que recurrimos para explicar las relaciones duraderas: no concebimos que sobrevivan a las dificultades del día a día y a la multitud de obstáculos a los que debemos enfrentarnos a lo largo de la vida si no hay amor. Pero lo cierto es que el amor no es suficiente. De nada nos vale albergar todos esos sentimientos si la relación no nos hace bien.

No obstante, hasta llegar a esa conclusión, generaciones anteriores han «sufrido por amor», han permanecido en relaciones que ya no les aportaban, que no eran nutritivas, solo porque un día se enamoraron y creyeron que con eso bastaba. (Para ser justa, añadiré que el hecho de que el divorcio haya aparecido hace apenas unas décadas ha supuesto un obstáculo para cuestionar y reescribir esta manera de vivir las relaciones).

Sin embargo, el amor es una invención moderna. Hace relativamente poco que podemos escoger pareja basándonos en lo que sentimos. Eli Finkel, en su libro *The All-or-Nothing Marriage*, argumenta que en el pasado el amor se veía como una variable demasiado volátil para permitir que la supervivencia girase en torno a la dimensión emocional. Las relaciones de pareja eran una transacción, una fuente de sustento, una estrategia evolutiva que garantizaba la supervivencia. Pensándolo bien, tiene mucho sentido: emparejarse aumentaba las probabilidades de contar con recursos suficientes para traer hijos al mundo y proporcionarles cobijo, alimentación y cuidado, lo que posibilitaba que los genes se transmitieran generación tras generación y aseguraba la conservación de la especie.

El peso evolutivo de las relaciones de pareja se ha desdibujado a medida que los recursos han estado más disponibles: las comodidades de la vida moderna nos permiten vivir de forma autónoma e independiente. De hecho, podemos ser tan autónomos e independientes como queramos: no necesitamos pareja para sobrevivir ni para tener hijos, ni tampoco para el sexo.

Tener pareja es ahora una opción, una decisión personal. Las posibilidades son infinitas, y es que el concepto de unión, de relaciones de pareja y de amor ha evolucionado tanto que en la actualidad podemos concebir una vida plena sin necesidad de pasar por el altar, ni tan siquiera de emparejarnos.

En un mundo en el que somos perfectamente autosuficientes, de nuestra pareja esperamos más: que satisfaga nuestras necesidades de mayor rango, las de carácter emocional.

Nos encontramos ante un nuevo cambio de paradigma: mientras que en un inicio las relaciones de pareja cumplían el papel de garantizar la supervivencia, en la historia reciente el amor pasó a estar en el centro de la ecuación; y, en las últimas décadas, hemos dejado de priorizar el amor por encima de todas las cosas para otorgarle un peso algo más moderado apostando por otras cuestiones. ¿Cuáles? Las necesidades emocionales.

DEL AMOR A LAS NECESIDADES EMOCIONALES

Veámoslo de la siguiente manera: mientras que para generaciones anteriores casarse por amor —una cuestión tan volátil y aparentemente aleatoria— no tenía sentido, y romper una relación porque esta no cubría las necesidades emocionales resultaba absurdo, en la actualidad dejar atrás una relación a pesar de quererse es una posibilidad más que válida si no nos proporciona lo que precisamos, si ya no satisface nuestras necesidades emocionales o si estas han cambiado y la relación no ha evolucionado en la misma línea. Sí, en efecto: nos hemos vuelto más exigentes, pero, cuando nuestra relación nos aporta lo que necesitamos de verdad, experimentamos mayor bienestar.

¿Y qué buscamos en una relación? Este es el quid de la cuestión. Hemos crecido empapándonos de modelos relacionales no necesariamente sanos y basados en creencias como que el amor todo lo puede, o que si hay amor el resto no importa, que debemos seguir juntos por el bien común, que hay que aguantar, que el amor implica una lucha continua, o que cuanto más sufrimos más nos queremos; creencias que nos llevan a integrar una idea de amor que en ocasiones es más bien tóxica. En consecuencia, no debe sorprendernos que lo que hemos aprendido sobre el amor y sobre los vínculos afectivos nos aleje de construir relaciones sanas y seguras.

¿QUÉ HAS APRENDIDO SOBRE EL AMOR?

¿Alguna vez te has preguntado cuáles son los aprendizajes que te llevas de las relaciones que han ejercido de modelo para ti? ¿Cómo es, o era, la relación de tus padres? ¿Y la de otras personas relevantes para ti? ¿Qué te llevas, qué has aprendido?

Es posible que ya hayas hecho esta reflexión por tu cuenta y hayas decidido que no vas a seguir sus pasos, que quieres hacer las cosas de forma distinta: si es tu caso, ¿qué patrones te gustaría romper o en qué estás trabajando para conseguir romperlos?

Que tener o no tener pareja sea una opción significa que podemos tomar decisiones. Estas deben ser conscientes, aunque no siempre lo son. Contamos con una mayor libertad de elección, no solo al inicio de la relación sino también a lo largo de esta. ¡Y es fantástico! Pero implica también una mayor complejidad en lo que respecta a la toma de decisiones: de repente hay más variables en la ecuación, tenemos la potestad de poner sobre la mesa lo que necesitamos y decidir en consecuencia.

¿Y qué necesitamos? Pensar en esos términos es un ejercicio que, en el mejor de los casos, nos cuesta y, en el peor, nos pasa desapercibido. En consecuencia, nuestras necesidades emocionales son desatendidas.

Nadie nos ha enseñado. Nos han hablado sobre el amor y sobre las relaciones, incluso sobre el sexo, pero nadie nos ha ayudado a identificar nuestras necesidades ni nos ha enseñado a discernir cuándo una relación nos proporciona lo que necesitamos y cuándo no. Es como si de repente nos pidieran que resolviésemos una ecuación de segundo grado cuando solo se nos ha instruido para resolver las de una incógnita.

A falta de conocimiento sobre lo que necesitamos de verdad, nos dejamos llevar por el enamoramiento. Y tiene muchísimo sentido, porque la experiencia emocional del enamoramiento nos lleva a pensar que sí, que la persona a la que estamos conociendo (o nuestra pareja) puede proporcionarnos lo que nos hace falta. Pues, cuando nos enamoramos, nos sentimos sintonizados de manera natural y espontánea: somos conscientes del otro, sensibles a sus necesidades emocionales, y nos preocupamos por su bienestar.

Si preguntas a las personas de tu alrededor por qué escogieron a su pareja, seguramente te dirán que se dejaron llevar por lo que sentían. ¿Y qué sentían? Atracción. Pero la atracción no es conciencia. La atracción es química: cuando nuestro cerebro identifica a una potencial pareja sexual (esta es la forma que tiene la naturaleza de unirnos, de hacer que queramos crear momentos de intimidad y, así, que nos escojamos como pareja), se producen cambios químicos que forman parte de un proceso que conocemos como enamoramiento.

Pero que nos enamoremos, que experimentemos atracción, no significa que seamos compatibles, entendiendo por ello que esa persona a la que estamos conociendo pueda satisfacer nuestras verdaderas necesidades emocionales. Y es que a veces creemos que sí las satisface solo porque funcionamos según patrones aprendidos en anteriores relaciones de pareja, o incluso vínculos afectivos anteriores a las relaciones de pareja (por eso más adelante hablaremos de los estilos de apego). Y es posible que nos quedemos al lado de nuestra pareja porque lo que nos ofrece nos resulta familiar, aunque no sea lo que necesitamos para tener una relación sana.

Ahora más que nunca tenemos la posibilidad de construir relaciones que se ajusten a lo que precisamos en el plano emocional, alineadas con nuestros valores y acordes a nuestro estilo de vida; tenemos la posibilidad de tomar decisiones tomando en cuenta lo que buscamos en una pareja, el modelo de relación que se ajusta a nuestra forma de entender los vínculos afectivos y lo que podemos ofrecer. Nos falta el cómo y nos toca mirar hacia dentro.

PREGUNTAS CLAVE PARA CONOCERTE

- ¿Qué necesito que me aporte una relación? ¿Estoy actuando de acuerdo con ello?
- Y yo, ¿qué puedo aportar a mi pareja?
- ¿Qué aspectos relacionados con lo afectivo, con la comunicación, con la convivencia…, creo que debería mejorar? ¿Qué necesito desarrollar o aprender al respecto? ¿Por dónde puedo empezar?

Nuestros valores, nuestros objetivos vitales, lo que buscamos en nuestra pareja, el modelo relacional por el que apostamos, incluso nuestra forma de vincularnos, puede cambiar de una persona a otra; no existe una talla única. Pero hay algo que es común para todos y cada uno de nosotros: la seguridad emocional.

El amor (sano) no es más que un lazo emocional que nos ofrece un refugio seguro, una fuente de protección y seguridad emocional que nos ayuda a hacer frente a las dificultades del camino. En realidad, si lo pensamos, la seguridad es la base de cualquier tipo de vínculo y es determinante para una relación sana: no nos sentiremos cómodos si se transgreden nuestros límites; tampoco si sentimos que no podemos ser nosotros mismos, si sabemos que se nos va a criticar y a juzgar hagamos lo que hagamos, o si no tenemos la certeza de que podremos contar con esa persona cuando la necesitemos.

A pesar de que la seguridad emocional sea un denominador común, esta no siempre se nutre de los mismos ingredientes: no todas las personas necesitamos lo mismo, ni en la misma medida, ni en el mismo momento. Por eso, recuerda:

Conocer nuestras necesidades emocionales —y las de nuestra pareja— es necesario si queremos construir relaciones conscientes, sanas y seguras.

NECESIDADES EMOCIONALES EN LA PAREJA

Es evidente que necesitamos comer, hidratarnos y descansar para sobrevivir. Nadie duda de ello. Pero los seres humanos también tenemos otro tipo de necesidades, unas menos evidentes y que, precisamente por su naturaleza abstracta y porque no estamos familiarizados con ellas, suelen pasar desapercibidas: las necesidades emocionales, inherentes a la condición humana. Sin embargo, cuando nuestros vínculos no las satisfacen, pueden aparecer la inseguridad, la confusión, el desconcierto, la frustración, la impotencia, la soledad...

Hablar de necesidades emocionales puede marcar la diferencia entre entender las dinámicas que se dan dentro de la pareja y sentir que hablamos idiomas distintos. Si no prestamos atención al plano emocional, estamos obviando una parte de la realidad.

No miento si digo que desde que aprendí a leer las situaciones en términos de necesidades emocionales veo las relaciones de manera distinta. Incluirlas en la ecuación enriquece nuestra lectura de las interacciones, dinámicas y desencuentros, y permite que tengamos acceso a un conocimiento menos evidente pero igual de imprescindible para entender la complejidad de la situación y para poder dar la mejor respuesta, tratando de fortalecer el vínculo a la vez que preservamos nuestro bienestar.

La necesidad emocional por excelencia es la seguridad: buscamos sentirnos seguros por encima de todas las cosas.

A su vez, la seguridad depende de lo satisfechas que estén otras necesidades. Necesitamos sentirnos vistos, escuchados, aceptados, respetados, entendidos, validados, cuidados y queridos. También sentirnos libres y que se nos dé nuestro espacio.

Cuando nuestros vínculos son seguros nos sentimos a salvo, protegidos y tranquilos. En una relación segura nos vemos capaces de expresar nuestras emociones y necesidades emocionales, de mostrarnos de forma auténtica, porque tenemos la certeza de que no se nos va a juzgar, porque sabemos que la persona que tenemos delante va a ser sensible a nuestras necesidades y las va a satisfacer en la medida en que le resulte posible sin desatender las suyas.

En cambio, cuando un vínculo no es seguro, nos costará mostrar nuestras emociones y poner sobre la mesa nuestras necesidades porque una parte de nosotros sabe que no serán vistas, escuchadas, validadas ni honradas, ya sea porque la persona que tenemos delante no es sensible a ellas, porque considera que no son importantes, porque entran en conflicto con las suyas o porque no cuenta con las capacidades para satisfacerlas. Sea como fuere, no estamos seguros de que pueda proporcionarnos lo que nos hace falta o, incluso, tememos que nos juzgue o que minimice, invalide o ridiculice nuestras necesidades. En este caso evitaremos mostrarlas, en un intento de recuperar nuestra seguridad y mantener cierto equilibrio.

Llegados a este punto creo que es importante que maticemos: no, no se trata de que tu pareja deba cumplir todas tus necesidades a la perfección. Es común caer en el error de abordar este tipo de cuestiones emocionales en términos de blanco y negro. Pero dicotomizar es peligroso: nos aleja de obtener una imagen fiel a la realidad emocional que vivimos o a aquella verdaderamente posible. Si pensamos en términos de todo o nada, es muy probable que nuestra pareja no salga bien parada, pues en términos estadísticos resulta improbable que demos con alguien que satisfaga todas y cada una de nuestras necesidades emocionales, en el momento preciso, de la manera precisa. Por eso es importante no caer en buscar la perfección: ese no debe ser nuestro objetivo, sino más bien centrarnos en tener **relaciones seguras y suficientemente satisfactorias** para que no solo nuestro bienestar no se vea perjudicado, sino que salga reforzado. Y, para que la relación resulte segura para ambas partes, debemos ofrecer reciprocidad, siendo sensibles a las necesidades de nuestra pareja y honrándolas en la medida en que las nuestras nos lo permitan.

¿QUÉ HAY DE TUS NECESIDADES EMOCIONALES EN TUS RELACIONES?

¿En qué medida tu pareja satisface tus necesidades emocionales? ¿Las satisface lo bastante para que te sientas visto, escuchado, aceptado, respetado, entendido, validado, libre, cuidado y querido?

Y tú, ¿crees que satisfaces las necesidades de tu pareja? Haz un ejercicio de honestidad contigo mismo y responde lo primero que te venga a la cabeza, sin juzgar.

Quizá no sepas qué responder ahora mismo. Está bien, sigue leyendo. A continuación exploraremos cada una de las necesidades emocionales para que puedas ir incorporándolas a las nuevas gafas con las cuales empezarás a ver las relaciones de pareja.

SENTIRNOS VISTOS

Sabemos que nuestra pareja es una persona que siente y actúa, pero solemos quedarnos con lo segundo y leer sus acciones conforme a nuestras experiencias anteriores y nuestro estado de ánimo. Y respondemos en consecuencia. A lo largo de este libro hablaremos de ver, de hacernos sentir y sentirnos vistos. Y eso consiste justamente en **prestar atención y ser sensibles** a la experiencia emocional que acompaña a las situaciones que compartimos con nuestra pareja.

Me gustaría pedirte que imaginases que en tu mirada hay una especie de rayos X: ver a tu pareja consiste en no quedarse con sus acciones y palabras, sino en identificar y reconocer las emociones que subyacen a lo que dice y lo que hace, incluso a lo que no dice y lo que no hace, es decir, lo que te transmite de manera implícita. Tendrías algo así como un traductor mental que respondería a las preguntas que se te dibujan de forma inconsciente en la cabeza y te permitiría ver la experiencia emocional subyacente.

ENTRÉNATE EN VER A TU PAREJA

En las próximas interacciones con tu pareja, intenta responder a las siguientes preguntas:

- ¿Cómo se siente? ¿Con qué emociones puede estar conectando?
- ¿Qué necesidades emocionales puede haber detrás?
- ¿Qué creo que necesita recibir por mi parte? ¿Cómo puedo asegurarme de que es eso lo que necesita?
- De lo que creo que necesita, ¿qué puedo proporcionarle yo sin dejar de lado mis propias necesidades?

No te voy a mentir: ver más allá no es fácil; requiere que, en cada interacción, no nos quedemos con las palabras y las acciones, sino que prestemos también atención a su significado emocional, el cual nos suele pasar desapercibido, en parte porque solemos abordar las situaciones como un problema y centrarnos en buscar soluciones más que en tratar de entender y conectar.

Cuando nos sentimos vistos, fortalecemos nuestro sentido de importancia. Lo contrario de sentirse visto es sentirse invisible, y esta experiencia emocional —que podríamos definir como una soledad acompañada— suele traducirse en desconexión, frustración y distancia respecto al vínculo.

Nos sentiremos vistos por nuestra pareja si es sensible a nuestras necesidades, si responde de forma positiva a ellas y hace lo que está en sus manos para honrarlas.

«Juan pasa de mí», sentenció Marián rápidamente. «Él dice que le importo, que me quiere, que quiere cuidarme; pero lo que yo veo es que mis problemas le estorban».

Marián estaba pasando por una mala racha: acababa de perder su trabajo y tenía a su padre ingresado en el hospital a la espera de un diagnóstico. Se pasaba el día o buscando ofertas de trabajo, o en el hospital con su padre, o haciendo tareas del hogar. Cuando Juan llegaba a casa, le preguntaba cómo le había ido el día.

Podríamos decir que se preocupaba por su pareja, ¿verdad? Pero Marián sentía que lo hacía por cumplir. Le pedí que me explicara qué la llevaba a sentirse así. «Cuando le cuento mis problemas, enseguida intenta cambiar de tema o se apresura a ofrecerme soluciones o a formular frases del tipo: "Es lo que hay", "No le des más vueltas", "Rayarse no sirve de nada". Es como si le molestase lo que le estoy explicando o como si no tuviera tiempo para mí. Entiendo que cada día lo mismo se hace pesado, pero si no puedo compartir cómo me siento con mi pareja…».

Marián necesitaba que su experiencia emocional fuese vista. En cambio, las palabras de Juan le transmitían que no tenía tiempo para ella, que preguntaba por quedar bien, no porque quisiera saber cómo se sentía. Entonces Marián, sintiéndose frustrada y emocionalmente sola, le reprochaba: «Ya veo lo que te importo». Y Juan se colapsaba: «No entiendo nada; pero si te acabo de preguntar cómo estás. ¿Por qué me dices esto?».

Acto seguido se enzarzaban en una discusión en la que ella reprochaba y él se defendía, una discusión que giraba en torno a las acciones y no en torno a las necesidades emocionales de ambos. En sesión tratamos de dar visibilidad a esto último.

Juan lo vivía de forma muy distinta: «No sé qué decirte. Cuando me explicas tus problemas me colapso: no sé cómo ayudarte. Sé que lo estás pasando mal, pero no se me ocurre qué puedo hacer para aliviar tu dolor y me siento mal conmigo mismo por no poder hacer nada al respecto».

Juan apostaba por una estrategia pragmática: «Para un problema, una solución». Él intentaba ayudarla, pero no de la forma en que Marián necesitaba.

«No busco que me soluciones mis problemas. Necesito que me escuches, que me mires a la cara cuando te hablo, que me abraces y me permitas llorar a tu lado. Necesito sentir que estás ahí». En realidad, todo era más simple: Marián no necesitaba soluciones, sino ser y sentirse vista.

QUE TU PAREJA SE SIENTA VISTA

¿Qué acciones puedes llevar a cabo para que tu pareja se sienta más vista? Echa una ojeada a las propuestas siguientes. Identifica cuáles ya llevas a cabo, cuáles podrías perfeccionar y cuáles podrías incorporar a tu día a día. ¡Vamos a ello!

- Muestra interés genuino por cómo se siente tu pareja: «¿Cómo estás?» va bien; pero «¿Qué tal te ha ido la reunión? ¿Has salido satisfecha?» es todavía mejor.
- Presta atención activa cuando te explique algo: deja el móvil u otros estímulos de lado. Si en ese momento no puedes estar por ella, coméntaselo: «Dame unos minutos; ahora mismo no puedo prestarte la atención que mereces».
- Esfuérzate por captar su mensaje en un plano emocional y pon sobre la mesa lo que estás entendiendo: «Por lo que me cuentas, fue una situación incómoda, ¿verdad?», «No puedo imaginar lo difícil que ha debido de ser para ti».
- No des consejos no solicitados; no ofrezcas soluciones salvo que tu pareja te lo pida.

- Si no estás seguro de qué necesita, pregúntaselo: «¿Cómo puedo ayudarte?», «¿Hay algo que pueda hacer para que te sientas mejor?».
- Pregunta en lugar de dar por sentado, reservando un espacio para su punto de vista: «¿Cómo lo ves?», «¿Qué te parece?».
- Si ves que tu pareja no está bien, no lo pases por alto; ponlo sobre la mesa, demuéstrale que la has visto: «Cariño, te veo distante. ¿Todo bien?», «Parece que la situación te sobrepasa. ¿Hay algo que pueda hacer por ti?», «Pareces triste. ¿Quieres que hablemos de algo?».
- Trata de acordarte de lo que habláis, especialmente de aquello que es importante para tu pareja, aunque para ti no lo sea, y haz un seguimiento: «Al final ¿cómo quedó aquello que me contaste? ¿Hay novedades?».
- Asume la parte de responsabilidad que te corresponde cuando algo molesta a tu pareja y lo pone sobre la mesa. Si tus acciones la han dañado, reconoce su dolor o su enfado, que sepa que lo ves: «Sé que te ha sentado mal, lo lamento».
- Si por los gestos o el tono de voz intuyes que algo le ha incomodado, anticípate y crea un espacio para hablarlo: «Por tu tono diría que estás dolido; me gustaría que pudiéramos hablarlo».

Puede que este ejercicio también te haya ayudado a tomar conciencia de cómo de visto (o cómo de invisible) te sientes tú en la relación. Todas las reflexiones son, sin duda, bienvenidas. Anótalas; trabajaremos sobre esto más tarde.

Comunicar lo que necesitamos es de vital importancia. No lo hacemos tan a menudo como deberíamos porque —seamos sinceros— a veces no sabemos ni nosotros mismos qué necesitamos, o porque creemos que nuestra pareja no sabrá proporcionárnoslo, o que resultará inadecuado y que nuestras necesidades son demasiado. También es posible que no lo comuniquemos porque la línea que separa el comunicar del pedir es muy fina, y ya sabemos qué fácil es caer en eso de «si lo tengo que pedir, ya no lo quiero».

Lo cierto es que, cuantas más necesidades debamos comunicar, menos vistos nos sentiremos; algo así como: «Si me prestaras más atención, verías cómo me siento y entenderías qué necesito». Y es que sentirnos vistos también consiste en percibir **interés genuino** por parte de nuestra pareja respecto a cómo nos sentimos y qué necesitamos.

Así pues, te propongo que comuniques cómo te sientes y pongas sobre la mesa tus necesidades. Esta es tu parte. ¿La de tu pareja? Escucharte atentamente, respetar tus necesidades, validarlas y honrarlas en la medida en que se lo permitan las suyas.

COMUNICA LO QUE NECESITAS PARA SENTIRTE VISTO

- Pon sobre la mesa cómo te sientes y qué esperas de tu pareja con claridad: «Hoy estoy de bajón, ¿podemos charlar un rato?», «He tenido un mal día en el trabajo, ¿me das un abrazo?», «Hay algo que me preocupa y me gustaría comentarlo contigo, ¿tienes un momento?».
- Habla desde el «yo» y evita juzgar y hacer reproches: «Me ha sentado mal lo que me has dicho, ¿te importaría que lo hablásemos?» es mejor que «Siempre me contestas mal».
- Identifica tus necesidades y verbalízalas: «Cuando tardas horas en contestar me siento insignificante para ti; sé que en general no le haces mucho caso al móvil, pero me gustaría que lo tuvieras en cuenta».
- Describe acciones, no personas: «Necesito que hablemos más a menudo y pasemos tiempo de calidad juntos» es preferible a «Eres un pasota, necesito que seas más atento conmigo».

SENTIRNOS ESCUCHADOS

Según la RAE, «oír» se define como «percibir con el oído sonidos», mientras que «escuchar» significa «prestar atención a lo que se oye». No es nada nuevo, ¿verdad? Sin embargo, ¿cuántas veces oímos a nuestra pareja en vez de escucharla?

Lara llega a casa a las siete y media de la tarde, cansada tras una larga jornada laboral llena de reuniones, e-mails y llamadas.

—Quiero prestarle atención a Estefanía, de verdad que quiero, pero mi mente no da más de sí.

La creo. Nuestra capacidad para prestar atención activa es limitada y, más a menudo de lo que nos gustaría, la agotamos a lo largo de la jornada laboral.

La realidad de Estefanía es muy distinta: trabaja de noche y, para cuando Lara llega a casa, está más fresca que una rosa.

—Le pregunto por su día en el trabajo, quiero explicarle cómo me ha ido en el hospital la noche anterior, intento que tengamos nuestro momento, ya sabes. Pero cuando Lara llega a casa es como una autómata; me contesta con monosílabos y raramente se acuerda de lo que hemos hablado.

—¿Y cómo te hace sentir esto, Estefanía?

—Mal. Entiendo que esté cansada, pero yo me siento ignorada. Es que ni me escucha.

Lara no la escucha porque en ese momento no puede:

—Lo intento, incluso le pregunto qué tal su día, pero no retengo información.

Lara necesita unos minutos de desconexión para «resetear su mente», como ella dice.

Lo que les sucede a Lara y a Estefanía es más común de lo que creemos: no siempre que nos apetece comunicarnos y conectar con nuestra pareja esta se halla preparada, ya sea porque en ese momento no le apetece —algo muy lícito, valga decirlo— o porque no puede.

Tal y como lo trabajamos con Lara y Estefanía, te pido que pruebes lo siguiente:

NO SIEMPRE PODEMOS ESCUCHAR CON ATENCIÓN PLENA

Si te apetece contarle algo a tu pareja, pregúntale antes si tiene un momento y si está disponible para ello, sin dar por sentado que solo porque esté físicamente presente también lo está mental y emocionalmente:

- «Me apetece compartir contigo lo que me ha pasado, ¿tienes unos minutos?».
- «Hay algo que me gustaría comentar contigo, a ver cómo lo ves. ¿Hablamos de ello ahora o mejor durante la cena?».

Y haz lo mismo por tu parte. Cuando tu pareja vaya a contarte algo, pregúntate: «¿Estoy mental y emocionalmente disponible?». En caso contrario, coméntaselo:

- «Preferiría que lo hablásemos más tarde, con tranquilidad».
- «Siento que ahora no podría estar por ti como me gustaría. Dame unos minutos y estoy contigo».

Y es que escuchar, si lo hacemos bien, requiere mucha energía mental. ¿Y cómo podemos escuchar bien a nuestra pareja? Demostrándole que estamos presentes en cuerpo y mente, que lo que nos dice nos importa, que en nuestro día hay espacio para lo que quiera comentarnos, que compartir con ella es una prioridad para nosotros.

ESCUCHA, PERO ESCUCHA BIEN

La próxima vez que tu pareja empiece a contarte algo:

- Presta atención a la situación. ¿Es el mejor momento para hablar de eso? Si crees que no, si crees que habrá estímulos que pueden hacerte perder el hilo, reconduce la situación: «Cariño, espera: siento que no voy a poder prestarte la atención que mereces. ¿Por qué no lo hablamos más tarde, cuando hayamos recogido la cocina y los peques estén en la cama?».
- Trata de mantener contacto visual, incluso cuando no estéis sentados el uno delante del otro: por ejemplo, si vais caminando por la calle, lo natural es mirar al frente; pero, si tu pareja te cuenta algo, intenta establecer contacto visual de vez en cuando.
- Asiente con la cabeza, afirma con monosílabos del tipo «ajá» o utiliza expresiones como «entiendo», «ya veo».
- Si hay algo que no comprendes o has perdido el hilo, no temas comentarlo: «Creo que me he perdido; disculpa. ¿Podrías reanudar desde...?».
- ¡Y muy importante!: que no haya dudas de que has estado escuchando. Procura que tus respuestas tengan sentido y, en conversaciones posteriores, demuestra que recuerdas lo que hablasteis (aunque no sea a la perfección) y haz conexiones; por ejemplo: «Esto me recuerda a lo que me comentaste el otro día», «Creo que sucedió algo parecido hace unos meses, ¿no?», «¡Vaya!, entre lo de la semana pasada y lo de hoy...».

SENTIRNOS ENTENDIDOS

«No me estás escuchando» era la frase estrella de las discusiones entre Adrián y Mireia. Tras desgranar las dinámicas que se daban entre ellos nos percatamos de que el «escuchar» de Mireia era más bien un «entender», y es que ambas acciones suelen confundirse cuando entramos en el terreno emocional.

Que Adrián escuchara a Mireia dependía de la atención que depositara. En cambio, que la entendiera iba más allá: «No comparto su punto de vista», sentenciaba Adrián. Pero «compartir» tampoco es «entender». Veámoslo.

Cuando Mireia acudía a su pareja en busca de apoyo, expresando cómo se sentía y comunicando qué le preocupaba, necesitaba que esta le transmitiera que lo que sentía era razonable; en cambio, se encontraba con frases como: «Yo no lo veo así», «Creo que lo estás sacando de contexto»... Adrián quería transmitirle que quizá resultaría conveniente hacer otra lectura de la situación, mirarla desde otro ángulo. Sin embargo, lo que le llegaba a Mireia era que no se estaban entendiendo, incluso que él no la escuchaba.

No hace falta que nos sintamos igual que nuestra pareja ni que veamos la situación de la misma manera para que la entendamos (y hagamos que se sienta entendida): gracias a la empatía podemos dar sentido a la realidad de nuestra pareja y apelar a la curiosidad en un intento de comprender cómo se siente.

Así definí nuestra misión: «Vamos a intentar que Mireia se sienta comprendida. Por tu parte, Mireia, necesitaremos que tengas muy presente que el hecho de que Adrián te entienda no significa que opine lo mismo; tampoco que te vaya a dar la razón o que reconozca que, ante la misma situación, se sentiría igual; sino que va a intentar ponerse en tu piel, dar sentido a tu punto de vista y descubrir cómo te sientes. Esto es precisamente lo que necesitaremos por tu parte, Adrián».

Le pedí a Adrián que tuviera en cuenta las siguientes directrices y le comenté a Mireia lo importante que era que se asegurase de hacer gala de las mismas estrategias, por eso de predicar con el ejemplo y con la mirada puesta en una relación recíproca.

MISIÓN: ESCUCHAR... Y ENTENDER

Tu pareja no tiene por qué ver la situación de la misma manera, ni interpretarla igual, ni conectar con las mismas emociones que tú. Sé que es obvio, pero asegúrate de que lo tienes en cuenta a la hora de recoger lo que comparte contigo.

Para cerciorarte de ello, trata de dar protagonismo a la curiosidad. Y, en vez de dar por sentado que entiendes la realidad emocional de tu pareja, explora cómo se ha podido sentir, identificando con qué emociones ha conectado y por qué motivos. Quizá para entenderla bien necesites mirar atrás y tener en cuenta algunos acontecimientos de su biografía. Esforzarte por entender sus heridas es una muestra de amor y cuidado.

Y, si te cuesta llegar a comprenderla, pídele que te eche una mano: «Me gustaría entenderte mejor. Dime, ¿cómo te has sentido? ¿Con qué emociones has conectado? ¿Qué te ha removido exactamente?».

SENTIRNOS VALIDADOS

¿Cómo te sentirías si tu pareja te dijera: «¿Ya vuelves a llorar?», «No es para tanto», «¿Y ahora qué te pasa?», «Ya estás otra vez con el drama»? ¿Te sentirías seguro para expresar lo que sientes? ¿Te sentirías cuidado? ¿Tu pareja te estaría transmitiendo que lo que te suceda le importa?

Sentirnos entendidos es necesario, pero sentirnos validados también, precisamente porque la validación incluye aceptación, y todos y cada uno de nosotros queremos (¡y necesitamos!) ser y sentirnos aceptados. (Hablaremos de ello más adelante).

La validación nos hace sentir aceptados, sí, pero también nos transmite que nuestra experiencia emocional tiene sentido, que es adecuada. Y nos manda un mensaje interesante acerca de nuestra pareja: que tiene interés genuino por comprender lo que se está moviendo dentro de nuestra persona y que está ahí, acompañándonos en nuestra experiencia emocional, tratando de dar sentido a cómo vivimos la situación con el fin de estar para nosotros de la mejor forma que sabe. Por eso la validación es una poderosa estrategia para construir y fortalecer la conexión emocional.

Validar no es fácil, pero podemos aprender. Empecemos por discernir qué nos ayuda a validar y qué no:

Cuando tu pareja comparta contigo cómo se siente, trata de no rebatir, ni dar tu punto de vista, ni defenderte, ni ofrecer una solución, ni decirle cómo debería sentirse; intenta validar cómo se siente.

¿Y cómo puedes lograrlo? Recogiendo sus emociones, aceptando que esa es su realidad emocional y devolviéndole que lo que siente es válido.

Marta y Toni llegaron a consulta sintiendo que no enfocaban bien las conversaciones, especialmente aquellas en las que ponían sobre la mesa cómo se sentían.

Marta, que había leído muchos libros de autoayuda, sentía que debía proporcionarle el conocimiento y las herramientas a Toni para que gestionase sus emociones de forma distinta, recurriendo a frases como: «Tú lo que tienes que hacer es…», «La próxima vez prueba a…». Toni se sentía inadecuado. Aunque bienintencionadas, las respuestas de su pareja le conectaban con la idea de que hacía las cosas mal, de que tenía mucho camino por recorrer en lo emocional y de que fallaba constantemente.

Toni, que solía ver las cosas de forma más simple y trataba de encontrar soluciones rápidas (dejando de lado la dimensión emocional), caía en verbalizar mensajes como: «Das demasiadas vueltas a las cosas» o «No te preocupes tanto, que es una tontería, ya verás».

Marta no se sentía vista ni escuchada; tampoco percibía que su experiencia emocional fuese válida: creía que su pareja le pedía que dejara de lado sus emociones, que hiciera como si nada; pero eso no era lo que necesitaba. Aunque Toni tenía buenas intenciones, Marta sentía que su experiencia emocional era inadecuada.

En consulta trabajamos en hacer un cambio de foco: a partir de ese momento dejarían de dar respuestas encaminadas a qué hacer con la emoción que les manifestaba su pareja, y se centrarían en sentirla junto a ella.

A POR LA MATRÍCULA DE HONOR EN VALIDACIÓN

La próxima vez que tu pareja ponga sobre la mesa cómo se siente o te cuente algo que le ha sucedido y le ha removido, recuerda lo siguiente:

Céntrate en el reconocimiento emocional: ¿qué emoción puede estar experimentando? Enfado, rabia, frustración, impotencia, vergüenza, dolor, inseguridad, calma, alegría, entusiasmo, gratitud, satisfacción, reconocimiento...

Verbalízalo: «Por tus palabras diría que has sentido que se te cuestionaba».

Trata de ponerte en la piel de alguien que está experimentando esa emoción: ¿cómo debe de sentirse? «Suena agotador, la verdad», «Imagino que no será nada fácil conectar con esta emoción», «Debe de ser duro sentirse así».

Muestra vulnerabilidad: tu papel ahora mismo no es el de corregir ni dar consejos, sino el de generar sintonía de persona que siente a persona que siente. «No me imagino por lo que debes de estar pasando», «Has debido de tener mucha paciencia; no sé si yo hubiese sido capaz», «Ahora entiendo por qué te has sentido así».

«¿Y qué sucede si no estamos de acuerdo?», preguntó Toni en una de las primeras sesiones. Mi respuesta fue en la línea de matizar que para validar no hay que estar de acuerdo con cómo lee la otra persona la situación. Tampoco tenemos por qué compartir cómo se siente. De hecho, es muy probable que dos personas vivan la misma situación de forma emocionalmente distinta. Por eso debemos recordar que validar no va de dar la razón, sino de hacer lo que está en nuestras manos para que nuestro interlocutor se sienta escuchado, entendido y apoyado.

La validación es una estrategia de especial interés en el proceso de gestión emocional, pues tiene un papel crucial en la corregulación: el proceso a partir del cual cada miembro de la pareja facilita la gestión emocional del otro.

Veamos un ejemplo: Toni llega a casa estresado del trabajo y muy frustrado por una situación injusta que se ha dado en la oficina. «¡No aguanto más! A la próxima lo dejo», verbaliza nada más cruzar el umbral con un tono más alto de lo habitual. Marta tiene varias opciones:

- Opción A: «¡Toni, tranquilízate, por favor! ¿Tú te has visto? ¿Crees que estas son formas de entrar en casa? Ni un "hola" ni nada. Acabas de llegar y ya estás gritando...».
- Opción B: «Cariño, ¿qué ha pasado? Pareces muy enfadado. ¿Quieres que hablemos?».

Si tú fueses Toni, ¿con qué respuesta te sentirías más acompañado emocionalmente? Casi seguro que con la segunda, ¿verdad? ¿Significa eso que a Marta le gusta que Toni grite? No. Significa que Marta ve a su pareja, que ha captado el mensaje: ahora mismo lo que Toni necesita es que alguien le dé un achuchón, ya sea literal o figurado. Y es justo eso lo que Marta consigue con la opción B.

Si Marta apuesta por la opción A, Toni se sentirá todavía más enfadado: necesita que su pareja le apoye y, al recibir un reproche, seguramente la situación escalará hasta originar un conflicto.

En cambio, con la opción B, Toni se sentirá visto, y es más probable que baje la voz sin que Marta se lo pida y que acceda a explicarle qué ha pasado en la oficina. También es más fácil que responda con un «Cariño, tienes razón» cuando Marta le formule la siguiente petición: «Entiendo que has llegado a casa muy enfadado, pero la próxima vez, por favor, procura gestionarlo de otra forma. Que uno de los dos alce la voz hace que la situación se vuelva innecesariamente tensa. Procura que no vuelva a ocurrir, ¿vale?».

Para que la validación funcione, debemos evitar restar importancia, mostrar desacuerdos (ya habrá tiempo para ello), juzgar, sugerir alternativas (lo haremos solo si se nos pide), hacer correcciones y caer en el reproche.

Si la validación emocional es necesaria en situaciones en las que nuestra pareja no está directamente implicada (como en el ejemplo anterior), todavía lo es más cuando está implicada en cómo nos sentimos. Hablaremos de este punto más adelante, en otro capítulo.

Es posible que tú sí valides a tu pareja, pero que no recibas lo mismo por su parte. En ese caso, prueba a concienciarla de lo que necesitas recibir de ella.

TUS SENTIMIENTOS SON VÁLIDOS

Si las respuestas de tu pareja se alejan de la validación, reconduce la situación:

- «A lo mejor tú en mi lugar te sentirías de forma distinta, pero recuerda que eso no hace menos válidos mis sentimientos».
- «Es así como me siento. Por favor, acéptalo».
- «Me apetece compartir contigo cómo me siento, pero antes debo asegurarme de que lo vas a respetar».

- «Entiendo que tú vivirías esta situación de forma distinta, pero eso no significa que mi manera de vivirla sea errónea o inapropiada».
- «Así es como te sentirías tú, pero yo me siento de otra forma».

SENTIRNOS ACEPTADOS Y RESPETADOS

En consulta me gusta enfatizar la diferencia entre aceptar y comprar. Voy a servirme de un ejemplo completamente ajeno a las relaciones de pareja para que se entienda mejor, ¿te parece?

Imagina que estás buscando restaurante para comer. Echas un vistazo al menú: entrante, primero, segundo y postre por 35 €. Quieres algo más económico, incluso si no es tan completo. ¿Qué haces? ¿Entras y les pides una rebaja o aceptas que ese es el precio estipulado por el establecimiento y te centras en decidir si entrar o bien buscar uno que encaje mejor con tus necesidades?

No nos vamos a engañar: ¡ojalá fuese igual de fácil en las relaciones de pareja! Pero a menudo nos resistimos a aceptar el menú que nos ofrece nuestra pareja o la persona a la que estamos conociendo porque deseamos otra cosa, pero queremos que nos la ofrezca esa persona. Y eso es difícil si no se hacen cambios, cambios para los que nuestra pareja puede no estar preparada, cambios que puede no desear llevar a cabo o que pueden ir en contra de sus necesidades.

Sea como fuere, a veces nos enrocamos en querer cambiar a nuestra pareja para que encaje mejor con nuestras expectativas, o para que pueda proporcionarnos todo lo que necesitamos. Debemos tener en cuenta que una cosa es pedir un cambio conductual y otra muy distinta exigir un cambio estructural. ¿Qué quiero decir con eso? Que podemos negociar las responsabilidades del día a día, la distribución del tiempo de ocio, incluso cómo nos vamos a comunicar cuando haya un conflicto, por supuesto; pero los valores, los objetivos vitales, el estilo de vida o incluso la forma de vincularse son cuestiones más estructurales que nuestra pareja puede no querer cambiar —y es más que lícito, diría que incluso deseable en algunos casos, si entra en conflicto con su identidad y sus necesidades emocionales— o no saber cómo cambiar.

A menudo oímos hablar de aceptar a nuestra pareja. A mí me gustaría que nos quedásemos con esta idea, pero con dos matices importantes:

1. Aceptar a nuestra pareja es aceptarla tal y como es: no vale decir que la aceptamos, pero, en realidad, seguir insistiendo para que cambie.
2. Aceptar a nuestra pareja no va de comprar lo que nos ofrece de forma incondicional, sino de decidir si queremos o no que esté en nuestra vida teniendo en cuenta lo que nos puede ofrecer.

Podríamos pasarnos horas hablando de las dinámicas de pareja en torno a las peticiones de cambio y de las resistencias a él, pero vamos a centrarnos en la aceptación. Recordemos que somos seres sociales: vivir en sociedad nos ha ayudado a sobrevivir como especie; por eso necesitamos sentirnos aceptados, pues la aceptación es la necesidad emocional vinculada al **sentido de pertenencia**.

A veces nos resistimos a aceptar porque supone dejar ir nuestras expectativas y puede significar hacer renuncias, y queremos evitarlo. Pero ¿qué mensaje mandamos a nuestra pareja si ponemos en jaque la aceptación de manera constante? Que hay algo que no nos gusta o algo que no está bien; que no está bien que sea tal y como es.

Aceptar a nuestra pareja significa transmitirle que está bien ser como es, actuar como actúa y sentir como siente. Pero, cuidado: esto no significa que estemos de acuerdo, ni tampoco que nos quedemos con ella si su forma de ser, actuar o sentir nos aleja de nuestras necesidades.

Noelia acude a terapia frustrada por la situación que tiene en casa. Su pareja, Javi, apenas colabora en las tareas del hogar, se pasa las tardes jugando a videojuegos y su único plan juntos es sacar a su perro a pasear. «Yo quiero que Javi salga de la habitación, que se cuide y haga deporte, que hagamos otro tipo de planes y no tener que ir detrás de él para que se ocupe de las tareas que le corresponden».

Javi y Noelia llevan en esta situación desde que se fueron a vivir juntos, hará casi dos años. Han hablado sobre este tema en innumerables ocasiones. Javi siempre promete tener en cuenta lo que le pide su pareja, pero, ya sea porque en realidad no considera oportuno cambiar, porque no sabe cómo hacerlo o porque estas dinámicas tan arraigadas satisfacen necesidades que se nos escapan, las promesas de cambio se quedan en eso, en promesas.

Noelia le ha propuesto buscar ayuda, tanto individual como de pareja. «No puedo seguir en esta relación si la situación no cambia», argumenta ella. Para Javi no es necesario: «Yo no veo que tengamos un problema, y menos que necesitemos ir a terapia».

La frustración se apodera de Noelia: querría que la situación fuese distinta porque, si no hay cambios, sabe que debe dejar la relación. Pero ella no quiere, así que insiste e insiste. «En realidad, si él me hiciera caso, si saliese de su cueva, tendría una vida más plena», comenta Noelia. Quizá tenga razón, pero la realidad es que Javi es una persona adulta que decide cómo invertir su tiempo y qué estilo de vida llevar, incluso de qué cuestiones quiere ocuparse.

Con Noelia trabajamos el aceptar a su pareja tal y como es: después de casi dos años de peticiones de cambio y promesas que no se cumplen, creo que podemos afirmar que este es el menú que Javi le puede ofrecer. Ahora bien, que Noelia acepte a Javi no significa que deba quedarse a su lado si no puede proporcionarle lo que necesita. Que acepte a su pareja no significa que deba comprar lo que le ofrece; significa que debe dejar de intentar cambiarla, centrarse en ver qué puede ofrecerle y decidir en consecuencia.

La aceptación es importante en tanto que:

- Si no aceptamos a nuestra pareja, podemos caer en intentar cambiarla sin cesar, yendo de la petición a la exigencia y de la exigencia al reproche; definitivamente, una dinámica poco sana.
- Si no aceptamos a nuestra pareja, acabamos transmitiéndole que su forma de ser, actuar y sentir no está bien, con las consecuencias que pueda tener en su autoestima y los cambios a los que pueda verse obligada para mantener el vínculo.

Ninguno de los dos escenarios me parece sano. Tampoco me recuerdan una relación segura. Por eso debemos tener presente lo siguiente:

ACEPTACIÓN INCONDICIONAL, RELACIONES CON NEGOCIACIONES

Para mí, lo más difícil es encontrar el equilibrio entre aceptar y no comprar aquello que no queremos en nuestra relación, o bien comunicar aquello con lo que no estamos de acuerdo sin que nuestra pareja se quede con la idea de que está mal ser, actuar y sentir como lo hace. Te dejo algunos ejemplos:

- «Tu opinión es válida incluso si no estoy de acuerdo con ella».
- «Tienes derecho a enfadarte incluso si no entiendo por qué».

- «Seguro que tienes buenas razones para actuar de esta forma, pero me gustaría que pudiéramos hablar sobre cómo vivo yo la situación».
- «Yo lo veo de manera distinta, pero entiendo que no tenemos que verlo igual».
- «Gracias por compartir conmigo lo que te ha molestado. Tienes derecho a sentirte así. Me gustaría que hablásemos de ello, poder entenderte y llegar a un acuerdo».
- «Lo que comentas para mí no es un problema, pero agradezco que lo hayas compartido conmigo. ¿Quieres que hablemos de ello?».

SENTIRNOS LIBRES

Sentirnos libres es oxígeno para las relaciones: necesitamos nuestro propio espacio. ¿Cuánto? El suficiente para mantener nuestra identidad y sentir que seguimos siendo nosotros mismos.

Una idea de compromiso mal entendida y, en ocasiones, alimentada por nuestras propias inseguridades puede llevarnos a atar a nuestra pareja, a tratar de mantenerla a nuestro lado a pesar de que esto suponga fusionarnos y perder tanto nuestra libertad como la suya por el camino.

Laura siente que debe medir sus palabras, ir con pies de plomo y dejar pasar situaciones que le molestan para poder, cito textualmente, «estar bien con mi pareja». Laura no se siente libre de comunicar lo que necesita. Comenta que Nacho, su pareja, tiene una baja tolerancia a la crítica: «No se le puede decir nada; siempre está a la que salta», añade.

Cuando Nacho escucha estas palabras, no puede evitar decir lo que piensa: «Haga lo que haga está mal. Si salgo con mis amigos está mal, si me quedo con ella está mal… Laura es difícil de contentar y estoy siempre midiendo mis palabras y decisiones por miedo a que haya un conflicto».

Curiosamente, ambos se sienten encorsetados y poco libres de expresarse. Desde luego, no es así como deberían sentirse. Ahondamos en sus dinámicas.

Mientras que Laura quiere pasar más tiempo en pareja, Nacho, que tiene una necesidad de espacio distinta a la de Laura, ya está satisfecho con el tiempo que comparten; pero confiesa tener menos ganas desde que este tema se ha convertido en un problema para la relación.

La incapacidad de la pareja para llegar a un acuerdo que satisfaga a ambos lleva a Laura a exigir más y más en un intento de conseguir pasar más tiempo con Nacho y, así, satisfacer su necesidad de cercanía y conexión. Estas exigencias generan rechazo en Nacho, quien no se las toma nada bien y se aleja todavía más. Laura siente que, diga lo que diga, provoca rechazo en él. Y Nacho siente que, decida lo que decida, originará un conflicto.

Uno de los problemas de la pareja es la lectura que ambos hacen de las acciones y palabras del otro: Laura quiere sentir que Nacho la tiene más en cuenta cuando toma decisiones respecto a su tiempo libre, mientras que él quiere sentirse menos cuestionado y le gustaría llegar a pactos en los que los dos estuvieran satisfechos. Sin embargo, enseguida se ven como un enemigo que les impide sentirse libres y ser ellos mismos, y las discusiones escalan y ambos pierden de vista el punto inicial.

Con Laura y Nacho trabajamos la **asertividad** como herramienta para expresarse libremente, desde el respeto, la empatía y la consideración por el otro, pero también para velar por sus necesidades.

DAR ESPACIO A LO QUE NECESITAMOS Y COMUNICARLO CON LIBERTAD

Cuando quieras comunicar algo que te ha molestado, prueba la siguiente fórmula:

«Yo (1) + cómo me he sentido (2) + descripción de la actitud o las acciones de mi pareja (3) + me gustaría (propuesta alternativa) (4)».

1. Habla desde el «yo».
2. Comunica cómo te has sentido: echa una mano a tu pareja para que te vea en lo emocional.
3. Céntrate en las acciones: no juzgues y evita hacer reproches. Podrían entenderse como un ataque y, cuando nos atacan, o nos defendemos o nos cerramos en banda. En todo caso, estamos menos abiertos a una postura conciliadora.
4. Ofrece una propuesta alternativa para situaciones futuras.

Te dejo un ejemplo:

«Yo (1) he sentido que mi voz no importaba (2) cuando has tomado la decisión sin comentarlo conmigo antes (3). Me gustaría que la próxima vez pudiéramos hablarlo con tranquilidad y llegar a un acuerdo en el que tanto tu punto de vista como el mío tuvieran cabida (4)».

SENTIRNOS CUIDADOS Y QUERIDOS

Sentirnos cuidados y queridos es, por definición, lo que esperamos de las relaciones de pareja.

Creemos que querer es algo intuitivo, algo que podemos hacer sin pensar. Y lo cierto es que es así. Pero querer bien, de tal forma que nuestra pareja se sienta querida y que sea recíproco, requiere que pongamos un poco más de conciencia e intención.

Algo así les sucedía a Jaime y a Mónica. Acudieron a consulta con una idea muy clara: «Nos queremos mucho»; y con un problema que resolver: «No conseguimos que el otro se sienta querido». Y así era: les pregunté qué hacía cada uno de ellos por y para su pareja, para cuidarse, para demostrarse qué sentían y cuánto se querían.

Mónica era muy cuidadora:

—Estoy ahí siempre que lo necesita, tratando de hacerle la vida un poco más fácil.

Jaime asentía.

—Mónica me cuida y me hace sentir cuidado.

—Y tú, Jaime, ¿qué haces para demostrarle a Mónica que la quieres? —le pregunté.

—Se lo digo cada mañana al levantarnos, y por la noche al acostarnos. La llamo al mediodía para saber cómo está y le mando mensajitos románticos recordándole que la tengo presente en mi pensamiento —decía dibujando una sonrisa.

—Cierto, lo hace, y me gusta mucho —añadía Mónica.

Parece que ambos hacían cosas por cuidar del otro. Sin embargo, «no era suficiente», comentaban casi al unísono, para que se sintieran realmente queridos. Era como si les faltase algo.

—¿Qué te gustaría recibir por parte de Jaime, Mónica?

—Que estuviera más implicado en las responsabilidades del día a día y en esa larga lista de tareas invisibles que siempre hay por hacer. Jaime contribuye con las tareas, ¿eh? No digo lo contrario. Pero siento que la casa y la crianza de los niños recaen sobre mis hombros. Me agota y me siento sola en esto. Sé que me quiere porque me lo dice y cuando me mira a la cara me lo transmite; pero necesitaría que este barco tuviese dos capitanes.

—Y a ti, Jaime, ¿qué te gustaría recibir por parte de Mónica?

—Menos críticas y reproches por no cumplir con sus expectativas. Admiro a mi mujer por cómo lleva todas esas tareas invisibles que comenta y por lo implicada que está en la educación de nuestros hijos; yo hago lo que puedo y siento que no soy capaz de llegar a donde ella llega. Pero echo de menos que me diga que me quiere. Nunca lo hace. Siempre escucho un tímido: «Yo también». Me gustaría que saliera de su boca sin decírselo yo antes.

Jaime y Mónica se querían y lo sabían, pero no acababan de sentirse queridos porque hablaban distintos idiomas: necesitaban recibir del otro algo distinto a lo que se proporcionaban.

Gary Chapman, en su libro *Los 5 lenguajes del amor*, explica que nuestra forma de amar no tiene por qué ser la misma que la de nuestra pareja, y subraya la importancia de **entender cómo necesitamos ser queridos** y cómo necesita nuestra pareja que la quieran para poder cubrir esa necesidad emocional. Esto mismo compartí con Jaime y Mónica. Les puse deberes:

¿CUÁL ES TU LENGUAJE DEL AMOR? ¿Y EL DE TU PAREJA?

A continuación encontrarás los cinco lenguajes del amor. Echa un vistazo a la lista y compártela con tu pareja.

Palabras de afirmación: cumplidos, elogios, palabras alentadoras, de reconocimiento y gratitud.

Actos de servicio: hacernos cargo de tareas, arreglar cosas de casa, hacer alguna gestión o recado, descargar la mochila de quehaceres de nuestra pareja...

Regalos: símbolos de amor comprados, encontrados o hechos. Un regalo también puede ser el tiempo o la presencia física.

Tiempo de calidad: conversaciones enriquecedoras, comentar cómo ha ido el día con atención plena, actividades que disfrutáis, escapadas de fin de semana...

Contacto físico: caminar de la mano, caricias, abrazos, besos, masajes...

Coged papel y boli. Tratad de identificar vuestro lenguaje del amor. Suele haber uno predominante, aunque es posible que os nutráis de cada uno de ellos en cierta medida; por eso os propongo que, una vez identificado el principal, escribáis debajo el resto de mayor a menor relevancia según la importancia que tengan para vosotros.

No os intercambiéis los papeles todavía: antes, trata de adivinar cómo están ordenados los lenguajes del amor de tu pareja; después, que tu pareja haga lo mismo con los tuyos. Una vez que hayáis completado vuestra lista y hayáis intentado adivinar cómo sería la de vuestra pareja, intercambiad los papeles. ¿Habéis acertado? ¿Qué os sorprende y qué no? Aprovechad esta ocasión para compartir ejemplos de acciones que refuercen vuestra elección a la vez que aprovecháis para daros pistas sobre qué os gustaría recibir para sentiros más cuidados y queridos.

Jaime identificó que su lenguaje del amor eran las palabras de afirmación: eran lo que necesitaba y lo que brindaba a su pareja. Mónica, por su parte, valoraba los actos de servicio por encima de todo: eran su forma de cuidar, de querer y de sentirse querida.

Entender qué lenguaje del amor habla cada uno es el punto de partida de un trabajo de comunicación, de negociación y también de compromiso. Porque no basta con llegar a pactos, también hay que honrarlos, y para ello debemos comprometernos a hacer cambios (en la medida que podamos y siempre honrando nuestras propias necesidades). **Comunicarnos, hacer pactos y honrar los compromisos** también es una forma de demostrar nuestro amor o, por lo menos, que la relación nos importa y que queremos estar bien, pero bien de verdad.

BONUS TRACK
IDEAS PARA HABLAR MEJOR EL LENGUAJE DE TU PAREJA

Echa un vistazo a las siguientes sugerencias y valora cuáles podrías aplicar en función del lenguaje del amor de tu pareja. Sería genial que compartieras este ejercicio con ella y que le dieras una pista de cuál es tu lenguaje del amor principal.

Palabras de afirmación: comunica todo aquello positivo que te pasa por la cabeza, aunque te parezca pasteloso o repetitivo. También puedes dejar notitas por la casa en lugares inesperados.

Actos de servicio: quizá resulte obvio, pero puedes empezar por asegurarte de que asumes las responsabilidades que te corresponden; el extra sería ofrecerte a echar una mano a tu pareja con sus tareas.

Regalos: haz una libreta de «cupones» con experiencias sin coste económico para hacer juntos y entrégaselo a tu pareja como regalo para que use los cupones cuando le apetezca.

Tiempo de calidad: asegúrate de que parte del tiempo que pasáis juntos sea de escuchar y de conectar de verdad. ¡Fuera móviles, fuera televisión!

Contacto físico: aprovecha las oportunidades que tengas durante el día para establecer contacto físico con tu pareja. Mantener contacto visual y sonreír también vale. 😉

TUS NECESIDADES NO TE HACEN CODEPENDIENTE, SINO HUMANO

Estamos programados para buscar conexiones íntimas y satisfacer nuestro sentido de pertenencia. Y no es casualidad, sino más bien resultado de miles de años de evolución: depender de otras personas está grabado en nuestro ADN, pues, hace miles de años, quienes se rodeaban de iguales tenían más posibilidades de sobrevivir. ¿Y cómo podía la naturaleza asegurar que unas personas se rodeasen de otras? Creando vínculos afectivos entre ellas.

En la actualidad no es necesario que nos rodeemos de personas para que sobrevivamos en el sentido más estricto de la palabra, pero creo que me entenderás si te digo que tener un círculo que nos brinda apoyo, que nos proporciona seguridad y que nos cuida hace que las dificultades de la vida sean más asumibles. Sin embargo, tratamos de huir de ello. ¿Por qué haríamos tal cosa?

En primer lugar, porque no sabemos muy bien dónde trazar la línea entre el necesitar sano y el depender.

En segundo lugar, porque entendemos la dependencia como algo limitante. Queremos ser independientes, queremos ser felices sin necesitar a nadie, queremos contar con suficientes recursos (también emocionales) para prescindir de otras personas y, cuando estas nos falten, no sufrir. Tiene muchísima lógica, ¿verdad? Si te soy sincera, yo también pensaba así: si no dependo, si soy independiente, me ahorro sufrimiento.

En tercer lugar, diría que, como sociedad, ponemos el foco lejos de la experiencia emocional: dedicamos mucho tiempo a hacer y a ser productivos, y poco a conectar. Es fácil que, en este contexto, la conexión emocional pase a un segundo plano, pues apenas tenemos tiempo, energía y recursos mentales que dedicarle. No depender resulta conveniente.

Que ignoremos la importancia evolutiva de la conexión, que boicoteemos nuestro sentido de pertenencia y que tratemos de alejarnos de nuestras necesidades emocionales para evitar depender nos lleva, en realidad, a dejar de lado parte de nuestra naturaleza humana: nos pedimos algo para lo que no estamos preparados. De hecho, diría que incluso nos lleva a juzgar, minimizar o ignorar nuestras necesidades emocionales por miedo a que sean inadecuadas, a que reflejen una dependencia limitante o a que a nuestra pareja le resulten excesivas. Sin embargo, **ignorar nuestras necesidades no hará que desaparezcan**, sino que más bien añadirá malestar.

Entonces ¿cuál es el camino? Depender, pero depender bien.

DEPENDENCIA EMOCIONAL: CODEPENDENCIA *VS.* INTERDEPENDENCIA

Leticia llega a consulta con una demanda muy clara:

—Quiero dejar de depender de mis parejas.

Hace unos meses salió de una relación en la que había sufrido mucho. Ahora que ha transitado ese duelo, cree sentirse preparada para conocer gente.

Recientemente ha llegado a su vida «alguien especial»: Rubén. Y hay algo que tiene muy claro:

—No quiero volver a sufrir como he sufrido, no quiero volver a depender de mis parejas.

Le pido que me explique en qué cree que consiste ese depender, para asegurarme de que su objetivo terapéutico es factible.

Cuando Leticia dice que no quiere depender, en realidad se refiere a no sentir: tiene miedo al compromiso, a mostrarse vulnerable, a permitirse sentir y que, cuando más sienta, la relación se acabe. La entiendo: si la dependencia emocional era lo que le había causado tanto sufrimiento, si le había costado tanto tomar la decisión de dejar su anterior relación, Leticia tenía muchos motivos para no querer depender de nadie. Jamás. Al menos, no como ella entendía la dependencia. Pero lo que me pedía Leticia no era del todo posible. Se lo expliqué:

—Miras atrás y te das cuenta de lo que has sufrido, de cuánto te ha costado tomar la decisión de dejar a tu pareja y de que, quizá, deberías haberlo hecho mucho antes. Esto te lleva a pensar que, si no sufrieras dependencia emocional, te ahorrarías muchos quebraderos de cabeza. Lo comprendo. Pero no podemos no depender; al menos, no tal y como lo planteas: porque lo que tú propones no es no depender, sino no sentir. Lo que sí podemos hacer es aprender a depender de forma sana.

Llegados a este punto debemos diferenciar entre:

- La **interdependencia**, la dependencia emocional sana, aquella que nos permite preservar nuestra identidad y que ejerce de potenciadora para los miembros de la pareja.
- La **codependencia**, la dependencia emocional que nos limita.

Veámoslo con más detalle en el siguiente cuadro:

DESDE LA CODEPENDENCIA	DESDE LA INTERDEPENDENCIA
Obtenemos sentido de valía a través del otro.	Nuestro sentido de valía no depende de nuestra relación de pareja.
El miedo al rechazo y al abandono nos acompaña constantemente y asume el control de la situación, lo que se traduce en grandes dosis de inseguridad.	El miedo al rechazo y al abandono aparece en momentos puntuales y no toma las riendas de la situación; la seguridad predomina en el vínculo.
Nos fusionamos.	Cada uno mantiene su identidad, autonomía e independencia.
Priorizamos a nuestra pareja generando desequilibrios e instaurando relaciones jerarquizadas (donde uno tiene más peso que el otro).	La relación es de igual a igual.
Nuestro bienestar depende de cómo de bien estamos con nuestra pareja.	No estar bien con nuestra pareja nos preocupa, pero no nos bloquea.
Nos cuesta mucho poner límites.	Creemos que los límites son necesarios.
Tratamos de evitar el conflicto, por si pudiera suponer el fin de la relación.	Entendemos que es necesario expresar un desacuerdo y, ante un conflicto, asumimos nuestra parte de responsabilidad.

Albergamos emociones como el resentimiento por no expresar lo que sentimos cuando es debido.	Nuestra mochila emocional raramente se llena, pues expresamos lo que sentimos.
Nos decimos que no podemos vivir sin nuestra pareja.	Sabemos que una ruptura nos dolerá, pero no dejamos que el dolor que anticipamos nos domine y decida por nosotros.
Necesitamos que nuestra pareja diga o haga las cosas de una determinada manera para estar bien.	Nuestro bienestar no depende de que nuestra pareja actúe como deseamos o esperamos.
Intentamos cambiar a nuestra pareja para que encaje con nuestras expectativas.	Aceptamos a nuestra pareja por cómo es y, si algo nos resta o merma nuestro bienestar, valoramos la posibilidad de poner fin a la relación.

A Leticia le da miedo dejar entrar a Rubén en su vida: ahora conoce la teoría, pero ¿será capaz de ponerla en práctica? La reconforto diciéndole que, si no lo prueba, no lo sabremos, así que decide aventurarse y seguir conociéndole.

—Esta vez quiero hacerlo bien, Montse.

No sé si Leticia lo hará bien, eso dependerá de lo que ella entienda por bien, pero intentaremos que tome decisiones de forma más consciente para poder tener una relación más sana.

Dibujo en un papel tres círculos que se solapan parcialmente y le pido a Leticia que comparta conmigo qué le transmiten:

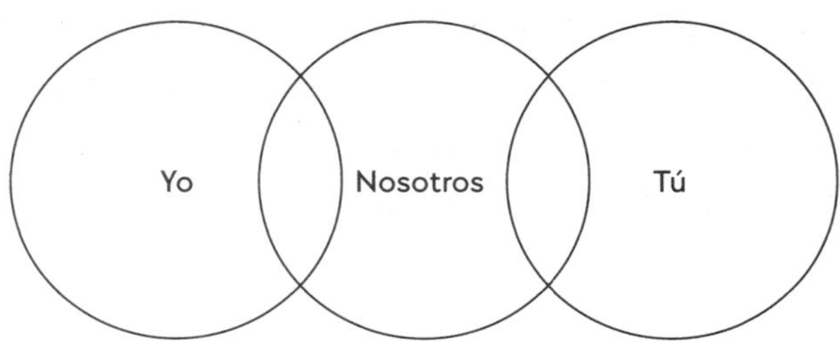

—Que somos dos personas distintas que comparten una parte de su vida creando un «nosotros», ¿no?

Exacto. Eso era justo lo que quería transmitirle: una relación es sana en la medida en que compartimos suficiente para **que ese «nosotros» nos haga sentir conectados**, unidos por un vínculo llamado amor que nos aporta seguridad y que se traduce en apoyo, cuidado, tiempo de calidad, grandes dosis de intimidad, intereses compartidos, momentos de pasión y una visión compatible acerca de los objetivos vitales, del estilo de vida y de las relaciones; pero eso debe suceder de forma paralela a tener suficiente autonomía e independencia para **preservar nuestra identidad**.

Le pido a Leticia que describa qué le transmite la disposición de estos círculos:

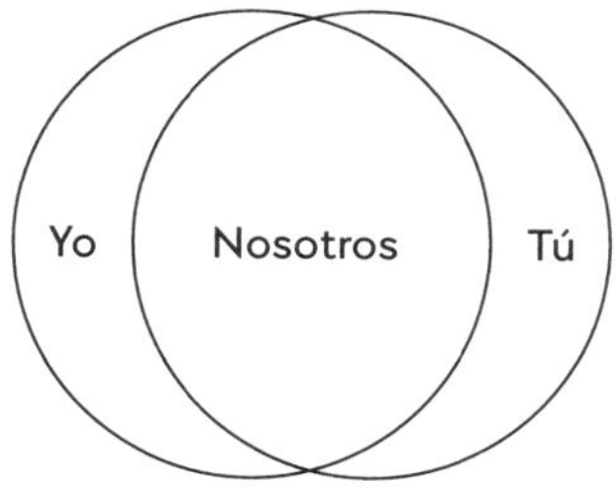

—Dos personas demasiado unidas —contestó.

—Dos personas fusionadas —maticé.

Eso es justo lo que Leticia quiere evitar. Ya lo vivió: se olvidó de sí misma, dejó de lado sus necesidades, permitió que se sobrepasaran sus límites y sintió que no podía dejar atrás esa relación por más que fuese lo que necesitaba su bienestar.

—Y, por último, ¿estos círculos qué te dicen, Leticia?

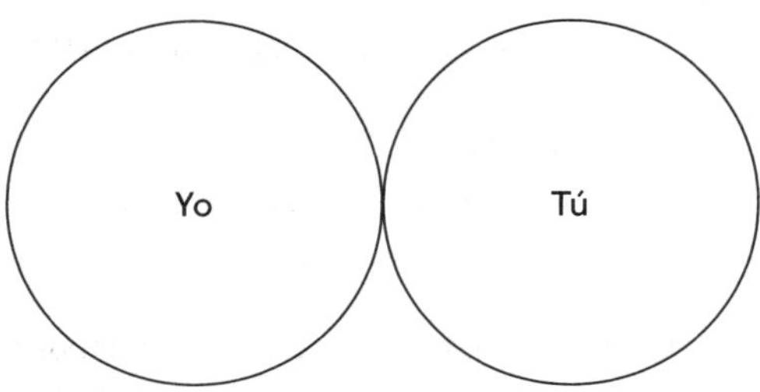

—Dos personas independientes; demasiado independientes para dar lugar a un «nosotros».

Eso es: para que exista un «nosotros» debe haber conexión, y esta se traduce en compartir: si no compartimos con nuestra pareja, si no conectamos, no hay un «nosotros», no hay relación. Eso era justamente lo que podría pasarle a Leticia en su nueva relación si no se permitía sentir con el objetivo de protegerse.

—Creo que ahora lo entiendo, Montse. Se trata de construir un «nosotros» sin que ese «nosotros» se lleve por delante a Leticia y Rubén. Ahora bien, ¿cuál es el camino?

Con Leticia trabajamos en torno a la diferenciación:

La diferenciación se presenta en contraposición a la fusión y gira alrededor de entender que en cada relación hay tres partes: tú, tu pareja y las cosas que compartís. La clave para una relación sana es que exista equilibrio entre todas ellas.

—Vamos a darle una vuelta a cómo te vinculas. Vamos a tratar de integrar en tus creencias acerca de las relaciones unas máximas distintas a las que te han guiado hasta ahora.

Acto seguido introduje un ejercicio basado en afirmaciones que iría incorporando a su consciente a base de repetírselas a sí misma, como si de una guía se tratase.

AFIRMACIONES PARA LA INTERDEPENDENCIA

Lee las siguientes afirmaciones prestando atención a cada una de las palabras, integrando el sentido que tienen para ti y para tu relación. Y si puedes leerlas en voz alta, mejor todavía.

- «Voy a hacer por mi pareja lo que esté en mis manos... siempre y cuando no entre en conflicto con mis necesidades».
- «Voy a otorgar importancia al "nosotros"... en la misma medida que otorgo importancia al "yo"».
- «Voy a prestar atención a las necesidades de mi pareja... de la misma forma que voy a prestar atención a las mías».
- «Voy a expresar lo que me molesta y a poner límites cuando lo considere necesario... a pesar de que eso suponga un conflicto, porque entiendo la importancia de velar por mi bienestar».
- «Voy a quedarme en esta relación... hasta que deje de proporcionarme lo que necesito».

Los últimos minutos de la sesión los dedicamos a comentar un dato curioso: según los estudios, cuando dependemos sanamente de nuestra pareja nos sentimos más seguros de funcionar de forma autónoma y de apostar por una mayor autonomía. Nos basta con saber que nuestra pareja está ahí, como una red de seguridad, para atrevernos a funcionar de forma más independiente; porque, si algo va mal, sabemos que podemos contar con su apoyo. Eso se conoce como la **paradoja del apego**, y aúna seguridad percibida, dependencia emocional (sana) y apego.

2

APEGO: «¿CÓMO ME VINCULO?»

¿Sientes que a veces tu pareja y tú discutís por tonterías? ¿Te ha pasado que cuanto más la necesitas más se aleja o que cuanto más te demanda más te agobias? ¿Te consideras una persona segura y emocionalmente estable, pero, en lo que se refiere a la pareja, algunas situaciones consiguen desestabilizarte y te cuesta entender por qué? ¿Hay momentos en los que te resulta difícil empatizar con las reacciones de tu pareja y sientes que estáis muy lejos de entenderos?

A veces, la razón por la cual pequeñas acciones o comentarios erosionan el vínculo desafía toda lógica. Y es así porque detrás hay una realidad emocional que nos pasa desapercibida: cada persona tiene unas necesidades distintas —como comentábamos en el primer capítulo— y, si queremos entender la complejidad emocional de las situaciones que suceden en nuestra relación, debemos entrenarnos en identificar qué necesitamos nosotros, reconocer qué necesita nuestra pareja, explorar cómo podemos lograr que el vínculo honre las necesidades de ambas partes y, así, conseguir una relación sana y segura. Y eso requiere que hablemos del apego.

Para ello debemos remontarnos a nuestros primeros años de vida: aprendemos sobre los vínculos en general y sobre las relaciones de pareja en nuestra infancia. Esto ocurre de forma natural, como resultado de las interacciones que observamos de los adultos de nuestro alrededor; pero, sobre todo, de aquello que recogemos a consecuencia de sus interacciones con nuestra persona. Cada interacción cuenta, porque **en cada interacción aprendemos** sobre conexión, afecto, espacio, autonomía y seguridad emocional. Y es que precisamente en torno a estos conceptos gira el apego:

Según nuestro estilo de apego necesitaremos más o menos conexión y afecto, más o menos espacio y autonomía, y eso dará lugar a una mayor o menor seguridad en el vínculo, que se traducirá en un mayor o menor bienestar emocional.

Empecemos por el principio: John Bowlby y Mary Ainsworth,[2] por medio de un experimento llamado «la situación extraña», revolucionaron la psicología del desarrollo con sus teorías sobre vinculación y apego, que dieron lugar a miles de estudios científicos. Ahora bien, ¿qué es el apego?

Cuando nacemos, somos bebés completamente dependientes. La naturaleza consigue que los progenitores se hagan cargo de sus crías mediante un vínculo afectivo llamado apego. Ya estarás imaginándolo: el apego va mucho más allá de las relaciones de pareja y de los sentimientos. De hecho, **el apego es un mecanismo de supervivencia**. Y justo por ese motivo está tan relacionado con la seguridad emocional.

Las neurociencias apoyan esta hipótesis: los estudios corroboran que, cuando nuestro sistema de apego percibe una ruptura del vínculo, se registra una mayor actividad cerebral en aquellas áreas relacionadas con el pánico y el miedo. Es decir, estos sistemas cerebrales están estrechamente relacionados: cuando nuestro sistema de apego se activa e interpreta la situación como una amenaza, el cuerpo pone en marcha estrategias del tipo **lucha, huida o parálisis**[3] en un intento de recuperar la seguridad. Eso explicaría por qué cuando se activa el apego reaccionamos de forma instintiva y, a veces, poco constructiva de cara al vínculo.

A menudo hablamos del apego con una connotación negativa, pues creemos que nos trae problemas. Y es que, si nuestro apego es de tipo inseguro, es probable que tratemos de recuperar la seguridad en la relación de formas —como comentaba— poco constructivas. Pero el apego no es negativo *per se*. Eso sí, nos resultará todo un reto alcanzar la seguridad emocional que tanto ansiamos con estrategias que contribuyan al vínculo o, cuando menos, preserven nuestro bienestar y el de nuestra pareja a corto y medio plazo, pues significará aprender a sentirnos seguros con mecanismos distintos a los que hemos recurrido hasta ahora. En eso consiste justamente el apego seguro: en proporcionar una base sólida al vínculo a través de la cual nos sintamos cuidados, arropados, seguros y en calma, y proporcionemos lo mismo a nuestra pareja.

ESTILOS DE APEGO

Según algunos autores, existen estilos intermedios, como si el apego estuviera distribuido a lo largo de un *continuum*. Es una aproximación que, para mí, tiene mucho sentido y que representa bastante bien la variedad de realidades emocionales que vivimos; pero, para facilitar la lectura, nos centraremos en los cuatro principales: el apego seguro y los tres estilos de tipo inseguro (el ansioso o ambivalente, el evitativo o evasivo y el desorganizado). ¿De qué dependerá que desarrollemos uno u otro? Del grado de seguridad que nos proporcione el vínculo.

El apego gira en torno a la seguridad emocional que experimentamos respecto al vínculo, y esta depende de la calidad del afecto: esto es, de lo disponibles que estén nuestros cuidadores, de lo sensibles que se muestren a nuestras necesidades y de lo capaces que sean de honrarlas.

Si el vínculo es seguro, experimentaremos bienestar. Y, si no nos proporciona seguridad, trataremos de alcanzarla de la forma que sabemos, ya sea buscando cercanía o haciendo justo lo contrario, distanciándonos.

En qué situaciones sentimos malestar, cuáles son nuestros disparadores y cómo hacemos frente a dichas situaciones depende de nuestro estilo de apego. Antes de profundizar en ello creo oportuno mencionar que **el apego es plástico**: si bien tenemos un estilo primario —el que desarrollamos en la infancia—, dependiendo de los lazos afectivos que creemos a lo largo de la vida exhibiremos una mayor o menor tendencia a un estilo de apego u otro.

Podríamos escribir varios libros sobre el apego, pero recordemos: este libro trata acerca de las necesidades emocionales y la seguridad del vínculo, y ese será nuestro foco. Así pues, el objetivo de estas páginas es conocer las necesidades emocionales que se esconden detrás de cada estilo de apego, de manera que podamos entender qué precisamos, así como qué le hace falta a nuestra pareja para construir una relación más segura. ¿Me acompañas?

APEGO ANSIOSO O AMBIVALENTE

En el origen del apego ansioso o ambivalente (de ahora en adelante, «apego ansioso») encontramos unos cuidadores impredecibles: tan pronto están de buen humor como se enfadan (incluso sin motivo aparente) y su actitud hacia nosotros cambia (aun sin que esté relacionada con nuestra persona). La **impredecibilidad** va de la mano de la inconsistencia y hace que la relación sea insegura en todos los sentidos: no sabemos si nuestros cuidadores van a estar ahí cuando los necesitemos (son sensibles a nuestras necesidades de forma intermitente) ni cómo van a responder a nuestras necesidades (no las honran de forma consistente). Como resultado, no nos sentimos vistos, ni atendidos, ni cuidados de forma segura; solo en ocasiones. ¿Cuándo? No lo sabemos, porque no depende de nosotros.

Que sean impredecibles significa que no podemos anticipar cuándo van a estar; como resultado, nos cuesta separarnos de ellos y experimentamos **miedo al abandono** porque, cuando se marchan, no sabemos cuándo van a volver.

Importante: cuando hablamos de abandono, no nos referimos necesariamente a un abandono físico, sino a uno emocional, a que dejen de ser sensibles a nuestras necesidades, a que no nos vean en los términos en que hemos comentado que necesitamos ser vistos. Y, tras un episodio de abandono, puede que no nos mostremos receptivos al afecto que nos brinden: nos han fallado; su regreso no solo no nos consuela, sino que sentimos rechazo.

Cuando nuestros cuidadores son imprevisibles aprendemos a prestar mucha atención a cualquier mínima información (ya sea verbal o no verbal) en un intento de extraer patrones y, así, obtener cierta previsibilidad y consistencia, desarrollando lo que llamamos **hipervigilancia**.

La intermitencia, la inconsistencia y la impredecibilidad cargan de malestar el vínculo, que se manifiesta en forma de ansiedad. Así, cuando sentimos que el vínculo corre peligro, hacemos todo lo posible por evitar lo que tanto tememos: que nos abandonen.

EL APEGO ANSIOSO EN LA PAREJA

Si tu apego es ansioso, probablemente:

- Deseas intimidad y conexión emocional.
- Te sientes cómodo ante la idea de tener pareja.

- Piensas constantemente en la relación.
- Identificas potenciales amenazas con relativa facilidad: de hecho, puede que tu pensamiento esté sesgado e interpretes situaciones no amenazantes como señal de que el abandono es muy probable o inminente.
- Das mucha importancia a la consistencia del vínculo.
- No llevas bien el estar (físicamente) lejos de tu pareja ni el sentirla (emocionalmente) distante.
- Crees que no hay vida más allá de tu pareja (algo así como si fuese la última oportunidad para el amor, el último tren para la felicidad).
- Ante la posible ruptura del vínculo, necesitas restaurarlo enseguida (contactando con tu pareja hasta obtener respuesta, insistiendo hasta «solucionarlo»).
- Aunque no puedas evitar sentirte como te sientes, crees que tus emociones son excesivas y desproporcionadas, y las consideras inadecuadas.
- Te cuesta confiar en que tu pareja esté ahí, incluso cuando lo demuestra; como si esperases el momento en que te fallará o te dejará.
- Pones a prueba a tu pareja como una forma de obtener seguridad.
- De tanto centrarte en el otro para que no te abandone, te fusionas y te acabas abandonando a ti mismo.
- Necesitas que tus necesidades sean vistas y que tu pareja te proporcione validación a menudo.
- Criticas a tu pareja, haces peticiones constantes, insistes, incluso es posible que caigas en la manipulación o en el chantaje en un intento de conseguir lo que necesitas.

¿Te resuena lo anterior? ¿Te ves reflejado a ti o a tu pareja? A continuación, Claudia nos ayudará a entender cómo se vive el apego ansioso desde dentro.

—A la mínima ya pienso que no estamos bien, que mi pareja ya no me quiere, que me va a dejar, y necesito que me asegure que no es así —comentaba Claudia—. En frío soy capaz de ser crítica con mis pensamientos; pero cuando me invade el miedo los siento como muy reales.

Si nuestro apego tiene una clara tendencia ansiosa, necesitaremos sentirnos conectados con nuestra pareja, sentir que está ahí; y seremos especialmente sensibles a la consistencia: requeriremos que la conexión sea consistente a través del tiempo y de las situaciones.

—¿Te dicen algo las palabras «miedo al abandono»? —le pregunté.

—Sí, por supuesto que sí. El miedo al abandono es como un fantasma que siempre está al acecho. Bueno, siempre no; cuando siento a Luis cerca parece que el miedo se calma. Pero sí que aparece en diferentes momentos, como una constante.

El miedo al abandono puede surgir cuando la relación se enfrenta a una posible ruptura del vínculo: por ejemplo, cuando nuestra pareja nos pide un tiempo, o cuando nos manifiesta que tiene dudas o que no está bien en la relación. Pero también puede hacer acto de presencia cuando, como resultado de la hipervigilancia, interpretamos la conducta de nuestra pareja como señal de que no está a gusto o de que nos quiere dejar (por ejemplo, cuando entra en casa con un semblante serio).

—¿Qué consecuencias tiene todo eso, Claudia? —le pregunté.

—Estoy pendiente de mi pareja. Mucho. Él dice que soy muy atenta. A mí me trae por el camino de la amargura.

Lo cierto es que la hipervigilancia funciona como una especie de sexto sentido sin botón de apagado: nos hace mucho más sensibles a los cambios emocionales y a las necesidades de nuestra pareja, y se puede traducir en acciones que nos llevan a asegurarnos de que está bien, lo que nos proporciona una falsa sensación de control (como si el hecho de que nuestra pareja esté bien estuviera cien por cien en nuestras manos).

—¿Cuánto espacio dirías que ocupa la relación en tu vida? —pregunté.

—Mucho. Siento que a veces mi vida gira en torno a la relación. Pero ahora, con Luis, no es nada comparado con cómo me sentía con otras parejas: con Jota era algo exagerado, estaba todo el día pensando en la relación y pegada al móvil.

Claudia y Jota tenían una relación de idas y venidas, una relación intermitente que, lejos de proporcionarle seguridad, era todo quebraderos de cabeza, lo que mantenía su sistema de apego siempre activado.

Si nuestro estilo de apego es ansioso, probablemente daremos muchas vueltas a lo que sucede en la relación en un intento de sentir que tenemos el control, tratando de dar con la clave para mantener a nuestra pareja a nuestro lado. Y es que uno de los mayores retos, si nuestro apego es de tipo ansioso, es mantener a raya el miedo al abandono: de tanto intentar evitar que nos abandonen, puede que acabemos abandonándonos a nosotros mismos. ¿Recuerdas la diferenciación? Esta será clave para evitar que nos acabemos fusionando con nuestra pareja, dejemos de lado nuestras necesidades y desdibujemos nuestra identidad.

—Siento que soy muy intensa, que espero demasiado de mis parejas. Incluso diría que mis emociones son un problema —dijo Claudia.

Validar nuestras propias emociones es todo un reto si nuestro apego es ansioso: acostumbrados a que supongan un problema, optamos por no ponerlas sobre la mesa; y, cuando lo hacemos, suele ser porque se ha activado nuestro sistema de apego, por lo que es posible que las expresemos de forma poco constructiva. Y llegamos a la conclusión de que lo que necesitamos no es válido, que lo que pedimos es excesivo o que nuestras necesidades son inadecuadas.

—Que las formas sean mejorables no significa que tus necesidades no sean válidas —respondí, y pedí a Claudia que lo tuviera muy presente.

¿CUÁNDO SE ACTIVA EL APEGO ANSIOSO?

Las situaciones que activan nuestro sistema de apego reciben el nombre de **disparadores**. Estos aparecen cuando percibimos que el vínculo se rompe o que está bajo amenaza (real o no). Julia nos ayudará a entenderlo mejor.

«Quiero dejar de sentir lo que siento: hay situaciones que me preocupan sobremanera y sé que no es sano ni para mí, ni para mi pareja, ni para la relación», comenta Julia. Soy toda oídos.

Julia se siente abandonada cuando su pareja queda con sus amistades y no le responde al móvil durante horas. Entiende que se lo está pasando bien y que puede no acordarse de ella, pero se dice: «Si yo me acuerdo de Simona cuando estoy con mis amigas, ¿por qué ella no?».

Julia se siente rechazada cuando su pareja reserva tiempo para sus aficiones: «Sé que debe ser así, que es lo sano; sin embargo, pienso que, si tanto me quisiera, le apetecería pasar más tiempo conmigo».

Julia se siente ignorada cuando Simona, su pareja, «está en línea y no contesta». Simona es diseñadora freelance y utiliza el móvil para comunicarse con sus clientes. Julia lo sabe, pero una parte de ella no puede evitar pensar: «Si le importase de verdad, hubiera sacado unos segundos para hacerlo; no cuesta tanto».

Julia se siente fácilmente reemplazable cuando Simona se lo pasa bien con otras personas. En esos momentos le gustaría ser más divertida para su pareja, ser todo lo que ella necesita para que escoja quedarse a su lado.

Y todo eso sucede en una relación en la que, si lo analizamos de forma objetiva, Simona tiene a Julia en cuenta a la hora de hacer planes, le responde cuando verdaderamente puede —pero siempre siempre responde— y la hace sentir querida y cuidada. ¿Imaginas qué le ocurre a nuestro apego ansioso cuando nos encontramos en una relación intermitente, con una persona impredecible y de actitud inconsistente?

Conocer nuestros disparadores es importante. Te dejo ejemplos de situaciones que funcionan como disparadores del apego ansioso:

- Percibir inconsistencia.
- Sentir que nuestra pareja está distante.
- Que haya distancia (física).
- Que el contacto sea intermitente o interrumpido.
- Que no nos sintamos vistos (que la pareja se olvide de algo que es importante para nosotros).
- Que nuestra pareja no cumpla con aquello a lo que se ha comprometido.
- Que nuestra pareja no se dé cuenta de algo (de que estamos mal, de que hemos conseguido algo, de que hemos hecho un cambio de look).
- Sentir que el vínculo se rompe.

«¡HOLA, DISPARADORES! POR FIN OS PONGO CARA»

Tanto si tu apego es de tipo ansioso como si crees que es el caso de tu pareja, trata de recopilar aquellas situaciones que puedan ejercer de disparadores. Tomar conciencia es uno de los primeros pasos. De esta forma podréis:

1. Tratar de evitar que se produzcan estas situaciones o, si evitarlas supone un perjuicio para alguna de las partes...

2. Anticiparos a ellas, apostando por el diálogo e intentando llegar a acuerdos.
3. Optar por hacer pequeños cambios (¿concesiones?), de tal forma que las necesidades de ambas partes se vean satisfechas.

¿QUÉ HACER PARA RECUPERAR LA SEGURIDAD?

Pablo acude a consulta preocupado por sus reacciones: «A veces me siento muy insistente, pero hasta que no obtengo respuesta no me quedo tranquilo». Se refiere a las conductas de seguridad (oficialmente conocidas como «conductas de protesta») que tienen como objetivo obtener de nuestra pareja aquello que nos permita **restaurar el vínculo y recuperar la seguridad**. Dicho así parece positivo, ¿verdad? Lo sería si no fuese porque algunas conductas de protesta tiñen el vínculo de mayor inseguridad. En el caso del apego ansioso, estas consisten en:

- Hacer críticas buscando un cambio de conducta.
- Pedir de forma sistemática, hasta que las peticiones llegan a convertirse en exigencias.
- Insistir de forma excesiva hasta restablecer el contacto (llamadas, mensajes de texto).
- Poner a prueba a nuestra pareja para reafirmar el vínculo.
- Dar ultimátums o formular mensajes compatibles con el chantaje emocional (por ejemplo, amenazar con poner fin a la relación o bien emplear estrategias como dejar de contestar a los mensajes con el objetivo de que el otro insista y nos demuestre cuánto le importamos).
- Llevar la cuenta: cuántas veces escribimos frente a cuántas nos escribe nuestra pareja, cuánto tarda en contestarnos…
- Inocular celos.

Cuando se activa nuestro apego, necesitamos recuperar la seguridad. ¿Cómo? Apostando por estrategias que han resultado más o menos eficaces a lo largo de nuestra historia: Pablo insiste en hablar con Vero; Julia manda mensajes de forma compulsiva a Simona; y Claudia le pregunta a Luis si la quiere, cómo están como pareja y si todo va bien.

«Sé que no está bien que insista tanto», comenta Pablo. Las conductas de seguridad suelen acompañarse de culpa. Es comprensible. Sabemos que con ellas no contribuimos a fortalecer el vínculo; es más, en ocasiones podemos provocar lo contrario: que nuestra pareja se aleje. «Eso es justo lo que le sucede a Vero: cuanto más le insisto en hablar, más se cierra en banda. Yo quiero resolver el conflicto en ese momento, pero ella se niega».

¿Recuerdas las respuestas de lucha, huida y parálisis? Pues, cuando el apego ansioso de Pablo se activa e interpreta la situación como una amenaza, él recurre a la lucha (hacer frente a la situación), mientras que Vero apuesta por la huida (se aleja). Culparse no sirve de nada; al contrario, nos aleja de entender. Y entender que nuestro sistema nervioso simpático (el encargado de poner en marcha nuestro cuerpo para defendernos de un peligro) se ha hecho con el control nos ayudará a comprender mejor tanto nuestras reacciones como las de nuestra pareja, y a no tomarnos estas últimas como algo personal.

Si nuestro estilo de apego tiene tendencia ansiosa, probablemente estemos acostumbrados a sentir que nuestras necesidades no son vistas de forma consistente, así que nos centramos en conseguir una mayor visibilidad.

El hándicap de las conductas de seguridad es que su efecto es efímero, sobre todo cuando la ruptura del vínculo o la amenaza percibida no es real. Además, las propias conductas de seguridad pueden dar lugar a una mayor inseguridad: cuando Pablo insiste en hablar, Vero se distancia, lo que acrecienta la desconexión entre ambos, justo lo contrario de lo que necesita Pablo.

«Entonces ¿qué hago?, ¿no digo nada?», pregunta Pablo.

No, callarse no es sano: estaríamos desatendiendo nuestras propias necesidades.

La opción preferible, cuando experimentamos inseguridad, es apostar por estrategias sanas a partir de las cuales demos una pista a nuestra pareja de qué nos ayudaría a recuperar la seguridad, a la vez que vemos sus necesidades y tratamos de honrarlas en la medida en que las nuestras lo permitan.

Que el sistema nervioso simpático tome las riendas de la situación y desencadene las respuestas de lucha, huida y parálisis significa que nuestro cuerpo ha entrado en algo parecido a **«modo supervivencia»**. En ese momento nuestra mente está enfocada en recuperar la seguridad cueste lo que cueste. Como resultado, es fácil que adoptemos una aproximación egoísta —comprensiblemente, añadiría—: nos centramos en obtener lo que necesitamos, pasando por alto lo que necesita nuestra pareja.

Sin embargo, para tener una relación sana y segura en la que obtengamos y proporcionemos seguridad en la misma medida, debemos honrar nuestras necesidades y trabajar en ver y honrar las de nuestra pareja. Por eso es fundamental recordar en todo momento que la relación es de dos, que podemos tener necesidades distintas y que, incluso cuando estas no resultan compatibles, ambas son válidas. Y, si lo que pedimos para satisfacer las nuestras es incompatible con seguir honrando las de nuestra pareja, debemos apostar por alcanzar un acuerdo.

¿Recuerdas a Claudia? Con ella trabajamos en torno a honrar sus necesidades: está acostumbrada a ignorar las suyas, a hacer la vista gorda con aquello que le molesta. Se calla. Siente que, si pone sobre la mesa lo que precisa recibir por parte de su pareja, esta pensará que está pidiendo demasiado. Sin embargo, por mucho que se calle y que no haga caso de lo que le hace falta, no consigue que sus necesidades desaparezcan. Y, cuando se expresa, explota, habitualmente por «una tontería», como ella dice.

Ayer recibió una mala noticia: le denegaron la beca de investigación que llevaba meses esperando. Estaba destrozada y escribió a Luis a modo de SOS emocional. Luis leyó su mensaje, pero no le contestó. Pasaban los minutos y las horas, y Claudia se iba sintiendo cada vez más invisible. «Soy consciente de que tiene un trabajo muy demandante, pero no podía creer que fuera tan insensible y no me dedicara unos segundos en aquel momento tan importante para mí».

Explotó. Empezó a mandarle mensajes.

Analicemos su discurso.

LO QUE DICE CLAUDIA	LO QUE NOS DICEN SUS NECESIDADES EMOCIONALES
«Yo me desvivo por ti...».	Claudia se asegura de estar siempre disponible para su pareja (una parte de ella cree que, si se vuelve imprescindible para Luis, reduce las probabilidades de que la abandone).
«... y tú pasas de mí».	Luis no necesita el mismo nivel de cercanía y conexión que Claudia; ella lo siente lejos, siente que no está ahí.
«Cuando te necesito no estás».	Claudia siente que Luis no es sensible a sus necesidades.
«En cambio, yo estoy siempre que me necesitas...».	Siente que su relación está jerarquizada: como si las necesidades de Luis fuesen más importantes que las suyas.
«... incluso cuando tú todavía no lo sabes».	La hipervigilancia lleva a Claudia a leer a Luis, comprendiendo lo que necesita incluso antes de que él tenga acceso a sus propias necesidades.

«Eres un insensible».	Claudia siente que Luis no es sensible a sus necesidades en ese momento; pero las emociones la desbordan y generaliza.
«No te importa nada de lo que me pase».	No se siente vista y sus emociones la conectan únicamente con los momentos en los que siente que Luis le ha fallado.
«O esto cambia o lo nuestro se acaba».	Claudia se siente tan frustrada que no puede evitar formular un ultimátum en un intento desesperado de que Luis entienda lo mal que se siente, lo importante que es para ella que vea sus necesidades.

Una vez pasada la tormenta, Claudia conecta con la idea de que Luis no merece esto, de que sus enfados son desproporcionados, de que no ha tenido en cuenta cómo día tras día demuestra que la quiere y que está ahí para ella. Pero está tan ocupada juzgándose a sí misma e intentando tapar sus necesidades emocionales que se olvida de que, aunque sus formas sean mejorables, estas piden ser vistas y atendidas.

«Deja de juzgar si tus necesidades son o no adecuadas —le propuse a Claudia como línea de trabajo—; si eso es lo que sientes, seguramente para ti tenga mucho sentido. Entonces, **trata de entender y validar cómo te sientes**. Solo así darás respuesta a la pregunta alrededor de la cual debe girar la conversación que tengas con Luis: "¿Qué necesidades emocionales están hablando? ¿Qué necesito recibir por parte de mi pareja?"».

Claudia trajo los deberes hechos: necesita sentirse vista (que su pareja entienda que para ella es importante tener una respuesta más pronto que tarde), sentirse validada (que la respuesta de su pareja sea positiva) y sentirse cuidada y querida (a través de su mismo lenguaje del amor, que es una mezcla entre palabras de afirmación y actos de servicio).

TUS NECESIDADES SON VÁLIDAS; ASEGÚRATE DE QUE TU FORMA DE EXPRESARLAS SEA ADECUADA

Céntrate en lo que necesitas, sin juzgar si deberías necesitarlo o no. Después, explora de qué forma tu pareja podría satisfacer dichas necesidades (con qué acciones o palabras). Finalmente, valora cómo podrías transmitírselo. Te dejo un ejemplo:

«Cuando acudo a ti en busca de apoyo y tardas en responder, o me lees y me dejas en visto, conecto con la idea de que no estás cuando te necesito, y me duele. Para mí es importante proporcionarte apoyo. Quiero estar ahí y cuidarte, y necesito poder confiar en ti, saber que tú harás lo mismo. Entiendo que no siempre puedes dejar de lado tus obligaciones, pero me gustaría que la próxima vez me mandaras un mensaje del estilo: "Cariño, ahora no puedo hablar; cuando llegue a casa, con tranquilidad, me cuentas", en vez de leerme y dejarme en visto. ¿Crees que sería posible?».

Trabajamos en la misma línea con Pablo.

LO QUE DICE PABLO	LO QUE NOS DICEN SUS NECESIDADES EMOCIONALES
«Ya veo cuánto te importo».	Pablo no se siente visto; siente que Vero está ignorando sus necesidades.
«Si tanto me quisieras, intentarías arreglar lo nuestro».	A Pablo le cuesta entender que Vero pueda estar tranquila (aparentemente) en esa situación de amenaza para el vínculo. Con sus palabras trata de obtener un «Ya sabes que te quiero», en un intento de recuperar la seguridad.
«No sé cómo puedes ser tan fría y estar tan tranquila».	Pablo siente lejos a su pareja e interpreta su actitud como fría y distante. Pero no tiene en cuenta que, quizá, su actitud responde a una conducta de seguridad.

«¿Tan difícil te resulta hablar con tu pareja?».	Pablo está intentando que su pareja le dé una respuesta, la que sea, porque cualquier tipo de respuesta es mejor que no tener respuesta. Necesita sentir cierta responsividad aunque la respuesta sea negativa.

Con Pablo trabajamos el poder manifestarle a Vero qué significaba para él que, tras una situación de conflicto en la que sentía que el vínculo se veía amenazado, Vero respondiera con una actitud de aparente frialdad. De forma paralela trabajamos en **despersonalizar la respuesta** de su pareja: Vero no estaba ignorándole, sino que se le había activado el mecanismo de huida porque su mente interpretaba la situación como una amenaza. La respuesta de Vero no iba dirigida a él como persona, sino a la dinámica que se generaba entre ambos. Si entendía eso, podría ver qué necesitaba su pareja en ese momento.

Ante una situación de conflicto es probable que se active el sistema nervioso de ambas partes. Y, cuando sucede, cada uno entra en «modo supervivencia».

Si consigues entender en qué consiste ese «modo supervivencia» para tu pareja y extraes patrones, serás capaz de despersonalizar y entender que ella reacciona como respuesta a la dinámica que se da entre ambos, que no es nada personal.

LAS NECESIDADES DE TU PAREJA TAMBIÉN SON IMPORTANTES

Parte de ver a nuestra pareja pasa por entender su experiencia emocional. Para utilizarlo a favor del vínculo, es importante que pongamos nuestras necesidades sobre la mesa a la vez que tenemos en cuenta las suyas. ¿Cómo podemos hacerlo? Te dejo un ejemplo:

«Cariño, creo que estás a punto de cerrarte en banda, lo noto. No me gustaría llegar a ese extremo. A mí me duele cuando te aíslas. Por eso, voy a intentar poner este tema en pausa, pero antes necesitaría que me dijeras que todo está bien, que mañana lo hablaremos y que haremos lo posible por solucionarlo. Para mí es muy importante sentir que, aunque estés enfadada, me sigues queriendo, que estás ahí y que quieres que estemos bien. ¿Crees que puedes hacerlo?».

DE ANSIOSO A SEGURO

A veces es cuestión de grado, a veces es cuestión de forma: puede que, cuando decidamos exponer nuestras necesidades, estemos demasiado desbordados para ser constructivos, y puede que nuestra forma de pedir lo que necesitamos no sea entonces la más sana. Encaminarnos hacia el apego seguro implicará sacar el máximo partido a las bondades del apego ansioso, desprendernos de lo que nos resta y apostar por dinámicas que posibiliten una base segura.

Sí, lo has leído bien: a pesar de que el apego ansioso pueda acompañarse de gran malestar, tiene ventajas. ¿Cuáles? Explóralas conmigo:

- Nos resulta fácil conectar con nuestras emociones y necesidades.
- Somos sensibles a las necesidades de nuestra pareja.
- Nos preocupamos por su bienestar.
- Cuidamos el vínculo promoviendo momentos de intimidad y conexión.
- Tenemos buena predisposición para trabajar en la relación.

¿Recuerdas qué le decía a Claudia? «Que las formas sean mejorables no significa que tus necesidades no sean válidas». En eso consistirá justamente el camino hacia el apego seguro: en mejorar cómo nos expresamos. Y parte del trabajo pasa por no hacerlo desde el miedo. Si bien el miedo cumple con una función evolutiva (protegernos), puede aparecer cuando la situación no es realmente una amenaza; y, cuando aparece, puede ser ensordecedor y toma enseguida las riendas de la situación. Por eso, el primer paso irá encaminado a ser más conscientes de cuándo aflora.

CONOCE TU SISTEMA DE APEGO

Coge papel y lápiz, y responde:

1. ¿Qué situaciones, palabras o acciones son un disparador para tu sistema de apego?
2. ¿Cómo puedes saber que tu sistema de apego se está activando? ¿Qué tipo de pensamientos te pasan por la cabeza? ¿Con qué emociones conectas? ¿Cómo puedes discernir cuándo habla el miedo o bien la conciencia?
3. ¿Por qué tipo de conductas de seguridad sueles apostar?

Dejar enfriar la situación suele funcionar muy bien: la distancia emocional nos permite verla con una mirada distinta, no dominada por el miedo.

TOMA DISTANCIA EMOCIONAL

1. Abandona la situación, previo aviso: «Necesito unos minutos para calmarme y pensar».
2. Si tu pareja y tú no estáis físicamente juntos y la situación puede complicarse por una llamada o un mensaje de texto, deja el móvil en otra habitación o úsalo para llamar a un ser querido.
3. Hablar con alguien puede ser muy útil, pero solo si esa persona escucha desde la empatía, proporcionándote apoyo sin juzgar.

4. Los ejercicios físicos breves pero intensos pueden ayudarte a romper con las emociones incómodas que te inundan en ese momento.
5. Canta: sí, lo has leído bien. Cantar (o tararear) estimula el nervio vago, un aliado estrella para regular nuestras emociones y calmarnos.
6. Escribe: toma nota de lo que sientes, tal y como fluya, sin juzgar. Escribir una carta a tu pareja puede servirte de borrador para la conversación que mantendréis una vez que haya pasado la tormenta.
7. Si todo lo anterior no funciona y sientes que debes mandarle un mensaje sí o sí, escríbelo en borradores y trata de ponerlo en cuarentena durante unos minutos (tantos como puedas).
8. Por último, una sugerencia: si sientes que no puedes evitar actuar (hablar, escribir un mensaje), intenta hacerlo de forma que te sientas orgulloso de ti mismo al día siguiente.

Una vez que nos sintamos capaces de abordar la situación de forma sana y constructiva, debemos apostar por la comunicación. Soy consciente de que, cuando el miedo ya no nos domina, solemos pensar algo así como: «No es necesario», «Ya se me ha pasado, ¿para qué hablarlo?». Pero créeme: si tu sistema de apego se ha activado, merece la pena poner sobre la mesa cómo te has sentido. Recuerda que buscamos construir una relación sana y segura.

ECHA UNA MANO A TU PAREJA PARA QUE ENTIENDA TU APEGO

Si tu pareja se vincula desde un estilo de apego distinto, le costará mucho entender que puedas sentirte así. Por eso, echarle una mano para que comprenda cómo te vinculas y qué necesitas puede resultar muy útil:

- «Cuando nos enfadamos, necesito saber que estás ahí conmigo, que somos un equipo y que todo estará bien».
- «Significaría mucho para mí si no me dejaras tanto tiempo en espera».
- «Cuando no sé nada de ti durante horas me inundan las dudas. Una parte de mí sabe que me quieres, pero otra parte de mí conecta con la inseguridad. ¿Crees que podríamos hacer algo al respecto?».
- «Para mí es muy importante ser consistente en la relación: necesito saber que vas a estar ahí, que para ti es importante lo que me pase».
- «Cuando haces planes con tus amistades, sé que te lo estás pasando bien y apenas miras el móvil. Pero ¿crees que podrías mandarme algún mensaje? Por ejemplo, una foto de la comida o simplemente decirme que todo OK. Me ayudaría a sentirme parte de tu vida también cuando no estamos cerca».
- «Cuando llegas a casa con la cara larga, una vocecita en mi interior me dice que he hecho algo mal, que soy la causa de tu malestar y que la relación peligra. Sé que cuando algo te preocupa no quieres hablar de ello, pero, en esos momentos, ¿te importaría decirme solo si tiene que ver conmigo? Me tranquilizaría».
- «Me gustaría oír de tu boca que estamos bien más a menudo. Tus palabras de afirmación son importantes para mí».

Recordemos que nuestro sistema de apego se activa en un intento de recuperar la seguridad. ¿Por qué no proporcionársela? A continuación, te propongo un ejercicio que funciona muy bien en consulta. Necesitaremos la cooperación de tu pareja.

PÍLDORAS DE SEGURIDAD

A este ejercicio lo llamo «píldoras de seguridad», pero podría denominarse «la palabra mágica», pues consiste precisamente en utilizar el poder de la palabra para recuperar la seguridad.

«Somos un equipo», «Estoy aquí contigo», «Te quiero», «Lo vamos a arreglar», «Vamos a estar bien», «Voy a hacer lo posible porque estemos bien», «Quiero estar contigo», «Me importas», «¿Me das un abrazo?»: todas estas frases cortas mandan un mensaje de conexión, de seguridad. Escoge aquellas que crees que podrían tener mayor poder en ti y proponle a tu pareja que las verbalice cuando se lo pidas. Importante: estas palabras deberán ir acompañadas de hechos; por ejemplo, una predisposición real a arreglarlo.

Algo que también puede funcionar es abrazarse. En ese momento necesitas sentir cerca a tu pareja; pídele que te proporcione lo que necesitas en la medida en que le sea posible. En ocasiones, la clave será negociarlo.

Apostar por estrategias sanas y constructivas como las mencionadas no es nada fácil cuando nos encontramos inmersos en una vorágine de emociones. Pero debemos trabajar para ir adoptándolas poco a poco como propias. Sé que es muy difícil, y tiene sentido: tu sistema nervioso te habla y te dice que estás en una situación de peligro. Pero recuerda:

Que aparezca el miedo no significa que la situación sea una amenaza real para el vínculo.

Date tiempo, reevalúa la situación en frío, y si consideras que es una verdadera amenaza quizá signifique que tu relación no te proporciona seguridad. Proponle a tu pareja trabajarlo, buscad ayuda y, si no es posible, si no lo lográis o si ella no está por la labor, valora la posibilidad de tomar otro tipo de decisiones más drásticas —y emocionalmente más difíciles—, como poner fin a la relación.

SI TU PAREJA TIENE TENDENCIA ANSIOSA...

Las conductas de seguridad típicas del apego ansioso pueden hacernos sentir rechazados, inadecuados, que no somos lo bastante buenos para nuestra pareja, que estamos constantemente a examen. Recordemos que no es nada personal: su intención no es que nos sintamos así, sino confirmar la seguridad del vínculo. Sin embargo, ante sus conductas de seguridad, puede que lo primero que nos nazca sea protegernos, sobre todo si nuestro sistema nervioso las interpreta como un peligro y activa la respuesta de lucha, huida o parálisis.

En un intento de salvaguardar nuestras necesidades emocionales, podemos proporcionar a nuestra pareja justo lo contrario de lo que necesita. La clave está en encontrar el equilibrio: ver a nuestra pareja, recoger cómo se siente e identificar sus necesidades y las nuestras para proporcionar seguridad al vínculo, por las dos partes.

Para conseguirlo, primero recuerda que las reacciones de tu pareja no son algo personal, sino producto de la activación de su sistema de apego. En segundo lugar, ten en cuenta cómo te sientes tú en primera persona para poder regular tus emociones de la mejor forma posible y no dejarte llevar por el tsunami emocional que se despierta. Y, en tercer lugar, no pierdas de vista las necesidades emocionales de tu pareja: si su apego es de tendencia ansiosa, necesita sentir que tienes en cuenta sus necesidades, que las estás viendo y que son válidas. También que no la vas a abandonar, que la sigues queriendo y que harás lo que esté en tus manos por mejorar la situación.

Si bien parte del trabajo corresponde indiscutiblemente a tu pareja, no debes olvidar que el apego es plástico (adoptará una tendencia más segura o más ansiosa dependiendo de tus respuestas) y que la relación es de dos, por lo que tu misión debe ser contribuir a una mayor seguridad.

¿Recuerdas el ejemplo de la corregulación? Si nuestra pareja habla desde el miedo y nosotros respondemos en la misma línea, es probable que la situación escale y entre en una dinámica que reste seguridad al vínculo. Sin embargo, si tratamos de ver a nuestra pareja, de entender cómo se siente, en lugar de juzgar sus necesidades y de criticar su forma de expresarlas, aportaremos una mayor seguridad a la relación.

CONTRIBUYE A LA SEGURIDAD EMOCIONAL

Haz por ver a tu pareja: presta atención a sus emociones y a sus necesidades, y demuestra que la has visto. ¡No olvides expresarle tus sentimientos empleando su lenguaje del amor!

Valida lo que siente: recuerda que puedes estar o no de acuerdo con la lectura que hace de la situación, que puede gustarte o no su forma de expresarse, pero sus emociones siguen siendo válidas.

Separa contenido de forma: «Veo que hay algo que te ha sentado mal, pero creo que ahora no es el mejor momento para hablar. ¿Podemos dejarlo reposar y hablar de ello más tarde?».

Garantiza la seguridad del vínculo: «La relación no peligra a pesar de que me haya enfadado» es el mensaje que debemos mandar en forma de «Quiero solucionar esto tanto como tú», «Que me haya sentado mal lo que has dicho no significa que no quiera seguir a tu lado», «He puesto este límite precisamente porque la relación me importa».

Anticípate: «Cielo, mañana tengo un día muy ajetreado. No creo que pueda estar pendiente del móvil. Te aviso porque sé lo importante que es para ti que nos mandemos un mensajito a lo largo del día». Otro ejemplo: «Me ha surgido un compromiso y no puedo decir que no. Me apetece mucho pasar la tarde contigo y sé que para ti también es importante que hagamos planes juntos: ¿qué te parece si nos vemos pasado mañana? Sé que no será lo mismo, pero al menos podremos estar juntos».

Pon límites de forma firme, a la vez que empática y compasiva: «Creo que la situación te está sobrepasando. Lo que te preocupa también es importante para mí, pero solo podremos hablarlo si bajas la voz». Otro ejemplo: «Entiendo que te haya molestado mi comentario. Quiero que hablemos de ello, por supuesto que sí. Pero necesito que me ayudes a entenderte y me gustaría que pudieras compartir conmigo cómo te sientes sin caer en la crítica. ¿Crees que puedes reformular tu mensaje en forma de petición?».

APEGO EVITATIVO O EVASIVO

En el origen del apego evitativo o evasivo (de ahora en adelante, «apego evitativo») encontramos cuidadores que, a diferencia de lo que sucede con el apego ansioso, son previsibles, pero no están emocionalmente disponibles.

Sabemos qué podemos esperar de ellos, pues su conducta suele ser consistente. Sin embargo, no son sensibles a nuestras necesidades, o no saben cómo satisfacerlas, o creen que es mejor que nos las satisfagamos nosotros en un intento de que nos volvamos personas emocionalmente fuertes, autónomas e independientes.

Si nuestro apego es evitativo, es probable que hayamos crecido desconectados de nuestras emociones y necesidades emocionales.

Si, cuando nos desbordaban las emociones al interactuar con el mundo que nos rodeaba, **nuestros cuidadores no estaban disponibles para nosotros**, aprendimos a sacarnos las castañas del fuego sin contar con ayuda externa. Eso significa que aprendimos a ser autónomos e independientes porque no teníamos elección. Por favor, no me malinterpretéis: independencia y autonomía son más que bienvenidas; el problema es que, si nuestro apego tiene una marcada tendencia evitativa, seguramente las llevemos al extremo.

La corregulación, término que hemos introducido con anterioridad, no solo es importante en la edad adulta, en el vínculo de pareja, sino que fue importantísima en nuestro desarrollo emocional. Si nuestros cuidadores no estaban ahí para acompañarnos a **corregularnos** (a hacer una buena gestión emocional de las dificultades a las que nos enfrentábamos), no hemos tenido oportunidad de incorporar estrategias sanas y constructivas de gestión emocional. ¿Cuál es el resultado? Que es posible que apostemos por ignorar nuestras emociones, por minimizarlas o cubrirlas con parches evadiéndonos del malestar. De hecho, es muy probable que hayamos aprendido que nuestras emociones no son importantes, que no son válidas. Pero, como ya sabemos, no escucharlas no significa que desaparezcan, y tampoco la causa que se encuentra en el origen de estas.

Acostumbrados a recibir actitudes frías y distantes por parte de nuestros cuidadores —actitudes que generan en nosotros sensación de rechazo—, acabamos integrando la idea de que las emociones nos hacen vulnerables, y nos sentimos especialmente cómodos y seguros manteniendo cierta **distancia emocional**. En consecuencia, pensar en cercanía y conexión emocional nos abruma: no estamos cómodos y tampoco sabemos muy bien qué hacer con esa incomodidad, así que apostamos por lo que conocemos: evitar sentir y buscar un espacio que nos permita recuperar la seguridad.

EL APEGO EVITATIVO EN LA PAREJA

Creo que ya te habrás dado cuenta de que los estilos ansioso y evitativo son aparentemente contrapuestos. Sin embargo, si los miramos de cerca, podríamos decir que ambos albergan dos tipos de miedos: uno consciente y otro que nos suele pasar desapercibido.

Si nuestra tendencia es ansiosa, el miedo al abandono se hace más que evidente. De forma paralela, en nuestro interior está operando otro miedo: tememos a la intimidad y a la conexión, pues, como no sabemos hasta cuándo podemos contar con ellas, nos generan cierto recelo. Y, si nuestra tendencia es evitativa, el miedo a la intimidad es el más prominente, pues buscamos mantener cierta distancia emocional con el objetivo de preservar nuestra seguridad; sin embargo, anhelamos conectar y sentir (algo que, por otro lado, nos aterra, pues no hemos aprendido a hacerlo).

Si tu estilo de apego es evitativo, probablemente:

- Te cuesta sentirte cómodo en la intimidad, con la conexión emocional.
- De tanto desconectarte de tus emociones, te resulta difícil identificar lo que sientes y necesitas, de la misma forma que tienes dificultades para ver las emociones y necesidades de tu pareja.
- Experimentas cierta resistencia a decir «te quiero» y demostrar tus sentimientos.
- Cuando tu pareja te expone cómo se siente, te abrumas y tratas de buscar una solución (estás más cómodo en el terreno de los pensamientos).
- Te proteges de la debilidad a la que crees que te conduce el sentir a través de una marcada autosuficiencia y evitando mostrarte vulnerable.
- Apuestas por una autonomía e independencia que a menudo resultan excesivas.
- Te cuesta mucho pedir ayuda: no crees que nadie te pueda ayudar, te es difícil confiar y quieres alejarte de aquello que te acerque a depender de los demás.
- La idea de tener pareja te conecta con la posibilidad de perder tu libertad.

- Eres especialmente sensible a las críticas, pues estas avivan tu miedo al rechazo.
- Huyes del conflicto: este te incomoda sobremanera y te abruma tanto que prefieres salir corriendo. En algunas ocasiones puede traducirse en poner fin a la conversación de forma abrupta o en dejar de hablar a tu pareja.
- Cuando algo te supera, necesitas recuperar la seguridad poniendo distancia emocional, que a menudo se traduce en espacio físico.
- Te sientes cómodo evitando las emociones a través de actividades que te permitan evadirte: te pasas horas leyendo, o practicando deporte, o jugando a videojuegos...

En un intento de protegerte, a veces apuestas por el autoboicot de forma inconsciente, a modo de estrategia de **desactivación emocional**: crees que las relaciones deben ser perfectas, subrayas cualquier mínima imperfección de tu pareja, tras un conflicto concluyes enseguida que la relación no funciona, imaginas lo feliz que podrías ser al lado de otras personas, conectas con relativa facilidad con la necesidad de dejar la relación... A continuación, Quim nos ayudará a entender cómo se vive el apego evitativo en la pareja.

—Cada vez que discutimos siento que debo refugiarme en mi cueva —comentaba Quim.

Le pido que me hable de las discusiones con su pareja, y de su cueva.

—Discutimos muy de vez en cuando, pero, cuando lo hacemos, siento que esto no tiene solución, que lo nuestro no funciona, que mejor cojo las maletas y me voy.

Quim hacía referencia a los pensamientos que sirven de refugio a las personas con apego evitativo: cuando sentimos que la situación nos abruma, necesitamos recuperar la seguridad tomando distancia y huyendo; el caso más extremo es dejar la relación.

—En realidad no deseo hacerlo. Quiero a Marta y quiero seguir con ella, pero cuando nos enfadamos necesito refugiarme en mi cueva. Siento que necesito un *break*, espacio. Y, como Marta me persigue queriendo arreglar las cosas, la única opción que me pasa por la cabeza es dejarlo.

Le pedí que me explicara qué significaba eso de que Marta le perseguía.

—Ella quiere arreglarlo enseguida. Siempre dice que no podemos irnos a dormir enfadados. Cuando me aíslo, me sigue hasta el garaje. Entonces me siento atrapado y no sé qué hacer. —Su cueva era el garaje: Quim se pasaba horas reparando sus motos; era un lugar seguro para él.

Parece que, ante un conflicto, Marta y Quim tienen necesidades distintas. Quim nos habla del espacio que solemos necesitar cuando sentimos que la situación se vuelve compleja en el terreno emocional.

Le pregunté si de vez en cuando se entendían. Me dijo que sí, pero que necesitaba su tiempo, que le costaba digerir lo que sentía y que, en realidad, Marta le estaba ayudando en algo importante para él.

—¿En qué? —le pregunté.

—En aprender a prestarme atención. —Quim se refería a conectar con sus necesidades—. Marta sabe cómo llevarme; siembra una semilla haciéndome preguntas y me da espacio para pensar, salvo cuando se trata de algo relacionado con nosotros como pareja. Entonces todo se complica porque me pide respuestas inmediatas.

Marta daba espacio e importancia a las emociones de Quim, y este empezaba a prestarles atención. ¡Eso era genial! Pero, cuando hablaban de su relación, el sistema de apego de Marta se activaba y ambos se expresaban desde el miedo, perdiendo seguridad en el vínculo.

Cuando nuestro apego es del tipo evitativo y el de nuestra pareja tiene tendencia ansiosa, los conflictos son especialmente difíciles de resolver, pues tenemos necesidades contrapuestas.

Mientras que el miembro de la pareja con apego ansioso necesita recuperar la seguridad en el vínculo a través de la cercanía y la conexión, el miembro con apego evitativo necesita recuperarla con espacio y distancia emocional, y se inicia, así, una dinámica en la que, movidos por el miedo, cuanto más reclamamos lo que necesitamos, menos capaz se siente nuestra pareja de proporcionárnoslo.

¿CUÁNDO SE ACTIVA EL APEGO EVITATIVO?

Recordemos que los disparadores son aquellas situaciones que activan nuestro sistema de apego. En el caso del apego evitativo, estarán relacionados con el miedo al rechazo, cuando se nos critique; o con sentirnos abrumados, cuando creamos que se nos pide una mayor intimidad y cercanía emocional de las que estamos preparados para ofrecer.

Paloma queda a menudo con Víctor desde hace casi un año. Al principio lo llevaba bien, pero hace unas semanas que le invade la inseguridad: «Me ha preguntado qué somos. Ya es la segunda vez que lo hace y no sé qué decirle: una parte de mí no quiere perderle; pero otra no quiere nada serio. Estoy bien así».

Cuando Víctor le pide que pongan nombre a lo que tienen, Paloma siente que le demanda una mayor conexión, una conexión que ella siente que no puede ofrecerle.

«En alguna ocasión hemos discutido. Y me pregunto: ¿qué necesidad tengo de discutir, con lo bien que estoy sola? Entonces me aíslo y dejo de responder a sus llamadas durante días».

A Paloma le aterran los conflictos: los evita a toda costa y, a veces, esto se traduce en poner distancia entre Víctor y ella, una distancia que podemos considerar excesiva, pero que responde a lo que Paloma necesita para recuperar la seguridad y volver a dar paso, aunque sea tímidamente, a su necesidad de conexión.

«Cuando retomamos el contacto, Víctor me exige una explicación, me dice que eso no está bien, que le hago daño. Y yo no sé qué decirle; solo se me ocurre poner fin a la relación: "Víctor, me gustas, pero esto no funciona", le digo».

Paloma no se siente capaz de darle una explicación porque eso significaría conectar con sus emociones y no está acostumbrada. Se siente más cómoda evitando, y eso es lo que hace cuando conecta con la idea de dejar la relación: así corta con el problema de raíz. Pero no es una opción deseable. ¿Por qué? Porque estamos pasando por alto lo que anhela una parte de ella: conectar.

Podemos pensar que Paloma en realidad no quiere nada con Víctor. Lo reconozco: es fácil llegar a esta conclusión. De hecho, es una posibilidad real y, por supuesto, una opción más que válida. La cuestión es que Paloma también añade: «Hay momentos en que nos entendemos. Es agradable poder hablar de lo que me preocupa con alguien. Me hace sentir en calma. A veces pienso que es como si me conociera de toda la vida. Y entonces quiero que esté a mi lado». Y es que, en verdad, que nuestro apego sea del tipo evitativo no significa que no deseemos conectar, aunque a veces no sepamos cómo, aunque en ocasiones nos aterre.

Si nuestro apego es de tipo evitativo, este se activa cuando:

- Nuestra pareja nos pide más intimidad y conexión.
- Nuestra pareja quiere que hablemos de emociones.
- Nuestra pareja nos demanda más atención, pues sentimos que la relación ocupa demasiado espacio en nuestra vida y que resulta una amenaza para nuestro espacio e independencia.

- Nuestra pareja nos critica o nos sentimos juzgados, pues nos conecta con nuestro miedo al rechazo.
- Sentimos que dependemos de otras personas.

DEJA DE EVITAR Y EMPIEZA A IDENTIFICAR

La naturaleza del apego evitativo consiste, como su propio nombre indica, en evitar. Te propongo que hagas justo lo contrario: cuando algo te moleste, no huyas, no te cierres en banda, no trates de evadir el malestar. Coge papel y lápiz, y toma nota de lo que te ha molestado. Solo si dejas de evitar podrás empezar a entenderte, y conocerte es el primer paso para vincularte de forma distinta.

¿QUÉ HACER PARA RECUPERAR LA SEGURIDAD?

—Virgi dice que soy muy frío. No sé cómo hacerle entender que en realidad me bloqueo.

Lo que Mateo está describiendo es la conducta de seguridad estrella del apego evitativo: la desactivación. Recordemos que estas conductas tienen como objetivo recuperar la seguridad en el vínculo. En el caso del apego evitativo, estas giran en torno a:

- Tomar distancia, darnos espacio.
- Huir del conflicto.
- Retirarnos cuando sentimos que las cosas van bien, porque es entonces cuando nos generan vértigo.
- Abordar las dificultades desde el pragmatismo, centrándonos en encontrar soluciones y dejando de lado la dimensión emocional.
- Refugiarnos en hobbies o en actividades que nos mantengan ocupados con tal de no pensar.

- Fijarnos en lo negativo subrayando los fallos de nuestra pareja, incluso desacreditando mentalmente su punto de vista.
- Pensar: «No estoy preparado para el compromiso», «Mi pareja no puede proporcionarme lo que necesito», «La relación no va bien», «No me convence lo que me aporta» en un intento de poner distancia emocional.
- Evitar la proximidad física para mantener la distancia emocional.
- Pensar que relaciones pasadas fueron mejores, aunque en su momento no lo creyéramos.

—Sé que Virgi lo pasa mal, pero te juro que soy incapaz de actuar de otra forma; en ese momento no sé articular palabra.

Le creo: lo que Mateo trata de explicar hace referencia a cómo se activa su sistema nervioso ante una situación que interpreta como un peligro.

—Construimos muros —le digo—, muros detrás de los cuales nos sentimos un poco más seguros. Es la forma en la que hemos aprendido a gestionar las situaciones que se complican en lo emocional —le explico.

Mateo se siente inadecuado: lo último que necesita es seguir juzgándose, pues le aleja de desarrollar estrategias más sanas. Necesita entenderse. Si bien es cierto que su forma de actuar no es la más saludable ni constructiva de cara al vínculo, debe entender que es como ha aprendido a gestionar sus emociones: desactivándose.

La desactivación es la respuesta que nuestro sistema nervioso pone en marcha cuando se activa el apego evitativo, apostando por una respuesta del tipo huida.

—Cuando Virgi me habla sobre cómo se siente, me paralizo. Siento que no puedo seguir la conversación. De hecho, no acabo de ver el sentido a dar tantas vueltas a las cosas. Lo importante es encontrar una solución, ¿no?

Lo que para Mateo resulta pragmático, para Virginia es invalidante. Lo que sucede, en realidad, es que al dejar de lado la dimensión emocional Mateo no consigue una imagen completa de la situación, motivo por el cual todavía es menos probable que su pareja y él se vean, se entiendan y se encuentren.

Las respuestas de Mateo, después de que Virginia ponga sobre la mesa que quiere hablar de la relación, comentar algo que le molesta o necesita en el terreno emocional, suelen ir en esta línea:

LO QUE DICE MATEO	LO QUE NOS DICEN SUS NECESIDADES EMOCIONALES
«¿De verdad tenemos que hablar de esto?».	Mateo no ve la necesidad de poner sobre la mesa la dimensión emocional de la situación.
«¿Otra vez quieres hablar sobre el mismo tema? Pero ¿no lo hablamos ya?».	Hablar de emociones le incomoda. Cuanto antes lo dejen atrás, mejor.
«¿Qué más da cómo me sienta? Lo importante es solucionarlo, ¿no?».	Cada nuevo intento de Virginia de acercarse en lo emocional abre paso a la incomodidad y a la posibilidad de desencadenar un conflicto.
«¿Y qué quieres que te diga?».	Mateo se siente impotente, frustrado, desbordado; no sabe qué decir, literalmente.
«Das demasiadas vueltas a las cosas».	Quiere que la conversación se acabe enseguida, pero no sabe cómo hacerlo.
«Tú tampoco eres perfecta».	Mateo se pone a la defensiva en un intento poco sano de protegerse del rechazo que experimenta cuando recibe una crítica.

Cuando nuestro apego es de tipo evitativo, **ver a nuestra pareja nos resulta muy complicado**, pues sus necesidades emocionales nos pasan desapercibidas de tanto ignorar y adormecer las nuestras. Es posible que resulte frustrante: «Virgi siempre me repite que no sabe cómo decirme las cosas para que las entienda».

ACÉRCATE A LA REALIDAD EMOCIONAL DE LA RELACIÓN

Si durante años has dejado de lado tus emociones y, con ellas, lo que necesitas en el terreno emocional, es más que comprensible que te cueste ver y entender las de tu pareja. No voy a engañarte: este ejercicio te va a costar. Sin embargo, no te rindas. Es cuestión de práctica, paciencia... y curiosidad, ¡ya verás!

La curiosidad será tu mejor aliada: si observas la realidad emocional de tu pareja con curiosidad, entenderás mucho mejor vuestras dinámicas y, con ellas, podrás trabajar para que la relación sea más segura.

Por eso, hazte las siguientes preguntas:

1. ¿Cómo se siente mi pareja en este momento?
2. ¿Qué necesidades piden ser cubiertas? ¿Necesita sentirse vista, escuchada, entendida, validada, aceptada, respetada, libre, cuidada, querida...?
3. Si tú estuvieras en su situación, ¿con qué emociones crees que conectarías? Por ejemplo: tristeza, frustración, impotencia, rabia, resentimiento, traición, vergüenza, injusticia, inseguridad... o bien satisfacción, alegría, conexión, cordialidad, libertad, gratitud, confort...

Te traigo una buena noticia: en este juego hay un comodín del público. 😉 No tienes por qué suponer. De hecho, preguntarle a tu pareja cómo se siente y qué necesita de ti en ese momento suavizará la dinámica y fortalecerá el vínculo. Así que, en vez de caer en defenderte, en contraatacar, en excusar tu conducta o en menospreciar su experiencia emocional en un intento de mantener tu seguridad, apuesta por esta opción y observa cómo sucede la magia.

Cuando nuestro apego es de tipo evitativo, tenemos serias **dificultades para mostrarnos vulnerables**. Eso mismo le sucede a Paula:

—Jorge se queja de que apenas le cuento mis cosas —comenta—. Siempre he sido muy mía, muy independiente. No me gusta hablar de mis problemas. Pero Jorge dice que él es mi pareja, y que las parejas hablan de sus cosas.

—¿Cómo te sientes en ese momento? —le pregunto.

—Mal. Primero, porque no me nace contarle mis cosas. ¿De qué me va a servir? Y, por otro lado, tengo la sensación de que espera algo de mí que no puedo darle. Y todavía me encierro más en mí misma. Jorge dice que me pongo a la defensiva. Honestamente, tiene razón.

Y es que, si nuestro apego es de tipo evitativo, las críticas nos conectarán con el rechazo que experimentamos en el pasado como resultado de que se ignorase y negase nuestra realidad emocional.

LO QUE PAULA DICE O PIENSA	LO QUE NOS DICEN SUS NECESIDADES EMOCIONALES
«Yo sola me las apaño, no necesito la ayuda de nadie».	Paula conecta con la vulnerabilidad cuando se le sugiere que hable de sus problemas, y quiere evitar sentirse vulnerable, pues lo interpreta como un signo de debilidad.
«¿De qué me va a servir hablar de mis problemas?».	Paula está acostumbrada a resolver, no a comunicar. Hablar de emociones le parece una pérdida de tiempo y energía.
«Parece que todo lo hago mal».	Paula se siente rechazada e inadecuada cuando Jorge se queja de su frialdad y hermetismo.
«Si tan mal te parece lo que hago, será mejor que lo dejemos».	En un intento de protegerse, Paula anticipa un rechazo por parte de su pareja y toma las riendas de la situación siendo ella quien rechaza primero.

«Con mi anterior relación, esto no pasaba» (pensamiento).	Pensar que las relaciones pasadas fueron mejores es una estrategia de desactivación que boicotea la conexión emocional.
«¿De qué se queja? Ni que a él se le diese muy bien esto de las emociones. Por no hablar de lo desorganizado que es...» (pensamiento).	Paula repasa mentalmente los defectos de su pareja y se centra en los aspectos negativos, como mecanismo de defensa, a pesar de ser conocedora de todo lo bueno que le aporta Jorge.
Paula se queda callada y decide salir a la terraza a leer.	Paula huye de la situación en un intento de recuperar su seguridad, tomando distancia (física y emocional).
En ocasiones, Paula deja de hablar a su pareja durante horas.	Paula intenta comunicar a través de su silencio aquello que no es capaz de poner en palabras; sin embargo, es una estrategia altamente nociva para su pareja y para el vínculo.

DE EVITATIVO A SEGURO

Aislarnos, dejar de hablar, encerrarnos en nosotros mismos, evadirnos distrayéndonos con otras tareas... Todas estas conductas están encaminadas a restaurar la seguridad; pero, en realidad, contribuyen a un vínculo, de hecho, más inseguro. Por eso, nuestro objetivo debe ser obtener la seguridad que necesitamos a través de estrategias más sanas. Esto mismo le explico a Paula.

—Parte de la seguridad que buscamos —añado— puede ser proporcionada a base de poner límites y llegar a pactos. Pero para poner límites y llegar a pactos negociando se necesita una cosa.

—¿El qué?

—Dejar de huir.

A Paula no le gusta lo que escucha.

—Sé que **dejar de huir** significa exponerse a sentir y que sentir te conecta con sentirte vulnerable —digo—, algo que crees que debes evitar si no quieres renunciar a la sensación de seguridad que te ofrecen los muros y la huida. Pero es la única puerta tras la cual hay una salida real.

Gran parte del trabajo que hacemos en consulta para construir un estilo de vinculación seguro, partiendo de un apego de tendencia evitativa, va en ese camino: dejar de huir. Y es que, cuando hemos aprendido a proteger nuestras necesidades, intereses, autonomía, espacio y bienestar tomando distancia física y emocional, nos sentimos tremendamente vulnerables cuando pensamos que no podemos seguir huyendo y que debemos hacer frente a la situación.

No podemos negarlo: **el espacio es una necesidad emocional**. Sin embargo, para las personas cuyo apego tiene una clara tendencia evitativa, es probable que el espacio se convierta en una especie de cajón de sastre en el que se esconden otras necesidades.

—Cuando creemos que necesitamos espacio, quizá en realidad lo que precisamos es verbalizar algo que nos hace sentir vulnerables, o debamos poner un límite, o necesitemos que nuestra pareja nos reafirme, o debamos negociar y llegar a acuerdos... —le explico a Paula.

Acto seguido le pido que haga una lista de las situaciones, palabras y acciones que funcionan como disparadores de su sistema de apego. En la siguiente sesión la trae a consulta y agrupamos los disparadores de este modo:

- Situaciones en las que se me pide más de lo que puedo dar.
- Situaciones en las que anticipo que voy a sentirme vulnerable.
- Situaciones en las que debo responsabilizarme de mis acciones.
- Situaciones en las que es necesario negociar.
- Situaciones en las que debo poner un límite.

Para cada una de ellas, pensamos en una frase que funcionase como una aliada: la verbalizaría sin pensarlo demasiado, como un escudo protector que le permitiría quedarse en esa situación a pesar de que le apeteciese salir corriendo, o bien devolver lo que ella interpretaba como un ataque, o encerrarse en sí misma.

RENUEVA TU REPERTORIO DE RESPUESTAS, PROTÉGETE DE FORMA DISTINTA

Cuando se activa el sistema de apego, resulta muy difícil no dejarse llevar por lo que pide el cuerpo; lo sé. Por eso, prueba a darte cuenta tan pronto como te sea posible de que la situación está empezando a incomodarte; así te resultará algo más fácil apostar por otro tipo de respuestas, unas que te permitan protegerte, pero de forma distinta. No te voy a mentir: te seguirá costando; hay que esforzarse y mucho. Pero merecerá la pena.

SITUACIÓN	FRASE ALIADA
Cuando se me pide más de lo que puedo dar.	«No estoy segura de poder ofrecerte lo que me pides. No obstante, veo que para ti es importante, así que voy a pensarlo».
Cuando anticipo que me voy a sentir vulnerable.	«Hay algo que quiero comentarte. No sé muy bien cómo expresarlo. Me va a costar. Quiero pedirte que me escuches sin interrupciones».
Cuando debo responsabilizarme de mis acciones.	«Mis palabras/acciones no han sido las más apropiadas. Te pido disculpas», o «No creo que haya escogido bien mis palabras; permíteme que reformule el mensaje».
Cuando es necesario negociar.	«No estoy del todo de acuerdo con lo que propones. Mira, yo podría ofrecerte esto... ¿Cómo lo verías?».

Cuando debo poner un límite.	«Me gustaría que reformularas tu mensaje. Podemos hablar de lo que te molesta, pero he percibido cierto tono de crítica y ahora mismo creo que no podría seguir con la conversación por esta línea», o bien «Cuando discutimos y te pido espacio, por favor, dámelo. Sé que tú necesitas justo lo contrario. Quiero que sepas que en ese momento necesito digerir las emociones para hablarlo con más calma. Me gustaría que tú te comprometieras a no perseguirme. Yo, por mi parte, me comprometo a hablarlo más tarde».

Puede que incluso eso nos cueste. Por eso, yo te invito a pedirle a tu pareja una serie de adaptaciones que seguramente te ayudarán a permanecer en la situación, en lugar de huir de ella. Importante: es posible que el mero hecho de tener que pedírselo te eche para atrás. Tiene sentido: si nuestro apego es evitativo, conectamos con relativa facilidad con el **miedo a ser dependientes** y creemos que pedir nos acerca a la dependencia. Además, si hemos aprendido que nuestras necesidades no son válidas ni importantes, ¿qué sentido tiene siquiera comunicarlas? Pero recordemos nuestro propósito: tener relaciones más seguras y, por lo tanto, más sanas. Y, para ello, la comunicación es primordial.

«ME CUESTA NECESITARTE, PERO TE NECESITO»

Este ejercicio puede costarte horrores, pero te animo a probarlo. Para facilitarte el trabajo voy a dejarte algunas sugerencias ya preparadas, intentando disminuir las probabilidades de que descartes ponerlo en práctica. 😀

Busca un momento tranquilo, cuando no haya ningún conflicto por resolver. Una parte de tu mente te dirá: «¿Para qué remover más los problemas si ahora estamos bien?». Son tus viejos patrones intentando disuadirte: no les hagas caso.

1. Fase de preparación: «Cariño, ¿tienes un momento? Hay algo importante que me gustaría comentarte».
2. Cuerpo del mensaje: «Sé que, cuando quieres comentarme algo sobre la relación o cuando nos enfadamos, no respondo de la forma que te gustaría. Tú quieres que me quede en la situación, conversando sobre emociones. Y yo hago justo lo contrario: me callo, me retiro, me evado con mis cosas... Quiero que sepas que voy a esforzarme para, poco a poco, ir cambiando estas estrategias por otras más sanas».
3. Hora de formular la petición: «Para hacerlo necesito tu ayuda. Pedirte esto me está costando mucho. Espero que puedas entender lo importante que es para mí y lo difícil que me resulta pedirte lo siguiente. Pero me ayudaría mucho que:
    - Las conversaciones fuesen más cortas.
    - Me dieras mi espacio cuando llego a casa, o cuando me despierto por la mañana, antes de empezar a interactuar.
    - Reconocieras mis esfuerzos.
    - Formularas las críticas en forma de petición.
    - Me permitieras no darte una respuesta inmediata; hay veces que necesito procesar la información e identificar lo que siento y necesito».

Si nuestro estilo de apego tiene tendencia evitativa, es fácil que la distancia emocional se interprete como una actitud fría y desinteresada, como si no tuviésemos necesidades emocionales, como si no nos importasen los sentimientos de nuestra pareja. No es eso, pero nuestra pareja puede interpretarlo así, sobre todo cuando la desactivación toma las riendas de la situación. Para evitar que la distancia se haga patente y la relación se resienta, prueba a dar pequeños pasos:

¿TE ATREVES A HACER LAS COSAS DE FORMA DISTINTA?

1. Atrévete a disculparte cuando proceda: «Lamento haberte ofendido; lo que quería decir es...», «Entiendo que te haya molestado; mi comentario no ha sido de lo más acertado».
2. Atrévete a dejar que tu pareja sienta sus emociones, sin intentar resolver su situación ni minusvalorar lo que siente: sostén tu malestar y trata de validarla.
3. Atrévete a ofrecerle a tu pareja alguna de las cuestiones que te ha manifestado que son importantes para ella, incluso si no entiendes la necesidad que hay detrás.
4. Atrévete a expresar tus emociones, poco a poco, empezando por aquellas que te hagan sentir menos vulnerable: «Me ha gustado que tú...», «Agradezco que hayas...», «Hay algo que me preocupa».
5. Atrévete a poner un límite en vez de dejar pasar algo que te molesta.
6. Atrévete a entablar una conversación difícil: «Creo que es importante que hablemos de...».
7. Atrévete a poner sobre la mesa un tema sobre el que pediste a tu pareja un tiempo para reflexionar: «¿Recuerdas que te pedí un tiempo para pensar? Creo que ahora sería un buen momento. Me siento algo más capaz de abordarlo».
8. Atrévete a compartir con tu pareja que estás intentando hacer las cosas de forma distinta.

SI TU PAREJA TIENE TENDENCIA EVITATIVA...

Si tu pareja tiene tendencia evitativa, es probable que caigas en el error de pensar que no necesita de ti en lo emocional, o que la relación no le importa, sobre todo cuando su sistema de apego pone en marcha estrategias de desactivación. Que su actitud no te engañe: te necesita aunque le cueste mostrarse suficientemente vulnerable para reconocerlo.

Para trabajar la corregulación, deberemos tener en cuenta que si le pedimos cercanía a nuestra pareja cuando se aleja, conseguiremos justo lo contrario; pero no porque la relación no le importe, sino porque su sistema nervioso interpreta la situación como insegura y activa mecanismos de protección.

Contribuir a la seguridad emocional de nuestra pareja es relativamente fácil, pero requiere un ejercicio que suele costarnos un poco más: que dejemos de personalizar. No hacer una lectura personal de las acciones de nuestra pareja es difícil, en especial cuando nuestro apego también se ha activado y es la inseguridad la que habla. No obstante, no es imposible. ¿Y cómo podemos conseguirlo? Viendo a nuestra pareja, entendiendo sus necesidades emocionales más allá de las emociones que despierta en nosotros.

Una vez que veamos a nuestra pareja, que entendamos que sus acciones y su conducta tienen que ver con cómo se siente y no con nuestra persona, podremos ofrecer una respuesta distinta, una respuesta que vaya en la línea de proporcionarle seguridad en la medida en que nuestras necesidades emocionales nos lo permitan.

CONTRIBUYE A LA SEGURIDAD EMOCIONAL

- Trata de ver a tu pareja: mira más allá de sus acciones y actitudes, e intenta cazar al vuelo el momento preciso en que se activa su sistema de apego.
- Valida lo que necesita: recuerda que para tu pareja es importante sentir que sus necesidades son válidas, que te importan y que merecen ser escuchadas.

- Recuérdale que está bien necesitar espacio, pero recuérdale también que lo vives con más seguridad si antes lo verbaliza: «Respeto tu tiempo y entiendo que necesites espacio, pero me ayudaría mucho que pudieras comunicármelo. Con "necesito un *break*" o "dame unos minutos" basta».
- Utiliza preguntas cerradas en vez de abiertas cuando hables de emociones, en un intento de acompañar a tu pareja en su experiencia emocional: «Imagino que la situación te conecta con la frustración, ¿verdad?» dará mejor resultado que «¿Cómo te sientes?».
- No fuerces la situación: quizá tu pareja no digiera las cosas con la misma rapidez que tú, quizá no esté preparada para hablar cuando tú lo estés. No pasa nada, ponlo sobre la mesa: «¿Prefieres que hablemos de ello más tarde?».
- Recuérdale que estáis en el mismo barco: «Yo quiero que estés bien», «Para mí tu bienestar es importante».

Como en toda relación, habrá temas que sean motivo de conflicto o cuestiones que tengamos que abordar o sobre las que debamos opinar y negociar. Es fácil que a nuestra pareja, si tiene una clara tendencia evitativa, nuestra opinión (si es contraria a la suya) o nuestras críticas (aunque sean constructivas) la conecten con el miedo al rechazo. Por supuesto, eso no significa que debamos pasar por alto aquello que nos molesta o aquello con lo que no estamos de acuerdo. Sin embargo, podemos tratar de apostar por lo siguiente:

MÁS ABIERTOS AL CONFLICTO Y A LA NEGOCIACIÓN

- Expresar aquello que funciona de la relación con el objetivo de promoverlo resultará mucho más efectivo que centrarnos en aquello que nos gustaría que fuese distinto.
- Es conveniente hablar de los temas con cierta carga emocional de manera más informal; por ejemplo, mientras damos un paseo por el bosque o mientras practicamos deporte.

APEGO DESORGANIZADO

Cuando creces en un hogar que no es un lugar seguro, crees que el mundo es inseguro, y también las relaciones de pareja (sobre todo estas, pues son uno de los vínculos que requieren más intimidad, y eso nos hace sentir más vulnerables).

Nuestros cuidadores deben proporcionarnos comida y cobijo, sí; pero también protección emocional. ¿Qué habrías aprendido tú sobre las relaciones y sobre el afecto si quien debía ofrecerte seguridad emocional fue, precisamente, quien te dio justo lo contrario?

No hablo solo de situaciones de abuso (que, por supuesto, se incluirían en este caso), sino, en general, de **cuidadores que nos hacen sentir inseguros**: nos generan confusión e incomodidad con una actitud cambiante que va de un extremo al otro (del afecto a la ira), sobrepasan nuestros límites, actúan de forma intrusiva o nos utilizan poniéndonos en la tesitura de tener que adoptar roles que no nos corresponden solo porque ellos lo necesitan para su bienestar.

Trasládate por unos minutos a tu infancia. Imagina que tienes un problema y acudes a tu madre o a tu padre para que te ayude a solucionarlo, como figura de referencia que es. Imagina que un día te brinda ayuda, pero, en ocasiones, en vez de ayudarte a resolver el problema y a regular las emociones asociadas, te grita o te hace sentir que estorbas, que le molestas. ¿Sabrás qué esperar en el futuro? No. ¿Podrás confiar en que va a estar ahí para ti? No. ¿Sabrás qué tipo de respuesta te dará, si te prestará atención y será sensible a tus necesidades o si más bien te gritará y te hará sentir rechazado y abandonado? No.

La impredecibilidad nos lleva a vivir con inseguridad constante y a desarrollar **desconfianza**. Y, cuando va de la mano de insensibilidad hacia nuestras necesidades y se acompaña de una conducta agresiva, posiciona la confusión y el miedo como emociones predominantes en el vínculo.

Este tipo de dinámicas nos llevan a aprender, por un lado, que es mejor que seamos nosotros mismos quienes nos saquemos las castañas del fuego, que debemos ser independientes y no molestar a los demás con nuestras necesidades (como resultado, acabamos desconectándonos de ellas), y, por otro lado, aprendemos que quien debe estar ahí es alguien imprevisible y, en ocasiones, una **fuente de amenaza y peligro**.

De manera comprensible, nos costará confiar, nos pondremos fácilmente a la defensiva y atacaremos para defendernos incluso cuando no sea necesario.

Cuando el miedo, la inseguridad y la sensación de amenaza y peligro han sido una constante en nuestro desarrollo emocional, vemos el mundo como un lugar peligroso y los vínculos afectivos como una fuente de amenaza.

Que nuestras figuras de referencia fueran una fuente de inseguridad nos lleva a sentirnos inseguros con la conexión emocional, a pesar de que la deseemos profundamente, pues aprendimos que quien nos debe querer y proteger nos pone en situaciones que amenazan nuestro bienestar. Esta dualidad nos lleva a **combinar cercanía con evitación**: según la situación y según con quién nos vinculemos, nuestro apego adoptará una tendencia más ansiosa (buscaremos conexión) o más evitativa (trataremos de mantener las distancias); por eso este estilo recibe el nombre de «desorganizado».

Cuando nuestro estilo de apego es desorganizado, en nuestro sentir se combina el deseo de conexión con el miedo a que nos hagan daño, nos rechacen, nos abandonen o nos traicionen, temores que nos invaden con relativa facilidad. Estas dos realidades coexisten y dan lugar a relaciones de «amor-odio»: podemos idealizar a nuestra pareja y, al segundo, pasar a experimentar emociones incómodas y muy intensas respecto a su persona.

Nuestra versión ansiosa nos lleva a ser muy empáticos, lo que se traduce en una gran sensibilidad a las necesidades de los demás; nos sentimos a gusto dando y cuidando. En cambio, nuestra versión evitativa nos protege del dolor que sabemos que nos causará nuestra pareja, manteniendo las distancias y alejándonos de golpe (o incluso echando a nuestra pareja de nuestra vida).

Que en la infancia viviéramos situaciones amenazadoras para nuestra integridad emocional hace que nos cueste confiar: el miedo a la traición estará siempre presente, conectaremos fácilmente con la sensación de que nuestra pareja nos utiliza y evitaremos mostrarnos (y sentirnos) vulnerables, pues nos hará sentir desprotegidos.

EL APEGO DESORGANIZADO EN LA PAREJA

Si tu apego es desorganizado, probablemente:

- Quieres experimentar conexión a pesar de que te cuesta bastante abrirte y confiar.
- Sientes que te entregas mucho en las relaciones, pero eso te genera vértigo: crees que te expones demasiado y temes acabar sufriendo.
- Quieres construir vínculos, aunque te aterra la idea de que te rechacen o abandonen.
- En tus relaciones predominan la imprevisibilidad y los comportamientos en apariencia contradictorios que alternan el acercamiento con la huida: detrás del aparente caos, se encuentran realidades opuestas como «quiero conectar, pero me da miedo» o bien «quiero confiar, pero siento que no puedo».

- Experimentas volatilidad emocional: pasas de una emoción a otra opuesta en cuestión de segundos.
- Te cuesta confiar en tu pareja, incluso si te ha demostrado con hechos que es alguien con quien puedes sentirte a salvo.
- Tienes una visión negativa de los demás y vives tus relaciones con suspicacia: crees que no son de fiar, que mienten u ocultan sus verdaderas intenciones.
- Te cuesta desnudarte emocionalmente y mostrarte vulnerable: te sientes expuesto.
- Los conflictos te abruman y sientes que debes huir enseguida para recuperar la seguridad; prefieres decir que sí aunque suponga un perjuicio para ti.
- Ante un desacuerdo o un conflicto puedes experimentar emociones incómodas y muy intensas hacia tu pareja que es posible que te recuerden al odio; incluso llegas a verla como tu enemiga.
- A veces explotas con estallidos de agresividad.
- Pones distancia o fin a la relación de forma abrupta: prefieres hacerlo tú antes de que lo hagan los demás.
- Después de un conflicto, quieres arreglar las cosas, pero temes que la reconciliación signifique volver a exponerte y, por este motivo, muestras cierta reticencia.
- No crees merecer que te quieran y crees que las relaciones no son para ti, que no sabes estar en pareja.

«Creo que no estoy hecha para estar en pareja: cuando la cosa va bien, la fastidio y siempre acabo echando de mi vida a la gente que quiero».

Así es como Patricia resume sus relaciones románticas. Le pido que me ponga ejemplos.

«Cuando mejor estamos, me agobio por cualquier tontería, estallo y me voy a la calle hasta que se me pasa. Te parecerá extraño, pero a veces tengo la sensación de que busco un motivo para irme».

Lo que Patricia percibe como agobio, en realidad, tiene que ver con sentir que se halla demasiado expuesta: cuanto más cerca esté de su pareja, más probable es que acabe sufriendo. Y si de algo está segura, aunque no sea de forma consciente, es de que su pareja, Pedro, la rechazará, la abandonará o la traicionará, porque eso es lo que ha aprendido. Su mente, en un intento de protegerla, mira con lupa la conducta de él buscando cualquier mínimo defecto para decirse: «Ahí no es», una excusa que le sirve de salvoconducto para marcharse y, así, recuperar la seguridad. Sin embargo, una vez que recobra esta, siente que quiere volver al lado de Pedro, incluso le aterra la idea de haberle perdido.

«Entonces me invade el miedo de pensar que mi actitud pueda haber afectado a la relación. Necesito sentir que todo está bien. Y esto me sucede sobre todo si Pedro se muestra reacio: él dice que está cansado de mis agobios, de tantas idas y venidas. En ese momento siento un odio muy intenso. No entiendo cómo puedo ir de un extremo al otro».

La creo: las emociones contradictorias son tan confusas para nuestra pareja como para nosotros mismos.

«Siempre pienso mal de los demás, también de Pedro. Sé que tengo motivos para confiar en él; sin embargo, me tomo sus comentarios como un ataque y siempre pienso que en realidad no puedo fiarme de su palabra», añade Patricia.

Es terriblemente difícil confiar en alguien cuando hemos aprendido que el mundo no es un lugar seguro y no podemos contar con nadie, tampoco con quien nos quiere. La confianza es vital para las relaciones. Y queremos conectar, crear vínculos. Así que optamos por «conectar desconfiando»: queremos entregarnos, pero, de hecho, la suspicacia se convierte en una compañera de viaje y apostamos por defendernos incluso cuando no es necesario, pues nuestro sistema nervioso ha aprendido a estar atento a cualquier mínima señal de peligro (algo así como la hipervigilancia del estilo ansioso). Es nuestra forma de sentirnos (más o menos) seguros.

«Siento que estoy siempre a la defensiva, como si esperara un ataque, incluso si Pedro se muestra cariñoso y comprensivo —comenta Patricia—. Cuando algo me sienta mal y se lo digo de cualquier manera, ¿sabes qué hace? Me dice que lo entiende, que lo tendrá en cuenta, y me abraza. ¡Yo le grito y él me abraza! Es como si supiera exactamente lo que necesito. Y entonces no sé qué hacer. Su actitud me desmonta. Y acabo hecha un mar de lágrimas», continúa.

La confusión de Patricia tiene mucho sentido: cuando estamos acostumbrados a que nuestras necesidades sean un problema, que nuestra pareja trate de entendernos en vez de enfadarse por mostrar lo que necesitamos nos confunde.

«¿Entiendes ahora por qué te digo que desconfío y me pongo a la defensiva sin motivos? Pedro merece que confíe en él», añade. Y es que, si hemos aprendido que los vínculos afectivos son un terreno inseguro, estar a la defensiva tiene mucho sentido: nos permite defendernos a la menor señal de ataque. El problema es que, cuando estamos a la defensiva, es probable que interpretemos como ataque aquello que no lo es. Por este motivo es de vital importancia tomar conciencia de nuestros disparadores.

¿CUÁNDO SE ACTIVA EL APEGO DESORGANIZADO?

Si tu estilo de apego es desorganizado, habrá dos tipos de situaciones disparadoras a las que deberás prestar atención: aquellas que activan tu tendencia ansiosa y aquellas que activan tu tendencia evitativa. Sí, lo sé, ¡doble trabajo! Que no cunda el pánico: se trata de prestar atención a lo que sucede dentro de ti y de dar sentido a lo que sientes, de entender por qué sientes lo que sientes.

De forma inconsciente, tu mente se ha vuelto muy hábil detectando amenazas potenciales, y le pone tal empeño y está tan atenta que a veces cree haber detectado situaciones amenazantes que, en realidad, no lo son.

Eso mismo le sucede a Toni. Disfruta cuidando de su pareja, Almudena: es muy detallista y servicial. Hace unos días, entró en el despacho de Almudena mientras ella hacía horas extra teletrabajando para ofrecerle un café.

«Sé que trabaja muy duro, y yo solamente quería cuidarla —comenta—; pero ella me rechazó».

Lo cierto es que Almudena le contestó de forma más seca de lo habitual: «Toni, no estoy, ahora mismo no estoy», le dijo.

En ese momento, Toni sintió lejos a su pareja. Él sabe que Almudena necesita mucha concentración para su trabajo, pero no entendía que no pudiera brindarle unos segundos de su tiempo: se sintió rechazado y no vio más allá. Así que dio media vuelta, cerró de un portazo y se alejó balbuceando: «Encima que lo hago por ella, me trata así. De nada, ¿eh? La próxima vez te vas a preparar el café tú solita. Ni un "gracias, cariño", ¡¿para qué?! Como Toni siempre está ahí... no se le valora. ¡Pues anda que voy a hacer nada más por ella!».

A Toni le cuesta entender que pueda pasar de querer cuidar a Almudena, ofreciéndole un café, a hablar de ella con ese tono. Ese mismo desconcierto siente su pareja.

«Al rato se me pasa y todo vuelve a la normalidad. Sé que no debería tener estas reacciones: sí, ha sido más cortante de lo normal, pero puedo entenderla porque a mí también me sale responder así cuando estoy concentrado y me interrumpen. Esta es la teoría. Pero en la práctica no puedo evitar sentirme rechazado. Y me duele. En ocasiones, en mi pensamiento, despotrico de ella, y sé que eso está mal y me siento terriblemente culpable. No me gusta ese Toni, me genera rechazo, y luego me odio a mí mismo».

Te dejo ejemplos de situaciones que funcionan como disparadores del apego desorganizado, clasificados según correspondan a la tendencia ansiosa o evitativa:

DISPARADORES DE LA TENDENCIA ANSIOSA	**DISPARADORES DE LA TENDENCIA EVITATIVA**
Que tu pareja te hable de forma seca, con un tono que no te gusta, o te critique.	Sentir que te estás entregando (exponiendo, acercando) demasiado.
Que tu pareja te mienta, te diga una media verdad, o su versión de los hechos no sea coherente bajo tu punto de vista.	Que tu pareja te pida una mayor cercanía o conexión; por ejemplo, hablar de cómo os sentís respecto a la relación.
Que tu pareja no sea sensible a tus necesidades, las desestime, las invalide o las ignore.	Sentir que, de tanto centrarte en las necesidades de tu pareja, te olvidas de las tuyas, y conectar con la idea de que estás siendo demasiado dependiente.
Que percibas por su parte una actitud pasivo-agresiva que te genera confusión: sientes que dice una cosa, pero, en realidad, piensa otra, mostrando una resistencia indirecta.	Sentir que tu pareja te utiliza: tu necesidad de conectar te lleva a entregarte; pero, incluso cuando has sido tú quien ha ofrecido la ayuda, puede que conectes con el estar dando demasiado.
Que sientas que tu pareja no se esfuerza porque la relación funcione, que no le importas, lo que te conecta con tus sentimientos de falta de valía.	Dar pasos adelante que supongan un mayor compromiso (comprar una casa, adoptar un perro, crear un negocio, tener un hijo).
Que conectes con la culpa, con el no ser suficiente, con el no merecer que te quieran y te respeten.	Sentir que pierdes el control: la pérdida de control te conecta con la vulnerabilidad y crees que tu pareja puede hacerte daño.

Como vemos, la desconfianza está presente en gran parte de los disparadores: cuando no estamos seguros de las intenciones de nuestra pareja, tendemos a pensar mal y nuestro sistema de apego se activa.

UNA SEGUNDA LECTURA

Ya sabemos que, cuando se activa nuestro sistema de apego y nuestra mente interpreta una situación como amenaza, pone en marcha mecanismos para protegernos. Sucede de forma automática. Sin embargo, eso no significa que no podamos hacer nada al respecto. De hecho, podemos empezar por preguntarnos si la situación es, en realidad, una amenaza.

En ese momento, la mente nos dirá que nos defendamos, que huyamos o que contraataquemos.

Yo te propongo lo siguiente:

1. Tómate unos segundos y prueba a alejarte de la situación. Informa debidamente a tu pareja: «Necesito un *break*».
2. Después, pregúntate si es una amenaza de verdad o si tu mente, en un intento de protegerte, te está engañando.
3. Trata de pensar, por defecto, que tu pareja no quiere hacerte daño y que es alguien en quien puedes confiar. Después revisa la situación con este nuevo enfoque en mente. ¿Qué ves?

¿QUÉ HACER PARA RECUPERAR LA SEGURIDAD?

«A veces siento que no puedo vivir sin él, y le quiero sentir tan cerca que le acabo agobiando; a veces la que se agobia soy yo y le alejo de mí. No sé qué quiero, ni yo misma me entiendo», dice Miriam.

Sí, Miriam sí sabe lo que quiere: una relación en la que sentirse segura, en la que poder entregarse sin verse tan expuesta como para salir corriendo. No es que Miriam no tenga las ideas claras, sino que las conductas de seguridad del apego desorganizado hacen acto de presencia en la relación y le mandan mensajes contradictorios que, en realidad, reflejan su contradicción interna.

Como ya sabemos, las conductas de seguridad tienen como objetivo que volvamos a sentirnos seguros. Qué necesitemos para recuperar la seguridad dependerá de nuestro estilo de apego y, como en el estilo desorganizado se combinan tendencias ansiosas con tendencias evitativas, algunas conductas de seguridad van en la línea de volver a conectar, de reparar el vínculo, mientras que otras buscan recuperar la seguridad a través de la distancia y la desactivación emocional (la misma estrategia que utiliza el apego evitativo y que hemos comentado antes). Veamos algunas a continuación:

- Mirar con lupa la conducta de nuestra pareja, intentando sacar a relucir defectos y buscando cualquier excusa para dejar la relación y, así, recuperar la seguridad.
- Desacreditar mentalmente a nuestra pareja y referirnos a ella con palabras poco respetuosas, incluso insultos, en nuestro diálogo interno («¡Será imbécil!», «¡¿Cómo puedo estar con alguien así?!»).
- Reaccionar de forma contundente, incluso exagerada, utilizando palabras duras e hirientes, en un intento de asegurar que nuestros límites no sean traspasados, alejar al otro y, así, protegernos del daño que creemos que puede ocasionarnos («Si tan difícil es quererme, ¡déjame!», «¿Qué te crees, que no puedo vivir sin ti?»).
- Expresar el enfado de forma poco sana, adoptando una actitud agresiva que nos aleja de la vulnerabilidad y de mostrar el miedo que, en realidad, sentimos.

PROTÉGETE, PERO DE MANERA PROPORCIONAL Y CUANDO SEA VERDADERAMENTE NECESARIO

Si la situación te resulta insegura, es lícito y de lo más comprensible que quieras protegerte; pero, en vez de apostar por la huida, por el contraataque o por defenderte en exceso, apuesta por los límites. Te dejo algunos ejemplos:

- «No me ha sentado bien lo que has dicho. Quizá te cueste entenderme, pero es así como me siento. Necesito que hablemos de ello, pero cuando se me haya pasado el enfado».
- «Me duele lo que acabas de decir. Quiero pensar que no lo has dicho para hacerme daño, pero me gustaría que reformulases tus palabras».
- «Me molesta que me contestes con monosílabos y de forma ambigua. ¿Podrías ser más concreto?».

Tal vez nuestra parte ansiosa trate de convencernos de no poner límites: en un intento de mantener el vínculo, podemos pasar por alto nuestras necesidades. Pero lo cierto es que estas siguen ahí y deben ser escuchadas; de lo contrario, acabaremos explotando y optando por estrategias poco sanas. Así que no dejes pasar ninguna oportunidad para poner límites. Recuerda: buscas experimentar seguridad, y eso está bien, pero hazlo de forma sana, constructiva y también segura para tu pareja.

DE DESORGANIZADO A SEGURO

En una relación segura, nuestros límites se respetan. Es posible que hayas asociado la impredecibilidad y el miedo con el afecto y la cercanía emocional, y eso significa que tus relaciones están contaminadas por este aprendizaje; sin embargo, puede que esta no sea una representación fiel de tu realidad afectiva actual.

No todas las relaciones son inseguras, ni las dinámicas de pareja resultan siempre una amenaza, ni nuestra pareja es nuestro enemigo ni tiene malas intenciones.

Si bien es cierto que no existe la relación perfecta ni una que sea segura en el cien por cien de las situaciones, si nuestro estilo de apego es desorganizado tenemos serios problemas para discernir cuándo nos encontramos ante una amenaza real y cuándo ante una situación inofensiva.

Nuestra mente ha aprendido muy bien la lección: debemos protegernos. Y la ha aprendido tan bien que interpreta como amenazantes situaciones que no lo son. Ha sido su forma de mantenernos a salvo. Y, créeme, le ha funcionado. Sin embargo, debemos actualizar este aprendizaje añadiendo información nueva que nos permita desarrollar la habilidad de discriminar una amenaza real de una imaginaria. Sí, esto es posible gracias a que nuestro apego es plástico, y en nuestras manos está que adopte una tendencia cada vez más segura.

Imagina que tu mente ha vivido teniendo que apagar fuegos constantes. Con el objetivo de aumentar tus probabilidades de sobrevivir, ha aprendido a estar atenta a cualquier mínimo indicio. Y, en la actualidad, es posible que active los chorros contraincendios tanto si hay un incendio real como si solo has encendido una vela para soplar un pastel de cumpleaños. No discrimina, porque en ello le iba la vida (así es como se había sentido, pues, recordemos, el apego está estrechamente relacionado con nuestra supervivencia).

Cuando la mente trata de protegernos, es mucho más que convincente: las emociones que se despiertan hacen que no dudemos ni un instante de la veracidad del mensaje que nos manda. Sin embargo, puede equivocarse y activar los chorros antiincendios cuando no es necesario. Por eso debemos aprender a ser conscientes de cuándo sí y cuándo no toca activarlos. Algo así como preguntarnos: **«¿El peligro es real?»**.

Seguramente, después de activar tus chorros contraincendios cuando no hacía falta te hayas sentido culpable. Vamos a tratar de rescatar estas experiencias del pasado y reemplazar la culpa con el aprendizaje. Suena bien, ¿verdad?

NO DES POR HECHO: CUESTIONA

Coge papel y lápiz. Haz memoria: piensa en varias situaciones en las que tu mente intentó protegerte diciéndote que tu pareja te engañaba, que te mentía, que era tu enemiga, que sus intenciones no eran buenas..., pero en frío te diste cuenta de que no era así.

Ten esta lista presente y revísala cuando dudes de tu pareja.

Es posible que tu mente haya borrado recuerdos en un intento de protegerte del impacto emocional de estas situaciones y, como resultado, tu lista esté vacía. No es problema: créala a medida que vayan produciéndose situaciones merecedoras de figurar en ella.

La desconfianza promueve que estés siempre en guardia, a la defensiva, esperando el golpe. No sabes cuándo llegará, pero tienes la certeza de que llegará, así que no puedes relajarte y dejarte llevar. Eso es lo que has aprendido. No confías de forma plena en tu pareja, lo que se traduce en pensamientos que te alejan de la conexión, porque ¿cómo vas a desnudarte emocionalmente, a exponerte y a mostrarte vulnerable con alguien en quien no confías?

La confianza es como un tarro que se va llenando gota a gota, pero cuyo contenido, cuando el tarro se rompe, se derrama en cuestión de segundos. Este proceso resulta todavía más evidente si nuestro apego es de tipo desorganizado, pues partimos de un nivel de desconfianza mayor.

Ahora bien, puede que esa desconfianza esté fundada y nos sobren los motivos para desconfiar de nuestra pareja; en tal caso, debemos tomar decisiones respecto a la relación (no quedarnos en una relación que no nos proporciona seguridad). Pero si la desconfianza es infundada y, una vez que pasa la tormenta, vemos la situación de forma distinta y los hechos lo corroboran, debemos dirigir la desconfianza hacia nuestros pensamientos en vez de hacia nuestra pareja.

CONOCE TUS PATRONES Y DIRIGE LA DESCONFIANZA HACIA LO QUE TE DICES

Dirigir la desconfianza hacia tus pensamientos se traduce en ponerlos en duda, especialmente si:

- Resultan contradictorios.
- Se acompañan de emociones como la rabia y la ira.
- Te invaden de forma abrupta y muy intensa.
- Sientes que no son coherentes con cómo sueles sentirte respecto al vínculo.
- Te dicen que tu pareja es tu enemiga.
- Están asociados a alguno de los disparadores antes mencionados.

Por ejemplo, en vez de pensar: «Si me involucro demasiado me van a hacer daño», céntrate en situaciones en las que te has sentido visto, escuchado, validado, respetado y cuidado; evoca ejemplos que refuten estas creencias y a los que solo podrás acceder si pones en duda lo que te dices.

De la misma forma que la mente te manda mensajes distorsionados acerca de tu pareja y de las relaciones, es muy probable que te los envíe sobre tu persona: «No merezco que me quieran», «No sé estar en una relación», «Soy un desastre», «¿Quién me va a querer?»... Todos estos pensamientos tienen una función: regular tus emociones. Sí, suena contradictorio, pero la lógica es la siguiente: si la intimidad te hace sentir expuesto, si te invaden unas emociones que no sabes cómo gestionar, un diálogo interno invalidante que minimice tus necesidades y que te critique severamente es la solución perfecta para que dejes de lado lo que necesitas.

Por ejemplo, si no crees merecer que te quieran, si sientes que tus necesidades son demasiado, si crees que tu pareja te va a rechazar cuando expreses cómo te sientes y si albergas culpa por lo que no funciona en la relación, ¿cómo vas a expresar tus emociones y necesidades emocionales? Las descartas, y problema solucionado. Eso funciona como un autosabotaje que, como habrás imaginado, nos lleva a pagar un precio muy alto.

CONOCE A TU CRÍTICO INTERNO

Sé consciente de cuándo tu mente intenta protegerte a base de criticarte con dureza. Identifica qué te dices. Toma distancia de estos pensamientos y ponlos en duda. Que tu premisa sea: «Merezco tratarme y que me traten con amabilidad».

De forma paralela, puedes hacer tuyas las siguientes afirmaciones:

- «Merezco que me quieran, y que me quieran bien».
- «Mis necesidades son importantes».
- «Mis emociones son válidas y tienen sentido, aunque a veces me cueste entenderlas».
- «Puedo tener relaciones sanas (si trabajo cómo me vinculo)».

Más adelante hablaremos de la seguridad emocional; pero, por ahora, te adelanto que esta es posible solamente si existe consistencia en el afecto y en las acciones de las partes implicadas. Las conductas de seguridad del apego desorganizado son impredecibles y generan confusión, con lo que aportan justo lo contrario de consistencia y seguridad.

Parte de esta inconsistencia sucede en la dimensión de los pensamientos. Por eso, ser muy conscientes de lo que nos decimos en nuestro diálogo interno es vital. Aquello que pensamos conforma nuestra visión de la realidad, así que, cuando tenemos pensamientos como: «¡Qué imbécil!», «Yo paso», o «Se acabó, ¡lo dejamos!» en un intento de desactivarnos (y, así, recuperar la seguridad), es probable que nos estemos mintiendo en tanto que nos dejamos llevar por la intensidad emocional de la situación. Eso nos produce confusión: no entendemos por qué **nos movemos en extremos**.

PON EN PALABRAS LO QUE SIENTES

En vez de desacreditar, criticar o incluso insultar mentalmente a tu pareja, trata de describir cómo te sientes o de explicar con palabras qué es lo que te ha sentado mal. Por ejemplo, en lugar de decir: «¡Ya le vale! ¡Qué idiota!», prueba con un «Me molesta cuando...».

Importante: cuando se activa tu sistema de apego e intentas apostar por estrategias distintas a las conductas de seguridad, estás pidiéndole a tu mente que no se proteja de la forma que sabe. Si de por sí te cuesta sentirte vulnerable, optar por tácticas que, aunque más sanas, no te proporcionan seguridad inmediata puede hacer que te veas terriblemente desprotegido. Lamento ser así de clara, pero es parte del trabajo: te toca sostener la incomodidad.

Como veremos más adelante, la vulnerabilidad es clave para que la conexión sea real. Evitar mostrarte vulnerable te hace sentir protegido, lo entiendo; pero, a la vez, te mantiene alejado de tu pareja. Date permiso para mostrarte, para expresar tus emociones y poner de manifiesto tus miedos.

«ESTE SOY YO Y ESTAS SON MIS EMOCIONES Y MIS NECESIDADES»

Comparte cómo te sientes con tu pareja poco a poco, como si de unos fascículos coleccionables se tratase. Empieza por aquellas situaciones en las que te sientes menos vulnerable (quizá, aquellas que no tienen que ver con la relación de pareja) y ve abriéndote poco a poco, a medida que vayas recogiendo aceptación por su parte y vaya llenándose el tarro de confianza. Toma nota de las siguientes directrices:

- Habla desde el yo: «Me siento...».
- Describe cómo te sientes en vez de usar etiquetas: «Siento que no me tienes en cuenta» es mucho mejor que «¡Eres tan egoísta!».
- No caigas en el reproche: «Siento que mi opinión no se tiene en cuenta» es mucho mejor que «Soy un cero a la izquierda para ti».

Como comentábamos, la misma contradicción interna que te genera confusión puede generar perplejidad a tu pareja. ¿Mi sugerencia? Ayúdala a entenderte. ¿Lo positivo? Podrá empezar a verte. No te va a resultar fácil, lo sé: implica grandes dosis de vulnerabilidad. Pero, por favor, que la incomodidad de sentirte expuesto no te impida considerar el siguiente ejercicio en un futuro.

¿Sabes qué sucede con los globos cuando se pinchan? Exacto, que explotan. Esto es lo que nos ocurre cuando nuestro apego es desorganizado; en realidad, suele ocurrir siempre que reprimimos las emociones: un día no podemos más y explotamos. A estas alturas ya sabes que ignorar las emociones no es una buena idea. Ahora bien, tampoco lo es expresarlas de cualquier manera, y menos todavía contribuyendo a un vínculo inseguro a través de **explosiones de ira y rabia**. Por eso me gustaría que recordaras lo siguiente: tu mochila de emociones debe vaciarse lentamente, de forma dosificada, como cuando deshacemos el nudo de un globo y dejamos que el aire salga, poco a poco, por la boquilla.

EXPRESA TUS EMOCIONES
(DE FORMA CONTROLADA, PERO EXPRÉSALAS)

1. El primer paso para expresar tus emociones es ser consciente de ellas. Pregúntate: «¿Con qué emoción estoy conectando?».
2. Valora la posibilidad de que estés sintiendo emociones menos evidentes: la rabia, la ira y el enfado pueden ser una especie de cajón de sastre en el que se esconden otras emociones como miedo, incertidumbre, impotencia, inseguridad, vergüenza, culpa...
3. Coge papel y lápiz, y describe cómo te sientes: escribe lo que te venga a la cabeza.
4. Una vez que la tormenta haya pasado, recupera el papel donde escribiste cómo te sentías y utiliza tus palabras como boceto de lo que será el mensaje que compartas con tu pareja.

Importante: no caigas en esconder tus emociones bajo la alfombra; exprésalas. Recuerda: no queremos que el globo explote; queremos que el aire salga de forma controlada.

Es muy posible que poner esto en práctica te cueste aunque tengas la mejor de las intenciones. No espero otra cosa. De hecho, creer que así podrás vincularte de forma distinta me resulta un tanto pretencioso. La idea de estas páginas es que seas más consciente y empieces a introducir pequeños cambios. Por eso me gustaría animarte a buscar ayuda profesional: no tienes por qué resignarte a vivir según tus viejos patrones. Tienes derecho a ser querido, de la misma forma que tienes derecho a querer bien. Tienes la responsabilidad de aprender a querer bien y de mantener relaciones sanas y seguras.

SI TU PAREJA TIENE TENDENCIA DESORGANIZADA...

La forma que tiene tu pareja de recuperar la seguridad, si su apego es de tendencia desorganizada, puede parecer errática desde fuera; pero, como hemos visto, aunque apueste por estrategias aparentemente contradictorias, tienen mucho sentido. Ahora bien, para entenderlas debemos ver más allá y darles su razón de ser.

No exagero si digo que detrás del apego desorganizado puede haber una biografía en la que la palabra «trauma» hace acto de presencia más a menudo que en los otros estilos de apego. Si en los estilos de apego anteriores era importante no tomarse las respuestas de nuestra pareja de manera personal, sino entenderlas como un intento de recuperar la seguridad, en el apego desorganizado este ejercicio cobra todavía más relevancia.

En una relación segura se respetan los límites, no hay juegos de poder, el vínculo es entre iguales, el afecto es bidireccional, las reacciones son predecibles y, lejos de suponer una amenaza, nos transmiten aceptación. Esto es justo lo que necesita nuestra pareja: que nos convirtamos en un lugar seguro. Afecto y seguridad deben ir de la mano. Y lo conseguiremos a base de consistencia y de ser predecibles.

Cuando se activa el apego desorganizado, la **volatilidad emocional** puede provocar que los conflictos escalen muy rápido. La corregulación será clave para que las situaciones se mantengan dentro de los límites de lo gestionable. ¿Recuerdas cuando Patricia nos explicaba el desconcierto que experimentaba cuando su pareja estaba ahí, haciéndola sentir segura, mientras entraban en juego sus conductas de seguridad? Esto es lo que debemos conseguir.

CONTRIBUYE A LA EXTINCIÓN DEL FUEGO

Toma nota: tu pareja tiene un detector de incendios hipersensible. Tú no eres responsable de sus reacciones, pero compartes responsabilidad en lo que concierne a las dinámicas que se dan entre vosotros. Mi propuesta es la siguiente:

- Ayuda a tu pareja a extinguir el fuego pidiéndole un abrazo o calmándola con palabras como: «Lo último que quiero es verte sufrir», «Estoy aquí contigo», «Me importas», «Quiero entenderte; ayúdame a hacerlo».
- Contribuye a que tu pareja pueda discernir si el fuego es o no real: «Quizá no he escogido bien mis palabras; lo que quería decir es...».
- Valida sus emociones: «Sé que no te ha gustado lo que te he dicho. Aunque nuestras opiniones sean distintas, la tuya me importa y sigue siendo válida».
- Apuesta por la corregulación: en vez de contribuir a que la situación escale, prueba a decir algo como: «Creo que ahora mismo no es un buen momento para hablar. Por tu tono de voz diría que me ves como tu enemigo, y te aseguro que lo último que quiero es que pienses que no estoy de tu lado. ¿Podemos retomar este tema más tarde?».
- Combatid juntos su desconfianza: «Sé que a veces te cuesta creer en mi palabra y que no tiene que ver conmigo; para mí es importante que puedas creerme cuando te digo que quiero ser un lugar seguro para ti».

A lo anterior puedes añadir las estrategias presentadas cuando hablábamos de los estilos ansioso y evitativo: recuerda que el apego desorganizado se mueve a caballo entre ellos.

Importante: las relaciones sanas y seguras son sanadoras, y tú puedes contribuir a la seguridad del vínculo, pero cuidado con apropiarte de un proceso que corresponde a tu pareja y olvidarte de tus necesidades en el intento. Para evitar que esto pase, ten muy presente qué necesitas tú y, sobre todo, presta atención a las situaciones en las que estalla el globo: puede que tu integridad emocional se vea comprometida y, más que nada, debemos ser responsables respecto al vínculo, para con nuestra pareja y, en especial, para con nosotros mismos.

APEGO SEGURO

Si tus cuidadores se mostraban disponibles, estaban atentos a tus emociones, eran sensibles a ellas, respondían de forma positiva a tus necesidades emocionales y trataban de satisfacerlas de forma consistente, es probable que hayas desarrollado un apego seguro.

Lo sé: dicho así, el apego seguro parece más una quimera que una posibilidad real; puede parecer muy complicado que se cumplan todas estas condiciones todo el tiempo. En realidad, los estudios dicen que basta con que suceda en el 30 por ciento[4] o el 50 por ciento[5] de las ocasiones en las que necesitamos a nuestros cuidadores y recurrimos a ellos en busca de refugio.

Precisamente, el vínculo afectivo debe ser eso: **un refugio al que acudir** cuando nos cuesta regular nuestras emociones, cuando tenemos miedo o cuando la situación nos abruma. Pero ¿esto no nos convertiría en personas dependientes? Sí, aunque, ¡cuidado! Se trataría de una dependencia sana.

Recuerda **la paradoja del apego**: si estamos seguros de que podemos contar con apoyo, si sabemos a quién acudir, seremos más atrevidos y daremos rienda suelta a nuestras ganas de conocer y explorar el mundo, pues sabremos que nuestra figura de apego estará ahí para cuidarnos, protegernos y calmarnos si lo necesitamos. Así se fomenta una autoestima sana: explorar el mundo promueve que nos sintamos más capaces, además de ser una excelente manera de desarrollar las habilidades que nos harán falta en la vida adulta.

Estar ahí, solo, es un concepto clave asociado al apego seguro: no necesitamos sentir que nuestros cuidadores están ahí constantemente porque no dudamos de si se hallarán disponibles (como sucede con el apego ansioso); no recelamos de su capacidad de respuesta (como sucede con el apego evitativo); tampoco desconfiamos de sus reacciones, pues sabemos que son sinónimo de seguridad (al contrario de lo que sucede con el apego desorganizado), sino que sabemos que podemos contar con ellos, de forma consistente, y que nos proporcionarán la respuesta emocional que necesitamos recibir. En otras palabras, confiamos en que estarán ahí y sabrán ofrecernos apoyo emocional. ¿El resultado? Un vínculo construido en torno a la **confianza** que se traduce en **seguridad**.

La confianza es condición necesaria y constituye un pilar fundamental para un apego seguro. Pero ¿qué más se requiere? Toma buena nota de estos conceptos; irán apareciendo de forma repetida en las siguientes páginas:

La fórmula mágica del apego seguro consiste en la combinación de disponibilidad, empatía, sensibilidad, responsividad, validación emocional y consistencia.

Si, cuando acudimos a nuestros cuidadores en busca de refugio, crean un espacio de atención y escucha, se muestran disponibles para nosotros y nos ayudan a regular nuestras emociones de forma sana, nos sentiremos capaces de hacer frente a las dificultades, incluidos los conflictos con los que podamos encontrarnos en relación con los vínculos afectivos.

Si eso dista mucho de lo que obtuviste por parte de tus cuidadores, no pierdas la esperanza. Quédate con este concepto: **neuroplasticidad**. Esta palabreja hace referencia a la capacidad del cerebro de generar nuevas conexiones a través del aprendizaje; en otras palabras: el cerebro va cambiando a medida que vamos incorporando experiencias. En efecto, es una buena noticia:

Incluso si no tuviste oportunidad de desarrollar un apego seguro, puedes trabajar cómo te vinculas en la edad adulta para que tu apego adopte, de forma progresiva, una tendencia más segura.

¿Cómo? Trabajándote internamente mediante ejercicios como los que hemos visto hasta ahora, por ejemplo. Otra forma de desarrollar un apego seguro es con la ayuda de una pareja que te proporcione una base segura. ¿Y cómo se manifiesta el apego seguro en la relación? ¡Vamos a verlo!

EL APEGO SEGURO EN LA PAREJA

Si tu apego es seguro, probablemente:

- Construyes relaciones seguras en las que la conexión y la proximidad emocional son protagonistas.
- Te sientes cómodo con el compromiso y también con la distancia.
- Puedes regular tus emociones, sin importar si tu pareja te ayuda o no a regularte.
- Expresas tus necesidades, te comunicas de forma clara y pones límites si es necesario.
- Sientes que en las relaciones puedes ser tú mismo.
- Eres capaz de hacer autocrítica, te responsabilizas de tus errores y no tienes problema en pedir perdón.
- Estás dispuesto a trabajar para que la relación sea segura, pero

la relación no es el centro de tu existencia (no estás pensando en ella 24/7).

- Cuando algo te preocupa, lo expresas de forma clara y no tienes miedo a mostrarte vulnerable.
- Puedes confiar en los demás y no te cuesta abrirte.
- No te tomas las reacciones de los demás de forma personal: entiendes que pueden no estar relacionadas con tu persona y no ves que el vínculo peligre con relativa facilidad.
- Eres capaz de pedir ayuda.

Importante: que nuestro apego sea seguro no significa que no conectemos con la inseguridad; tampoco que no haya situaciones que nos molesten o nos duelan. No: que nuestro apego sea seguro significa que somos capaces de identificar cómo nos sentimos, de darle sentido y de gestionarlo de la mejor forma posible, honrando nuestras necesidades emocionales a la vez que respetamos las de nuestra pareja; y también que decidimos cómo gestionar la situación desde la conciencia, no desde el miedo ni la inseguridad.

¿Quieres saber cómo es un apego seguro en acción? Mireia nos lo cuenta: «Prefiero hablar las cosas. Cuando Kike y yo nos enfadamos, siempre le digo: "Mejor hablarlo que callarlo y que se enquiste"». Mireia no teme al conflicto: sabe verlo como un aliado para resolver problemas que, de otra forma, pueden ir a más y dinamitar la relación.

Mireia tolera la incomodidad con relativa facilidad: «No me gusta cuando nos enfadamos, pero tampoco me preocupa en exceso: confío en nuestra capacidad para resolver los conflictos y volver a estar bien».

Mireia no interpreta los enfados como un signo de que la relación vaya mal; tampoco le aterra pensar en perder a Kike, sino que deja que las emociones fluyan, las observa y comunica lo que necesita abriendo un espacio para el diálogo y la negociación.

Parte de la calma y la tranquilidad con la que Mireia vive las relaciones viene dada por la certeza de que puede «vivir sin Kike»: «Soy consciente de que él me aporta cosas buenas, pero estoy segura de que, si las cosas no van bien y tenemos que dejar la relación, podré gestionar la ruptura; me dolerá, lloraré mucho, lo pasaré mal..., pero lo superaré».

Mireia tampoco tiene problema en desnudarse emocionalmente hablando: «Una buena amiga siempre me decía: "No muestres tus debilidades a tu pareja"; jamás le he hecho caso. Si en mi relación no puedo ser yo y mostrarme tal y como soy, ¿qué sentido tiene estar en pareja?».

Mireia no teme a la proximidad emocional; tampoco a la distancia: «Al principio de la relación, cuando Kike se iba de viaje por trabajo, me mandaba mensajes constantemente; "para que no me enfadase", decía. Le comenté que no era necesario, que con que hablásemos un ratito en algún momento del día para tener un espacio de pareja a pesar de la distancia me bastaba. Se sorprendió: creo que su expareja tenía necesidades distintas a las mías. Yo le agradezco su buena predisposición, pero llevo bien eso de estar lejos el uno del otro. Le echo de menos, no voy a mentir. Pero sé que cuando vuelva nos cogeremos con más ganas».

El apego seguro tiene innumerables ventajas tanto para quien lo exhibe como para quienes están a su lado. Si desarrollamos vínculos basados en la confianza y en la seguridad, **nos convertimos en un refugio seguro** para quien nos rodea. ¿Qué significa eso? Que, si el estilo de apego de tu pareja es de tendencia insegura, le aportarás la seguridad, la estabilidad y la confianza necesarias para que su estilo de vinculación adopte, progresivamente, una tendencia más segura. Y viceversa: si tu apego es inseguro y el de tu pareja tiene una marcada tendencia segura, la relación puede ser el escenario perfecto para desarrollar una vinculación más sana y basada en la seguridad emocional. Cuando eso sucede, nos encontramos ante un estilo de **apego seguro adquirido**.

Fíjate que, a lo largo de estas páginas, hacemos referencia tanto a la seguridad propia como a la seguridad del vínculo, porque es tan importante aportar seguridad a la relación como que nuestra relación nos proporcione seguridad respecto al vínculo.

En el siguiente capítulo seguiremos hablando de seguridad emocional, ahondando en los aspectos que debemos trabajar para fortalecerla. Pero uno de ellos puede ser hablar de tu estilo de apego con tu pareja; ¿aceptas el reto?

BONUS TRACK
«ASÍ ME VINCULO»

Hablar de tu estilo de apego es desnudarte emocionalmente. Hazlo cuando te sientas preparado, y no tiene por qué ser de golpe. Quizá te cueste, pues te hará sentir muy expuesto, pero permitirá a tu pareja verte de verdad, conocer cómo te vinculas, ser consciente de tus miedos y comprender por qué actúas como lo haces. A la vez, le estarás dando una oportunidad de demostrarte que está ahí, que es sensible a tus necesidades y que es alguien en quien puedes confiar.

Nota: La idea no es hacer partícipe a tu pareja de tu estilo de apego para que pase por alto tus reacciones, sino para que te vea, para que te conozca mejor mientras —y este es un matiz importante— tú haces un trabajo consciente y activo para moverte hacia una tendencia segura. Recuerda que el estilo de apego es plástico y, de hecho, al mostrarte en lo emocional ya estarás dando unos pasos agigantados hacia una tendencia segura.

3

RELACIONES QUE SON UN LUGAR SEGURO

Las relaciones de pareja deben ser un lugar seguro. Escríbelo en un pósit, póntelo de fondo de pantalla en el móvil o enmárcalo. En serio: recuérdalo cuando las cosas funcionen entre tu pareja y tú, y recuérdalo todavía con más fuerza cuando no estéis tan bien como te gustaría.

Cuando lees las palabras **seguridad emocional**, ¿en qué piensas? ¿Cómo la describirías? Pongámoslo un poco más difícil: ¿sabrías decirme si tu relación es segura? ¿Crees que tu pareja te proporciona seguridad? ¿Y tú, cómo contribuyes a que la relación sea un lugar seguro?

La seguridad emocional es un concepto abstracto donde los haya. Lo sé. Vamos a bajarlo al terreno de lo concreto, ¿te parece? Te propongo que leas con atención las siguientes preguntas y que selecciones la respuesta que encaje mejor con cómo te sientes respecto a tu relación. Si ahora no tienes pareja, puedes pensar en relaciones anteriores; lo importante aquí es que identifiques cómo se siente una relación segura y qué contribuye a ello.

Importante: la finalidad de este cuestionario no es diagnóstica; con él pretendo hacerte reflexionar a la vez que empezamos a desgranar el complejo tema que nos ocupa. Dicho esto, ¡vamos a ello!

1. Cuando hay algo que te preocupa o causa malestar respecto a la relación, ¿qué haces?

A. Me lo callo: tengo la sensación de que nunca es buen momento para hablar de lo que siento, y no quiero causar un conflicto.
B. Intento encontrar el mejor momento para comunicárselo a mi pareja: a veces, parece que se preocupa por lo que siento; otras, parece que le molesta y trata de poner fin a la conversación rápidamente.
C. Intento ser transparente y expresarlo de forma directa. Sé que, aunque a mi pareja no le guste lo que va a escuchar, va a agradecer que le exprese mi malestar: ambos sabemos que es necesario para que la relación funcione y para sentirnos cómodos en ella.

2. ¿Qué has aprendido sobre expresar tus emociones y poner sobre la mesa tus necesidades emocionales, en tu relación actual?

A. Que es mejor no decir nada para tener la fiesta en paz.
B. Que mi pareja no me va a entender o que ni tan siquiera se va a molestar en intentar entenderme; entonces ¿para qué expresarlas?
C. Que poner sobre la mesa cómo me siento y qué necesito, incluso si *a priori* resulta incómodo, y que mi pareja haga lo mismo, nos ayuda a crecer.

3. Cuando compartes cómo te sientes con tu pareja, ¿cómo reacciona?

A. Le moleta: se enfada e inicia una discusión. No sé cómo lo hace, pero siempre acabo teniendo yo la culpa...
B. Me juzga y menosprecia mis sentimientos: les resta importancia, dice que son tonterías o bien insinúa que a todas las parejas les pasa lo mismo y que estoy exagerando.

C. Se preocupa y muestra interés: quiere saber más sobre por qué me siento así, en un intento de entender lo que acabo de poner sobre la mesa.

4. ¿Cómo de previsible dirías que es tu pareja?

A. No lo es en absoluto: nunca sé si va a estar ahí para mí. Tan pronto puede estar de buen humor y prestarme atención, como de repente me contesta mal y alza la voz.
B. Depende. Habitualmente sé que va a estar ahí para mí, pero, en ocasiones, no es así, de modo que presto atención a su estado emocional para aumentar las probabilidades de obtener una reacción positiva por su parte.
C. Muy previsible: sé que siempre está ahí, incluso si está de mal humor; en ese caso me pide unos minutos para digerirlo y después intenta estar bien. Sé qué esperar. Es un refugio en el que experimento seguridad.

5. ¿Tienes la sensación de que puedes confiar en la palabra de tu pareja?

A. No confío en mi pareja. Sé que no puedo creerme todo lo que dice: la he pillado en varias mentiras, a menudo actúa de forma opuesta a lo que dice que son sus valores y, en ocasiones, cambia de opinión de forma radical y sin previo aviso.
B. A veces me surgen dudas: un día dice una cosa y luego dice otra; o bien se compromete a algo que luego no cumple. No sucede siempre, pero sí lo suficiente para que la confusión esté más presente en la relación de lo que me gustaría.
C. Es una persona en quien se puede confiar: cumple con aquello a lo que se compromete, es fiel a sus valores y a su palabra.

6. Cuando tu pareja hace o dice algo que te sienta mal, o no cumple con aquello con lo que se comprometió, y lo pones sobre la mesa:

A. Lo niega, hace como que no sucedió, insinúa que lo entendí mal, lo achaca a mi forma de interpretar la situación o le da la vuelta a la tortilla y me culpa a mí de lo ocurrido.
B. Al principio se pone a la defensiva, pero después reconoce que se ha equivocado y me pide perdón. Como suele hacerlo con la boca pequeña, no me transmite la seguridad de que la situación no vaya a repetirse.
C. No tiene problema en reconocer que se ha equivocado. Sé que si me pide perdón es porque de verdad siente que podría haber actuado de forma distinta y que intentará que sea así en el futuro.

La seguridad emocional es una calle de doble sentido, si bien es cierto que, cuando nuestra pareja no nos proporciona seguridad, posiblemente nos cueste fomentarla nosotros. Por eso es importante que hagamos un ejercicio de introspección y demos espacio a la autocrítica, en un intento de ser conscientes de aquello que necesitamos mejorar para construir una relación sana y segura para las dos partes.

Voy a pedirte que respondas a unas preguntas acerca del grado de seguridad emocional que aportas a la relación. Venga, ¡vamos a ello!

7. Cuando tu pareja intenta conectar contigo explicándote cómo le ha ido el día, ¿qué haces?

A. La escuchas, pero le das a entender lo contrario: no la miras a la cara, tu respuesta es un «ajá» y sigues con lo que estabas haciendo.
B. La escuchas, pero no te interesas por cómo se ha sentido en esa situación, o bien pasas a explicarle rápidamente cómo te ha ido a ti el día.
C. La escuchas, tratando de darle el espacio que merece, y pres-

tas atención a las necesidades emocionales que se ponen de manifiesto en ese momento antes de cambiar de tema y explicarle tus cosas. Si en ese momento no puedes escucharla como merece, se lo dices y lo dejas para más tarde.

8. **¿Crees que contribuyes a que, en tu relación, haya espacio para las emociones y las necesidades emocionales, tanto las tuyas como las de tu pareja?**

   A. No: hablar de emociones me incomoda sobremanera; siento que acabaremos enfadándonos y trato de evitarlo.
   B. A medias: me cuesta encontrar el momento, de verdad. Pero, si mi pareja insiste, entiendo que necesita hablar de ello y acabo cediendo.
   C. Sí, definitivamente. Sé que hablar de emociones y necesidades emocionales es importante y procuro darles espacio, incluso si me cuesta.

9. **¿Qué crees que diría tu pareja si le preguntásemos lo sensible que eres a sus emociones y necesidades?**

   A. Diría que no lo soy en absoluto: me cuesta empatizar. Cuando me habla de emociones me invade una sensación incómoda; es como si hablase un idioma que no comprendo, y quiero que la conversación termine cuanto antes.
   B. Diría que lo intento, pero que no se me da bien: le doy consejos o le digo que mañana lo verá de forma distinta, tratando de aportar tranquilidad, pero leo en su cara que no es lo que busca.
   C. Diría que se me da bastante bien, que se siente escuchada y acompañada, y que de mí obtiene lo que necesita.

10. **¿Dirías que eres previsible?**

   A. No, en absoluto: mi estado emocional es muy cambiante. A veces estoy ahí para mi pareja; pero, como no se me da bien gestionar mis propias emociones, otras acabo pagándolo con quien tengo al lado y ofreciéndole lo contrario de lo que necesita.

B. Intento serlo la mayor parte del tiempo, pero recuerdo que ha habido situaciones en las que me ha resultado muy difícil estar ahí para mi pareja.

C. Sí, lo soy. Mi pareja sabe que siempre voy a estar ahí. Si no estoy de humor y siento que no puedo responder como debería, se lo comento abiertamente y más tarde le brindo la atención, el espacio y el apoyo que busca en mí.

11. ¿Crees que tu pareja puede confiar en ti?

A. Creo que no: a veces miento para cubrir mis errores, hago promesas que, en realidad, no puedo cumplir o le digo lo que quiere escuchar para zanjar el tema.

B. En general, diría que sí. Pero, haciendo un ejercicio de honestidad, debería añadir que, en ocasiones, me cuesta cumplir aquello con lo que me comprometo.

C. Sí, definitivamente. Soy consciente de lo importante que es la confianza. Solo me comprometo a aquello que sé que puedo cumplir y, en efecto, lo cumplo. Soy muy coherente: mis palabras y mis acciones van de la mano.

12. Cuando tu pareja pone de manifiesto que hay algo que no le acaba de gustar de vuestras dinámicas, ¿cómo reaccionas?

A. Me cierro en banda o me pongo a la defensiva con comentarios como: «Pues anda que tú...», «¡Aplícate el cuento!», «¡Mira quién habla!».

B. Me quedo en silencio esperando a que pase la tormenta o trato de disuadirla para que vea que no es así, en un intento de restarle importancia: «¿En serio te importa tanto?», «¿No crees que estás exagerando?», «Estás sacando las cosas de contexto».

C. Es posible que lo que me diga me caiga como un jarro de agua fría; sin embargo, en ese momento intento centrarme en entender qué me está diciendo y cómo se siente al respecto. Solo si entiendo cómo se siente y qué necesita de mí, podré darle una respuesta que contemple tanto mis necesidades como las suyas.

La realidad es mucho más compleja de lo que un cuestionario de doce preguntas con tres opciones de respuesta puede recoger, es cierto; pero, si has escogido una mayoría de A, me atrevería a decir que en tu relación la seguridad emocional brilla por su ausencia, incluso que experimentas un grado de malestar difícil de pasar por alto. Si has elegido una mayoría de B, parece que la invalidación y el mirar hacia otro lado hacen que tu relación sea insegura en lo emocional. Y, si has respondido una mayoría de C, diría que tu pareja o tú sabéis cómo proporcionar seguridad al vínculo.

Es posible que el resultado del cuestionario refleje la situación actual, pero que no siempre haya sido así. Sí, las relaciones pasan por malas rachas, es un hecho. Sin embargo, debemos preguntarnos si se trata realmente de una mala racha o si es la tendencia general. Y, si en efecto se trata de una mala racha, debemos procurar mediante esfuerzos proactivos que se quede solo ahí y no se convierta en una tendencia. Y todo eso pasa por trabajar la seguridad de la unión.

A lo largo de estas páginas hemos mencionado el concepto de seguridad emocional en diversas ocasiones, pero ¿en qué consiste en realidad? ¿Cómo podemos trabajarla en nuestra relación?

La seguridad emocional es aquello que todos buscamos en una relación, incluso sin saberlo, y somos especialmente conscientes de su importancia si en nuestras anteriores relaciones hemos vivido el vínculo desde el extremo opuesto, o bien si la ausencia de seguridad emocional de nuestra relación actual empieza a hacer mella en nuestro bienestar.

La seguridad emocional se traduce en un «sí» como respuesta a las siguientes preguntas: «¿Estás ahí?», «¿Te importo?», «Si te necesito, ¿puedo contar contigo?», «¿Me tratarás con respeto?», «¿Puedo confiar en ti?», «¿Me valoras?», «¿Te preocupas por mi bienestar?», «¿Eres sensible a mis necesidades?», «Si me muestro vulnerable, ¿vas a abrazar mis miedos e inseguridades? ¿Puedo confiar en que no los vas a alimentar?», «Y yo, ¿voy a estar ahí para mí, dentro de la relación?», «¿Puedo ser yo mismo estando a tu lado?», «¿La relación va a honrar mis necesidades?», «¿Puedo respetarme a mí mismo en esta relación?».

Las relaciones deben ser un lugar seguro, decía. Pero ¿un lugar seguro para qué? Para sentir que puedes ser tú mismo, para mostrar tu versión más auténtica y vulnerable, para exponer tus necesidades emocionales, para compartir tus miedos e inseguridades, para poner sobre la mesa lo que te preocupa sin que suponga un problema, sabiendo que tu pareja no te va a juzgar, teniendo la seguridad de que te aceptará y no sentirás que tus emociones o pensamientos son inadecuados, con la garantía de que no te criticará ni invalidará ni utilizará nada en tu contra, de que no te colgará etiquetas ni te rechazará.

Nuestra pareja debe ser alguien a quien recurrir, alguien que sepamos que va a estar ahí cuando busquemos un refugio en el que sentirnos escuchados, entendidos, validados, aceptados, respetados, cuidados, queridos...

Te suena, ¿verdad? Sí, estoy haciendo referencia a las necesidades emocionales que hemos explorado en el primer capítulo. Para experimentar seguridad emocional no basta con que se satisfagan nuestras necesidades, sino que deben darse una serie de requisitos. ¿Cuáles? Ya lo veníamos anticipando al hablar del estilo de apego seguro:

La fórmula mágica de la seguridad emocional consiste en la combinación de empatía, sensibilidad, responsividad, disponibilidad, validación emocional y consistencia.

Estos términos nos lo dicen todo, pero son tan abstractos que, a la vez, no nos dicen nada. Veamos rápidamente qué significan, ¿te parece?

- **Empatía:** entender a nuestra pareja mediante un componente cognitivo (poniéndonos en su lugar) y uno emocional (saber identificar cómo se siente).
- **Sensibilidad:** interpretar adecuadamente las necesidades de nuestra pareja.
- **Responsividad:** responder de forma adecuada (demostrando implicación y compromiso) a las necesidades de nuestra pareja.
- **Disponibilidad:** brindar la seguridad de que estaremos ahí, de forma física o emocional, cuando se nos necesite.
- **Validación:** respaldar la experiencia emocional de nuestra pareja, aceptándola como válida y tratando de darle sentido.
- **Consistencia:** garantizar coherencia entre lo que decimos y hacemos, a través del tiempo y de las situaciones.

A lo anterior debemos añadir unos conceptos que, según mi experiencia en consulta, son determinantes a la hora de construir un vínculo seguro; estos consisten en la regulación sana de las emociones, la responsabilidad afectiva y la comunicación asertiva.

A continuación vamos a desgranar cada uno de ellos, no sin antes abrir un pequeño paréntesis.

A veces caemos en el error de abordar las necesidades y la seguridad emocionales de forma dicotómica («O me entiende o no me entiende», «O me cuida o no me cuida»). Sería mucho más apropiado, dada su naturaleza abstracta, hablar de ellas como una cuestión de grado («Siento que, en general, mi pareja me entiende», «En mi relación me siento cuidado la mayor parte del tiempo»).

No debemos olvidar que nuestra pareja es alguien falible que siente y padece, que arrastra una mochila emocional y que seguramente tiene varios frentes abiertos, como debe de ser también tu caso y el mío. No siempre estará lo bastante disponible en lo emocional para proporcionarnos lo que necesitamos, para que la relación sea el lugar seguro que buscamos; y eso no significa que tu relación, en general, no te aporte seguridad.

De igual forma, cuando digo que tu pareja debe ser un lugar seguro, no quiero decir que deba ser tu *único* lugar seguro. Rodearnos de personas que nos ofrecen una relación sana y segura, personas con quienes podamos tejer intimidad y conexión emocional, a quienes sepamos que podemos recurrir en busca de refugio (y para quienes ser un refugio) no solo es deseable, sino necesario.

Por último, recuerda: la calle de la seguridad emocional es de doble sentido. Cuando hablemos de seguridad emocional y de los componentes que la hacen posible, no pienses solo en si tu pareja te la proporciona: valora también en qué medida tú eres un refugio para ella.

Cierro paréntesis.

EMPATÍA: «¿PUEDES PONERTE EN MI LUGAR?»

Si te pregunto por la importancia de la empatía en las relaciones, probablemente me respondas que es esencial, ¿verdad? Sin embargo, ¡cuántas veces nos olvidamos de abordar las situaciones con una mirada empática!

Que puedas entender la experiencia emocional de tu pareja a pesar de que sea diferente a la tuya; que puedas comprender cómo se siente en un determinado momento; que seas capaz de identificar las emociones y necesidades emocionales que se ponen de manifiesto en una determinada situación sucede gracias a la empatía.

La empatía es la capacidad de entender a nuestra pareja desde dos vertientes: una cognitiva, **poniéndonos en su lugar**, y una emocional, tratando de **identificar cómo se siente**.

Que nuestra pareja empatice con nosotros significa que hace el esfuerzo de ponerse en nuestra piel, en un intento de entender cómo nos sentimos y explorar nuestra experiencia emocional. Eso es necesario para que seamos y nos sintamos vistos.

Comprender, ponernos en el lugar del otro y descubrir la experiencia emocional de cada una de las partes nos permite conectar a otro nivel, pues ver y sentirnos vistos es esencial para comunicarnos en el terreno emocional y llegar a un entendimiento más complejo, más allá de los hechos y de las acciones.

Sin empatía es difícil que se den otros componentes necesarios para que podamos hablar de seguridad emocional; estoy pensando en aspectos como la sensibilidad o la responsividad. Cuando los abordemos entenderás por qué lo digo.

La empatía se encuentra en la base de la conexión emocional. De hecho, me cuesta imaginar una relación con intimidad emocional sin el componente empatía. Esta es la conclusión a la que ha llegado Clara: «He dejado de explicarle mis cosas a Sergio. Pienso: "¿Para qué? Si no las va a entender"».

Le pido que comparta conmigo algunos ejemplos para comprender cómo ha llegado a esta conclusión, y me contesta: «Le explico que me he sentido rechazada por una compañera de trabajo cuando ha invitado a una cena de cumpleaños a casi todo el departamento menos a mí, y me responde: "¿Por qué te molesta? Si no sois amigas, ¿no?". En esos momentos siento que tengo que explicarle por qué me siento como me siento, como si no fuese capaz de llegar a esa conclusión por sí mismo».

Lo que les sucede a Clara y a Sergio es que no hablan el mismo idioma: mientras que Clara hace una lectura de la realidad que incluye la dimensión emocional, Sergio se queda en el terreno de las acciones y no se detiene a plantearse **cómo debe de estar sintiéndose** su pareja.

Sergio se fue de la primera sesión con una consigna bien clara:

Incorpora el componente emocional a vuestras conversaciones (también a las más mundanas, en las que hablamos del día a día) y pregúntate cómo se puede sentir tu pareja cuando atraviesa una situación como la que te expone.

Tratemos de entender a Sergio: en consulta siempre digo que no sabemos que el color blanco existe hasta que, de pequeños, nos dicen: «Mira, ¿ves este color? Se llama blanco». Lo mismo sucede con las emociones. Nuestro primer contacto con ellas se reduce a estar contentos, tristes o enfadados. Claro, es obvio: la complejidad del mundo emocional se va adquiriendo a medida que vamos madurando. Sin embargo, si no hemos tenido la oportunidad de incorporar una mayor riqueza de vocabulario emocional, es posible que estemos ciegos ante determinadas emociones que se alejan de la alegría, la tristeza o la rabia (por poner un ejemplo).

Eso mismo le expliqué a Sergio. Se quedó abrumado. Se sentía incapaz de estar a la altura de su pareja. Lo tranquilicé explicándole lo siguiente: «No hace falta que sepas identificar cómo se siente Clara; de momento nos bastará con que identifiques que quiere conectar contigo emocionalmente y con que muestres **curiosidad**». Hablaremos de los intentos de conexión más adelante; por ahora, quédate con este concepto.

En ocasiones, lo que falla no es nuestra capacidad de empatizar, sino nuestra capacidad de acordarnos de lo importante que es empatizar con nuestra pareja y dar espacio a la empatía en nuestra relación.

CREA UN ESPACIO PARA LA EMPATÍA

En este espacio vamos a encontrar grandes dosis de atención plena y de curiosidad, y pocas (muy pocas) soluciones. ¿Cómo puedes conseguirlo?

1. Escucha con atención, sin prisa, respetando los ritmos de tu pareja.
2. Ve más allá de las palabras: ¿qué emociones eres capaz de identificar en tu pareja?
3. Deja de lado tus prejuicios y suposiciones. Recuerda: tu pareja puede tener una experiencia emocional distinta a la tuya; no des por hecho que vive las situaciones como las vivirías tú.
4. Ponte en su piel: conociendo a tu pareja como la conoces, sabiendo lo que sabes acerca de cómo vive las situaciones y de su historia de vida, ¿cómo puede estar sintiéndose?
5. La curiosidad es tu aliada: no tienes por qué saber con certeza cómo se siente; ¡pregúntaselo! «¿Cómo te has sentido?», «¿Con qué emociones has conectado?».
6. No juzgues: «¡Qué borde eres!», «¿No crees que te has pasado?», «Después te quejas cuando los demás se enfadan contigo...».

La clave para que tu pareja se sienta acompañada desde la empatía reside en escuchar con atención, con interés, desde la curiosidad, con una actitud libre de juicios, recogiendo lo que te explica, pero, sobre todo, tratando de ir más allá y ver cómo se siente.

Puede que tú empatices de maravilla, pero que a tu pareja le cueste un poco más. Está bien que crezcáis juntos y os nutráis mutuamente. Puedes ser su ejemplo y ejercer de inspiración. Quizá, como le sucedía a Sergio, la empatía y el mundo de las emociones sean todo un universo por descubrir. ¿Qué tal si empiezas transmitiéndole a tu pareja que es importante para ti y que juntos podéis aprender a veros en lo emocional?

«EMPATIZA CONMIGO»

Te dejo algunas sugerencias:

- «Espera, cariño; antes de seguir avanzando en la conversación, ¿podemos tratar de entendernos el uno al otro en lo emocional?».
- «Lo que dices suena muy lógico, pero ahora mismo lo que necesito es que te pongas en mi lugar y trates de entender cómo me siento».
- «Comprendo lo que dices, pero nos estamos olvidando del componente emocional. Ponte en mi lugar, imagina que te encuentras en mi situación. ¿Cómo te sentirías?».
- «Cariño, siento que respondes a partir de lo que tú harías y lo que tú sentirías; pero, conociéndome como me conoces, ¿cómo crees que me siento yo?».

Sí, seguramente lo estés pensando: si tu pareja no pone interés, digas lo que digas no surtirá efecto. Está bien. Nos tocará aceptar y explorar cómo afecta eso a nuestra relación para tomar decisiones acordes con lo que necesitamos para promover nuestro bienestar.

SENSIBILIDAD: «¿SABES INTERPRETAR MIS NECESIDADES?»

No existe intimidad sin sensibilidad. Necesitamos tener la certeza de que nuestra pareja responderá con sensibilidad para sentirnos seguros… y conectados. De hecho, la falta de sensibilidad es uno de los ingredientes principales de la distancia emocional y nos lleva a concluir que no podemos mostrar cómo nos sentimos.

Estamos programados genéticamente para conectar. Muestra de ello son las neuronas espejo, unas células nerviosas situadas en la corteza frontal (el área encargada de procesos como el control de la atención y la modulación del pensamiento, la emoción y la conducta) que nos permiten detectar claves emocionales tanto en el discurso verbal como en la comunicación no verbal, y posibilitan un nivel de comprensión más complejo: uno que nos deja asomarnos al mundo emocional del otro. Sí, exacto, eso es empatía y, como sabemos, nos facilita ponernos en el lugar del otro en un intento de **identificar cómo se siente**.

Pero, para que la sensibilidad tenga lugar, debemos usar la empatía como trampolín e ir más allá, explorando las necesidades que se derivan de cómo se siente nuestra pareja, y transmitirle que la estamos viendo. En otras palabras, la sensibilidad nos dota de la capacidad de decidir qué hacemos con esa información.

Permíteme que introduzca un matiz importante: que seas sensible a las necesidades de tu pareja no significa que debas satisfacérselas de forma incondicional, sobre todo si van en detrimento de las tuyas. Ser sensible a sus necesidades quiere decir saber interpretar cómo se siente.

La sensibilidad emocional consiste en interpretar adecuadamente las necesidades de nuestra pareja.

La sensibilidad es esencial para que las necesidades emocionales queden cubiertas: tal vez veamos qué le hace falta a nuestra pareja, pero si no sabemos qué hacer con esa información, si no sabemos cómo interpretarla, nos alejaremos de la seguridad emocional.

Dicho así puede parecer abrumador. Que no te asuste: estoy segura de que, en ocasiones, ya lo llevas a cabo de forma intuitiva. Se trata de ponerle mayor conciencia e intención. ¿Cómo? Formulándote las siguientes preguntas:

PREGUNTAS CLAVE

Cuando interactúes con tu pareja, pregúntate:

- ¿Qué necesidad emocional está experimentando?
- ¿Qué necesita de mí? En otras palabras: ¿qué necesitaría para sentirse segura respecto al vínculo? ¿Y para sentirse querida, cuidada? ¿Y para sentir que es importante para mí?
- ¿Cómo podría expresárselo?

Si no eres capaz de planteártelo en ese momento, ¡sin problema! Dedica unos minutos a reflexionar al final del día y toma buena nota de las conclusiones a las que llegues: te permitirán ser más consciente en próximas ocasiones.

Este ejercicio te costará especialmente si vienes de familias más bien frías, donde las emociones no tenían relevancia o se veían como una debilidad, o bien donde la distancia emocional era la norma. Puedes empezar por seguir esta premisa:

Si tu pareja busca de ti una respuesta emocional, no le respondas con una del tipo intelectual.

No te convertirás en la persona más empática y sensible del mundo de la noche a la mañana. ¡Paciencia, paciencia! Y, sobre todo, no tires la toalla. Es cierto, todo sería más fácil si pudiéramos leer las mentes. Pero que ni tú ni yo tengamos un lector mental no nos exime de la responsabilidad de intentar ser sensibles a las necesidades emocionales de nuestra pareja. Recuerda: siempre puedes preguntarle. 😉

«¿QUÉ NECESITAS?»

«¿Qué puedo hacer por ti?», «¿Qué necesitas de mí?», «¿Cómo puedo ayudarte?», «¿De qué manera puedo acompañarte a aliviar tu dolor?», seguidas de un «Me importas. Quiero estar ahí para ti. Enséñame a ayudarte», son buenas alternativas en ausencia de un lector mental.

Es cierto, a veces ni nosotros mismos sabemos qué necesitamos, ¡como para decírselo a nuestra pareja! En ese caso, agradeceremos una lista de opciones. Sí, como si de un desplegable se tratase: «¿Necesitas un abrazo?», «¿Quieres que te diga cómo lo veo yo o prefieres que me quede aquí, a tu lado, en silencio?», «¿Querrías que te diese un consejo o prefieres que me limite a escucharte?», «¿Prefieres estar a solas?».

Voy a ponerte un ejemplo: Maite llega a casa agobiada, sudada y visiblemente desbordada. Enseguida deja sus cosas en el comedor y va corriendo a la cocina a explicarle a Diego «la mierda de día» que ha tenido:

—Los problemas han empezado de buena mañana. La puerta del garaje no se abría, habían cortado un carril por obras y he llegado una hora tarde a la reunión. Para colmo, va y se pincha una rueda del coche. Me he dado un susto…

La voz de Maite se iba quebrando al mismo tiempo que se le humedecían los ojos.

Diego deja de cortar verdura, la mira y le dice:

—¿Estás bien? ¿Te has hecho daño con el coche? ¡¿Por qué no me has llamado?! Podría haber ido a buscarte.

—Sí, sí, estoy bien... —balbucea Maite.

—Menos mal... ¿Has podido llegar hasta casa con el coche o has tenido que llamar a una grúa? —pregunta Diego.

—He podido llegar a casa, sí. Por suerte... —responde Maite.

—Entonces no pasa nada, tranquila. Todo el mundo tiene un mal día; mañana llamas al seguro ¡y todo arreglado! —concluye él.

¿Qué sucede? Diego ha dejado lo que estaba haciendo, le presta atención activa y se preocupa por ella. Parece muy apropiado, ¿verdad? Pero Maite necesita algo más: necesita que Diego no le diga que «no pasa nada» y que esté «tranquila». En ese momento, a Maite le importa bien poco si todo el mundo tiene un mal día. Y, por supuesto, ya sabe que llamando al seguro quedará todo arreglado. Sus ojos y su voz no pedían soluciones, sino un abrazo y un silencio acompañado.

¿Significa eso que Diego ha actuado mal? No, en absoluto. Diego ha actuado de la mejor forma que sabe, ofreciéndole su apoyo de la manera que conoce. Pero que Diego haya actuado de la mejor forma que sabe y que Maite necesitase una respuesta más emocional y menos intelectual son **dos realidades que pueden coexistir**.

Cuando Maite me lo explicaba, sentía entre culpa y rabia: culpa por estar, cito textualmente, «criticando a mi pareja, sabiendo que él se preocupa por mí», y rabia porque Diego no supiera ofrecerle el tipo de respuesta que le hacía falta:

—Yo solo necesitaba un abrazo.

—Habla con él —le propuse—. Agradece su respuesta: quizá no fue lo que necesitabas, pero mostró preocupación y estuvo ahí para ti, a pesar de que necesitaras una respuesta distinta. Esto es lo que debes comunicarle: si necesitas un abrazo, pídeselo.

Quise darle la vuelta a la situación y le sugerí a Maite que visualizara cómo sería la situación al revés. No hizo falta echarle mucha imaginación: unos meses atrás, Diego había llegado a casa nervioso, con un semblante serio y con las manos y la camisa manchadas por los neumáticos.

—¿Y qué hiciste al verle, Maite?

—Lo primero que pensé es que había tenido un accidente. Por mi mente cruzó un pensamiento horrible: «He estado a punto de perderle». Y corrí a abrazarle. —Maite hizo una pausa y añadió con tono de resignación—: Pero él me apartó.

—¿Por qué crees que te apartó? —le pregunté yo.

Maite coge aire.

—Ahora lo veo: cuando llega desbordado, entra en casa sin apenas mediar palabra y va directo a darse una ducha de agua fría. Lo hace siempre que ha tenido un día duro y necesita sentir que por fin ha llegado a casa, a su refugio. Después sale del baño como nuevo y comienza a explicarme lo que le ha pasado. No sé cómo no me he dado cuenta antes.

PIDE LO QUE NECESITES

Al poner sobre la mesa lo que necesitas, estarás reconduciendo los esfuerzos de tu pareja en la dirección que te resulta de ayuda de verdad y, a la vez, estarás dándole pistas de cómo ser más sensible a tus necesidades. Estas son algunas de las propuestas que le hice a Maite:

- «Cariño, sé que estás intentando consolarme con estas palabras, pero ahora mismo lo que necesito es un abrazo».
- «Sé que con estos argumentos estás tratando de quitarle hierro al asunto, pero no es lo que necesito ahora mismo. No hace falta que me consueles ni que me calmes. Solo te pido que me escuches».

Diego podría pedir lo que necesita de esta forma:

- «Estoy bien, cariño, no te preocupes. Me doy una ducha y te cuento».

- «Necesito unos minutos para digerir lo sucedido».
- «Hola. Cinco minutos. Me doy una duchita y estoy contigo».
- «Todo bien, no te preocupes. Pero te pido que no hablemos de ello. No me apetece. Cuéntame tú qué tal te ha ido el día».

Una cara descompuesta, una mirada perdida, el llanto, una voz quebradiza... evidencian que hay una necesidad emocional sobre la mesa. Sin embargo, no siempre es tan obvio. Por eso es importante que conozcas el concepto **intento de conexión**. Este concepto no es mío, sino de John Gottman, y se refiere a los pequeños gestos, expresiones faciales, acciones o palabras con las que intentamos crear un momento de conexión con nuestra pareja a través de la atención, la cercanía, el afecto o la afirmación.

Los intentos de conexión son confesiones íntimas, muestras de vulnerabilidad en formato implícito que nos transmiten algo así como: «Necesito sentir que estás ahí», «Recuérdame que somos un equipo», «Necesito saber que te importo», «¿Me ves?».

Cuando vamos en coche, suele conducir mi pareja. Yo, que no llevo muy bien eso de estarme quieta, enseguida caigo en coger el móvil y leer mensajes o e-mails. Entonces me quedo en silencio y adopto el modo copiloto fantasma (este concepto sí es mío 😀). Mi pareja de vez en cuando tiende la mano y me toca la rodilla. Podríamos interpretarlo como un gesto cariñoso sin más, pero la lectura se quedaría corta. En realidad, es más bien un: «Amor, yo estoy aquí; ¿tú también?».

Otro ejemplo: después de dos años teletrabajando por la pandemia, mi pareja ha vuelto a la oficina. Los días que no tengo sesiones y, como hoy, los dedico a escribir, le mando fotos de nuestro perro, Lucas, o vídeos explicándole cómo nos va el día en su nombre. Estas fotos y vídeos son más que eso. En realidad, funcionan como un recordatorio: «Se te echa de menos en casa, estamos deseando que vuelvas; quizá ahora no estés aquí, pero estamos contigo, pensamos en ti».

INTENTOS DE CONEXIÓN

¿Cómo sueles crear momentos de conexión con tu pareja? ¿Y tu pareja contigo? Echa un vistazo a la siguiente lista y al significado que se esconde detrás de estos intentos de conexión:

INTENTOS DE CONEXIÓN	MENSAJE IMPLÍCITO
Sonreír.	«Te veo. ¿Me ves?».
Sentarte cerca de tu pareja para ver la televisión.	«Me apetece sentirte cerca. ¿Me dejas?».
Rozar tu mano con la suya mientras andáis.	«¿Te apetece que nos demos la mano?».
Acariciar su pierna.	«Estoy aquí. ¿Tú también?».
Ofrecerle una parte de tu postre.	«Me apetece compartirlo contigo: sé que te gusta».
«Te quiero» o «Te echo de menos».	«Te quiero, me apetecía que lo supieras».
«¿Cómo me queda el pantalón?».	«¿Me puedes prestar atención? ¿Te gusta lo que ves?».
«¿Está buena la cena?».	«¿Reconoces mi esfuerzo?».
«¿Me puedes echar una mano con...?».	«¿Estás ahí cuando te necesito?».
«No sé qué hacer respecto a...».	«¿Puedo contar contigo para resolver este problema?».

«¿Qué te parece si vamos a ese restaurante que tanto nos gusta?».	«Me apetece tener una cita contigo. ¿A ti también?».
«Hace mucho que no vamos a la montaña…».	«Echo de menos hacer este plan contigo, ¿y tú?».
«Al final no ha hecho tanto frío como decían, ¿no?».	«¿Hablamos de algo? Necesito sentir que estás ahí».
«¡Si te cuento lo que me ha pasado, no te lo vas a creer!».	«Me apetece compartir lo que me ha sucedido hoy en el trabajo. ¿Me vas a escuchar? ¿Te interesa lo que me pasa?».
«Ha sido un día agotador…».	«¿Puedo explicarte lo que me ha pasado?».
«Me apetece tanto dormir abrazados esta noche…».	«Necesito sentirte cerca, echo de menos tu presencia física».

Este es un buen momento para revisar las páginas en las que hablamos sobre los lenguajes del amor: nos darán pistas de la naturaleza de nuestros intentos de conexión y los de nuestra pareja.

Que no cunda el pánico. No tienes que cazar al vuelo todos y cada uno de los intentos de conexión de tu pareja, pero sí me gustaría invitarte a ser mucho más consciente de ellos. ¿Por qué? Ojo al dato: según John y Julie Gottman, las parejas felices responden a los intentos de conexión en el 86 por ciento de las ocasiones, mientras que las infelices, solo en el 33 por ciento.[6]

RESPONSIVIDAD: «¿PUEDO CONFIAR EN QUE RESPONDERÁS A NIVEL EMOCIONAL?»

«Pues vaya», «¡Qué chasco!», «¿Hola?, ¿estás ahí?», «¿Me ves?», «Si lo sé, no te lo propongo», «Pero ¡qué tonto he sido!»..., son reacciones más que esperables ante un intento de conexión frustrado.

Imagina cómo se sentiría mi pareja si, al poner la mano sobre mi rodilla, me muestro impasible. De acuerdo, puede que no me dé cuenta en una ocasión. O en dos. Pero si me pongo en su lugar, sinceramente, yo me sentiría ignorada. No de una forma dramática e irresoluble, pero sí lo suficiente para que en ese momento se produjera una pequeña **ruptura del vínculo**; una brecha reparable —por supuestísimo—, pero un obstáculo para la conexión, al fin y al cabo. Algo así como: «Yo estoy aquí. ¿Tú también? No estoy segura; tu ausencia de respuesta me hace dudar».

Ahora piensa cómo lo percibiría mi pareja si, como respuesta a su intento de conexión, yo entono un: «¡¿No ves que estoy ocupada respondiendo un e-mail?!» o «¡Quita! ¡Qué pesado eres!».

Por último, imagina cómo se sentiría si, en vez de apostar por las respuestas anteriores, pongo la mano sobre la suya, suavemente, respondiendo a su llamada en un gesto que deja entrever un: «Yo también estoy aquí».

¿Qué preferirías? Yo lo tengo claro.

Empecemos por el principio. Ante cada intento de conexión, tienes tres opciones:

1. Hacer caso omiso y prestar atención a otros estímulos, ocupándote de otra tarea o respondiendo con monosílabos o un simple «ajá».
2. Rechazarlo adoptando una actitud crítica, respondiendo de forma sarcástica, haciendo comentarios poco sensibles o culpabilizando a tu pareja.

3. Prestarle atención y responder positivamente. (Incluso si no puedes satisfacer sus necesidades, puedes escoger transmitirle a tu pareja que la has visto).

Veamos algunos ejemplos para que quede más claro:

INTENTO DE CONEXIÓN	Sonreír.
LO IGNORAMOS SI	Ponemos cara de póquer.
LO RECHAZAMOS SI	Volteamos los ojos o levantamos las cejas.
LE PRESTAMOS ATENCIÓN SI	Sonreímos también.

INTENTO DE CONEXIÓN	«¿Cómo me queda el pantalón?».
LO IGNORAMOS SI	«Bien» (sin haber mirado).
LO RECHAZAMOS SI	«¡Siempre me preguntas lo mismo, ¿te das cuenta?!».
LE PRESTAMOS ATENCIÓN SI	«Bien. Ya te lo dije cuando te lo probaste en la tienda: es muy de tu estilo».

INTENTO DE CONEXIÓN	«¿Está rica la cena?».
LO IGNORAMOS SI	«¿Me pasas la mayonesa?» (no hacemos caso de la pregunta).
LO RECHAZAMOS SI	«¿Es que tengo que decírtelo cada día?».
LE PRESTAMOS ATENCIÓN SI	«Espectacular, ya lo sabes. Cocinas de lujo».

INTENTO DE CONEXIÓN	«¿Qué te parece si vamos a ese restaurante que tanto nos gusta?».
LO IGNORAMOS SI	«Ajá».

LO RECHAZAMOS SI	«¿En serio? Pero si sabes que vamos mal de dinero...».
LE PRESTAMOS ATENCIÓN SI	«Sería estupendo. Pero mejor esperar a principios de mes, que iremos más desahogados».

INTENTO DE CONEXIÓN	«Me apetece tanto dormir abrazados esta noche...».
LO IGNORAMOS SI	Silencio.
LO RECHAZAMOS SI	«¿Con el calor que hace? Ya nos abrazaremos en invierno...».
LE PRESTAMOS ATENCIÓN SI	«A mí también, cariño. Lo echo de menos. Estoy deseando que llegue el frío y dormir achuchados».

Necesitamos que nuestros intentos de conexión no se rechacen ni se ignoren; aunque no sean correspondidos en todas y cada una de las situaciones, al menos que se reciban bien.

De lo contrario, cuando nuestros intentos de conexión son rechazados, ignorados y no correspondidos, se producen rupturas del vínculo y, con el tiempo, los efectos pueden ser devastadores para este.

Esto es lo que les sucedía a Teresa y a Julio: pasaron una racha muy mala en la que el vínculo se rompía sin cesar. Teresa todavía narra con dolor y amargura aquella época en la que Julio estaba trabajando 24/7 y de su boca solo salían «ajá», «okay», «Tere, ya veremos» y «No me agobies». Julio estaba tan sobrepasado por la faena que, cuando no trabajaba, seguía pensando en ella y no tenía espacio mental para su pareja.

«Ya no sé cómo decirle que, con su actitud, hiere mis sentimientos», comentaba Teresa.

Me quedo corta si digo que el que nos ignoren nos incomoda sobremanera. El dolor que sentía Teresa tiene muchísimo sentido: los estudios[7] demuestran que, cuando nos sentimos rechazados, se activan los mismos circuitos cerebrales que cuando experimentamos dolor físico.

Las rupturas del vínculo no tienen por qué ser irreparables. Sin embargo, algunas dejan una huella que perdura en el tiempo, sobre todo si lo que sucede tras la ruptura no contribuye a restaurar la seguridad y a reparar el vínculo.

Cada vez que Teresa entablaba un intento de conexión con Julio, este lo frustraba haciéndole sentir que molestaba. Y, cuando ella lo ponía sobre la mesa, no encontraba una respuesta que contribuyera a la reparación del vínculo: a veces las contestaciones iban en la línea de: «Perdóname, ya sabes que estoy muy agobiado»; pero otras eran más bien del tipo: «Ya tengo suficientes problemas en el trabajo para que tú me vengas con esto», lo que más bien empeoraba la situación.

Para Julio la coyuntura era muy distinta. Para él, un evitador nato —especialmente de problemas de naturaleza emocional—, cada intento de reparación por parte de Teresa significaba tener que hacer frente a su circunstancia sentimental, a su situación laboral y también a su estado emocional. No tenía ni tiempo ni energía para ello. Sin embargo, era justo lo que el vínculo necesitaba.

La relación fue a peor: los intentos de conexión frustrados acaban pesando. Así es como lo describía Teresa: «Me siento un estorbo; invisible, en el mejor de los casos. O cambia la situación o tendremos que dejarlo. Ya no puedo más». En este punto acudieron a consulta.

Julio se dio cuenta de que había llegado la hora de hacer cambios: puso límites a su trabajo, se puso límites a sí mismo y a su exigencia, y aprendió a conciliar. Por fin tenía espacio mental —y tiempo— para Teresa (y para él mismo). También aprendió a responder a los intentos de conexión de Teresa, no sin antes aprender a identificarlos.

Con Teresa trabajamos el perdón y el poder dar espacio a Julio para aprender a hacer las cosas de forma distinta. No fue fácil para ella. Cada vez que venían a consulta satisfechos por los logros alcanzados, Teresa se apresuraba a añadir: «Esperemos que dure».

Para ella no resultaba tan sencillo deshacerse de esas situaciones en las que había experimentado una ruptura del vínculo. Y podemos entenderla: deshacerse del dolor significaba bajar la guardia, y no estaba dispuesta hasta que sintiera que los cambios eran reales y estables en el tiempo.

Julio contribuyó a que Teresa pudiera confiar en su cambio ofreciendo un nuevo repertorio de respuestas cuando se rompía el vínculo: «Cariño, tienes razón», «Discúlpame, no me he dado cuenta de que volvía a caer en el mismo patrón», «Sé lo importante que es para ti; quiero demostrarte que para mí también lo es», «Necesito unos minutos; enseguida estoy por ti». Cada nueva respuesta de reparación del vínculo sobrescribía los efectos de las anteriores. En otras palabras:

En un momento clave de conflicto o de ruptura del vínculo, las respuestas pueden ser tremendamente dolorosas y amenazadoras, o bien resultar reparadoras y sanadoras.

Las rupturas del vínculo ponen en jaque nuestra percepción de seguridad. Tiene mucho sentido. Verás, la teoría del apego nos explica que nuestro ser querido es nuestro refugio de vida en la infancia, y un refugio de seguridad en la edad adulta. Cuando esa persona no responde o se muestra emocionalmente distante, experimentamos indefensión y abandono. En ese momento nos asaltan emociones como la rabia, la tristeza, el dolor y, sobre todo, el miedo. Es entonces cuando el cuerpo reacciona a ese miedo de forma automática: no pensamos, actuamos; y lo hacemos con el objetivo de recuperar la seguridad. Sí, exacto, eso nos recuerda a las conductas de seguridad que hemos explorado al hablar sobre los estilos de apego y sobre cómo recuperar la seguridad según nuestra tendencia de apego predominante.

No te voy a engañar: todos experimentamos cierto miedo cuando se produce un desacuerdo o una discusión con nuestra pareja. Pero, para aquellos que tenemos un vínculo seguro, supone un fallo momentáneo del sistema: el miedo desaparece enseguida, al mismo tiempo que nos damos cuenta de que la amenaza no es real y de que nuestra pareja nos ofrecerá seguridad si se lo pedimos.

Sin embargo, para aquellos cuyo vínculo tiene una naturaleza insegura, el miedo puede resultar abrumador. Jaak Panksepp, psicobiólogo y neurocientífico, lo llama **pánico primitivo**, y afirma que se traduce en dos estrategias que distan mucho entre sí: o nos volvemos más demandantes en un intento de conseguir el consuelo y la reafirmación que necesitamos para recuperar la seguridad, algo así como: «Préstame atención», «Te necesito», «Demuéstrame que te importo», o bien nos alejamos y tomamos distancia para calmarnos nosotros mismos, algo similar a: «No voy a permitir que esto me haga daño», «Voy a alejarme para tranquilizarme», «Voy a tomar distancia para recuperar mi sensación de seguridad».

¿A qué te recuerda eso? Sí, exacto: la primera estrategia nos trae a la memoria las conductas de seguridad del apego ansioso, mientras que la segunda nos recuerda las del estilo de apego evitativo.

Ambas crean una segunda oportunidad para que la relación nos proporcione lo que precisamos. Ahora bien, si las necesidades de nuestra pareja son opuestas a las nuestras (algo muy probable si nuestro estilo de apego tiene una marcada tendencia ansiosa, y el de nuestra pareja, una marcada tendencia evitativa, o viceversa), es posible que se desencadene un patrón basado en pedir más cercanía y atención, por un lado; y alejarnos y tomar distancia, por el otro.

Celia y Guille son expertos (nótese la ironía) en este **bucle de demanda-distancia**. Cuando Guille responde de forma evasiva, ignorando o rechazando los intentos de conexión de Celia, tomando distancia (física y emocional) o resoplando, esta se vuelve más demandante.

¿Qué necesita Guille? Espacio. ¿Qué necesita Celia? Conexión. ¿Cómo responde Guille? Alejándose (emocional y físicamente). ¿Cómo responde Celia? Demandando.

Celia, en vez de dejar a Guille su espacio, persiste en su intento de recuperar la seguridad de la forma que sabe y trata de acortar la distancia. Celia insiste e insiste, hasta que Guille se enfada y explota.

—Se lo he dicho en más de una ocasión: «Parece que busques que salte». No me deja tranquilo hasta que no salto —comenta Guille visiblemente molesto.

—¡Así al menos obtengo una respuesta! —protesta Celia. Su lógica es muy simple—: No puedo soportar su actitud fría y distante; me aterra sentirle lejos; necesito saber que está ahí e insisto hasta que me lo demuestra, aunque no sea de la mejor manera, aunque no sea constructivo para la relación.

Celia prefiere que Guille se enfade y sentir que está ahí, a que se quede en silencio o la ignore. Porque que se enfade puede conectarla con el miedo de que la relación se acabe, pero que la ignore detona su pánico primitivo.

Podemos pensar: «Que Celia deje de insistir tanto y obtendrá la respuesta que desea; que Guille le preste atención y Celia le dejará tranquilo». Fácil, ¿verdad? Sin embargo, estamos pasando por alto que, cuando estas dinámicas se repiten, se acaban instaurando a modo de patrón. Este patrón recibe el nombre de **«perseguidor-perseguido»** (o «perseguidor-distanciador») y, si se mantiene en el tiempo, puede acabar desembocando en otro llamado **«buscar al malo de la película»**.

Estos patrones fueron descritos por Sue Johnson, psicóloga experta en vinculación y terapia de pareja centrada en emociones. Para esta, las dinámicas de pareja se parecen a una danza en la que cada uno de los miembros debe ser consciente de sus propios pasos y de los de su pareja. Eso significa que es nuestra responsabilidad **escoger cuidadosamente qué respuesta damos** a cada intento de conexión de nuestra pareja, pues influimos en ella y en su experiencia emocional (como veremos más adelante al hablar de responsabilidad afectiva).

Si Celia y Guille no hubiesen acudido a terapia podrían haber acabado adoptando otra dinámica, la más nociva para el vínculo: una basada en la indiferencia, en la frialdad y en el bloqueo emocional; una en la que ninguna de las dos partes está dispuesta a hacer nada para el vínculo, algo así como: «Yo hago la mía», «Me da igual todo», «¿Hablar? ¿Para qué, para acabar discutidos? Ya paso»; una dinámica llamada **«danza del hielo o de la indiferencia»**. Y es que, cuando esta dinámica se instaura, no se habla, no se discute, no se dan intentos de conexión porque el vínculo ya nos da igual.

«¿CUÁL ES NUESTRA DANZA?»

Primero hagamos un pequeño recordatorio de las distintas danzas:

- Perseguidor-perseguido o perseguidor-distanciador: cada uno se centra en obtener lo que necesita para recuperar la seguridad, sin tener en cuenta al otro, y lo que necesita es opuesto a lo que puede darle su pareja, por lo que nos encontramos ante un conflicto de necesidades (por ejemplo, uno necesita cercanía, mientras que el otro necesita espacio).

- Buscar al malo: acciones centradas en determinar quién está en lo cierto y quién se equivoca, y quién tiene la culpa de que la relación no vaya bien, más que en verse y entenderse para poder recuperar la seguridad en el vínculo.
- Danza del hielo: una fría indiferencia se apodera de la relación y la llena de distancia emocional, que desemboca en aislamiento.

¿Identificas algunas de las dinámicas mencionadas en tu relación? En caso afirmativo, ¿cuál de ellas? ¿Y en el pasado? ¿Es posible que alguna de las anteriores danzas describiera vuestras dinámicas?

Ya ves que una respuesta no del todo apropiada es mejor que una no respuesta; pero para construir una relación segura no vale cualquier respuesta: debe ser positiva, adecuada a las necesidades emocionales de nuestra pareja, y que le recuerde que estamos ahí. Pero, cuidado: que nuestra respuesta deba adecuarse a sus necesidades no implica que dejemos las nuestras de lado.

¿Te acuerdas del ejemplo de la propuesta de ir a cenar fuera? Si consideramos que no es del todo buena idea debido a nuestra situación económica, responder a las necesidades de nuestra pareja no significa decirle: «Sí, vayamos mañana», sino expresar nuestra opinión («Mejor si lo dejamos para principios de mes, que iremos más desahogados»), pero reconociendo antes el intento de conexión de nuestra pareja («Me apetece mucho»).

Otro ejemplo: ¿recuerdas el agobio de Julio y cómo respondía a Teresa? Puede que en ese momento Julio estuviese sobrepasado y tuviera pocos recursos mentales para dar la respuesta que buscaba Teresa, pero sí que podía decir algo como: «Cariño, ahora mismo estoy saturado y no tengo espacio mental para pensar; hablémoslo luego, ¿te parece?».

Un ejemplo más: cuando Celia se acerca a Guille y este siente que no puede proporcionarle lo que necesita, puede comunicárselo con mensajes como: «Celia, mi amor, ahora mismo necesito unos minutos; en un rato hablamos», en vez de quedarse en silencio, resoplar o alejarse (física y emocionalmente). Y, cuando Celia no obtiene lo que necesita por parte de Guille, en vez de insistir e insistir, puede comunicárselo abiertamente: «Solo necesito que me digas que estamos bien; el resto puede esperar».

No se trata tanto de dar la respuesta que espera nuestra pareja como de dar una respuesta adecuada a las necesidades emocionales que deja entrever en su intento de conexión.

¿Y cómo es una respuesta adecuada a las necesidades emocionales? Pues una respuesta amorosa, que transmita cercanía y cree, así, una atmósfera de entendimiento mutuo y seguridad emocional.

VUESTRAS INTERACCIONES, A EXAMEN

En realidad, no se trata de pasar un examen, pero sí de tomar algo más de conciencia y ponerle intención. Presta atención a las interacciones que se producen entre tu pareja y tú durante el día. Todas son importantes, incluso las más nimias:

- «Al final hoy no ha llovido». → «No sé de qué hablar, pero me apetece saber que estás ahí».
- «¿Cómo han quedado?» (resultados del equipo favorito de tu pareja). → «Quiero entablar conversación contigo y he pensado que este tema te resultaría agradable».
- «¿Te importa si te llamo después de la reunión?». → «Dime que puedo contar contigo, que lo que me importa te importa».
- «Oye, ¡qué buenas noticias...!». → «Me alegro por tus alegrías, celebro tu felicidad».

- «¿Tienes un momento? Me gustaría explicarte una cosa que me ha pasado hoy en el trabajo». → «¿Soy una de tus prioridades? ¿Lo que me pasa te importa?».

Puede que, ahora que estás empezando a observar tu relación y las interacciones que se producen en ella con una mirada distinta, te invada cierta presión por hacerlo bien (entendiendo, por ello, ser sensible a las necesidades de tu pareja y responder con empatía y de acuerdo con sus necesidades emocionales). Que esa presión se convierta en una aliada que te permita tener presente todo lo mencionado, pero que no te bloquee. Y, si lo hace, recuerda: cada día trae consigo decenas de momentos en los que interactuar con tu pareja; no estamos construyendo una relación perfecta, sino una relación segura. Lo que importa es el cómputo global. Así que recuerda:

En cada situación, en cada interacción, tienes la oportunidad de demostrarle a tu pareja que lo que le pase te importa. Y viceversa: de las pequeñas acciones del día a día dependerá cómo de importantes sientas que son tus necesidades para tu pareja.

DISPONIBILIDAD: «¿PUEDO LLEGAR A TI? ¿ESTARÁS A MI LADO?»

—Siento que no soy una prioridad para mi pareja —murmura Natalia poco después de llegar a consulta. Parecía que el problema estaba muy claro para ella; sin embargo, lo decía con la boca pequeña, como si no estuviera segura de que sentir lo que sentía estuviera bien.

—Me interesa mucho esto que comentas. Por favor, cuéntame más —le pido.

—Cuando me pasa algo, corro a contárselo a Joel, pero él **nunca está; o está, pero es como si no estuviera**. Me explico: pasa poco tiempo en casa y, cuando llega, parece que tiene otras cosas más importantes que atender. Está siempre con el móvil en la mano contestando e-mails, revisando la agenda del día siguiente, poniéndose al día de mensajes de WhatsApp o simplemente enganchado a las redes sociales. Y, cuando quiero contarle algo, veo que le interrumpo y me siento pesada y demandante. O bien no sé cómo diferenciar cuándo me va a prestar atención y cuándo tiene la mente en otra parte. El otro día, por ejemplo, le estaba explicando una enganchada que tuve con mi madre. Salta y me pregunta: «¿Este fin de semana tenemos planes?» —comenta Natalia con un tono que suena a decepción, pero que recuerda más bien a dolor—. «¿Perdona? ¿En eso estabas pensando? ¡Ya veo lo que te importo!», le dije de forma poco amable. Lo reconozco: no estuvo bien, pero es que no pude aguantarme, Montse. Siento que nunca es un buen momento para hablar, y que ni yo ni lo que me pase es importante —termina entre lágrimas.

Natalia no se sentía vista. Notaba que no era una de las prioridades de su pareja, sino que otras muchas cuestiones pasaban por delante. Aunque no lo identificaba como tal, Natalia nos hablaba de la falta de **disponibilidad** de su pareja.

La disponibilidad hace referencia a la seguridad que nos transmite la presencia de nuestra pareja y a la certeza de que va a estar ahí, ya sea física o emocionalmente, cuando la necesitemos.

DO'S AND DON'TS PARA MOSTRARTE DISPONIBLE

Do's:

- Crea espacios para la comunicación y el diálogo: «Parece que hay algo que te preocupa, ¿quieres hablar?».
- Revisa si estás disponible emocionalmente y si cuentas con la capacidad de atención necesaria. Es posible que después de un largo día de trabajo necesites un *break* antes de prestarle a tu pareja la atención que merece: «Siento que ahora mismo no tengo suficiente claridad mental para prestarte la atención que mereces; dame unos minutos y estoy contigo».
- Fuera móviles: las pantallas, en general, son el elemento de distracción por excelencia. Demuéstrale a tu pareja que lo que te explica te importa dejándolas de lado.
- Si no es un buen momento para hablar, coméntaselo abiertamente: «En este momento no puedo estar por ti; ¿te importa si retomamos la conversación después?». Y, más tarde, reanúdala tomando la iniciativa: «Tenemos una conversación pendiente; ¿te apetece que hablemos ahora?».

Dont's:

- No te apresures a acabar la conversación.
- Terminar las palabras de tu pareja puede ayudarte a conectar con ella, es cierto; pero hacerlo en exceso puede darle la sensación de que quieres que acabe pronto.
- No le propongas soluciones si no te las ha pedido.
- Respeta su turno de palabra (las interrupciones cortan el rollo, y mucho).
- Cuidado con hacer cambios bruscos de tema.

Puede que una parte de ti piense: «¡Vaya descubrimiento! Todo esto ya lo sabía». Estoy segura de que es así: no estoy diciendo nada nuevo. Ahora bien, la pregunta aquí es: ¿lo tienes en cuenta en la mayor parte de las interacciones de tu día a día?

Mary Ainsworth y John Bowlby llegaron a las siguientes conclusiones acerca de los aspectos básicos para una vinculación segura: perseguimos mantener la proximidad emocional y física con nuestras figuras de referencia; buscamos a esa persona cuando nos sentimos inseguros, agobiados o con el ánimo bajo; echamos de menos a esa persona cuando estamos lejos de ella y contamos con que permanezca a nuestro lado cuando salimos a explorar el mundo exterior. Si buscamos a esa persona, sobre todo cuando necesitamos regularnos emocionalmente (tranquilizarnos, calmarnos), esa persona debe estar ahí para nosotros. A eso se le llama disponibilidad. Y con ese «debe» no quiero decir que tenga que proporcionarnos justo lo que necesitamos, en especial si significaría dejar de lado sus necesidades; sino que debe demostrarnos que está ahí, que nos ve, que es sensible a lo que necesitamos, incluso aunque no nos lo pueda dar.

Si dudamos de la disponibilidad de nuestra pareja (siguiendo con el ejemplo, Joel da prioridad al trabajo y al móvil) y si la disponibilidad no es de calidad suficiente para satisfacer nuestras necesidades (Joel mira el móvil mientras Natalia le explica algo importante para ella y la interrumpe, con lo que da a entender que no prestaba atención plena a su discurso), será muy difícil que experimentemos seguridad emocional. Y digo que será difícil, y no imposible, porque Joel puede aprender a compensar la ruptura del vínculo, puede aprender a estar disponible y repararlo restaurando la conexión.

RESTAURAR LA CONEXIÓN TRAS UN EPISODIO DE NO DISPONIBILIDAD

Incluso si no hemos estado ahí cuando nuestra pareja nos necesitaba de forma puntual, las siguientes sugerencias pueden convertirse en buenas aliadas:

- «Perdona, cariño, estaba pensando en otra cosa. ¿Qué me decías?».
- «Discúlpame, tenía la mente en otra parte; continúa, por favor. Te escucho».

Por supuesto, las palabras vacías de nada servirán. Bueno, sí, de algo sí: agravarán la sensación de no disponibilidad y menoscabarán la confianza de nuestra pareja. Por eso es importante que prestes mucha atención a las siguientes interacciones y hagas gala de tu disponibilidad para con sus necesidades emocionales.

Ahora bien, es posible que el problema venga de lejos: me gustaría decirte que sí, que revertir un patrón es fácil, pero lo cierto es que no. Mensajes como los siguientes pueden ayudarte a dar el primer paso:

- «Sé que llevo una temporada más ausente de lo habitual y que no he estado ahí cuando me has necesitado. Ahora soy consciente de lo importante que es para ti y de que te he fallado. Por eso quiero cambiarlo».
- «Me doy cuenta de que estos meses he estado sin estar. Te pido perdón. Antes no lo veía, pero ahora entiendo lo importante que es para ti y para la relación que yo esté más presente. Sé que no podré compensar mi ausencia, pero me gustaría demostrarnos a los dos que puedo aprender a hacer las cosas de forma distinta».

¿Y después? Después te toca armarte de grandes dosis de constancia y trabajar el músculo de la disciplina para que el mensaje se convierta en una realidad y que estas disculpas no se queden en palabras, sino que se conviertan en un cambio que hable por sí solo. Así que ahora te toca a ti: adelante, demuestra a tu pareja que sabes cómo estar ahí.

«¿Y qué pasa si mi pareja no quiere estar ahí? ¿Qué sucede si ambos tenemos ideas distintas de lo que significa estar ahí?», te estarás preguntando. Pues pasa que nos encontraremos en un siguiente nivel de dificultad. ¿Qué te parece si te facilito una guía de los puntos que abordar, tanto en una conversación con tu pareja como en conversaciones previas y posteriores con tu almohada?

«¿PODEMOS COMPATIBILIZAR NUESTRAS NECESIDADES RESPECTO A DISPONIBILIDAD?»

1. Siéntate contigo mismo y pregúntate, en un ejercicio de honestidad, qué significa para ti que tu pareja esté disponible, que esté ahí. Otra vez estamos hablando en términos abstractos, lo sé. Déjame que te eche una mano: ¿por qué no pruebas a buscar ejemplos de situaciones en las que sentiste que tu pareja no estaba ahí y otras en las que sí sentiste que se mostraba disponible?
2. Siéntate con tu pareja y pon sobre la mesa tus conclusiones. Coméntale que utilizarás ejemplos del pasado no para echarle nada en cara, sino para que entienda mejor qué necesitas.
3. Sugiérele que recoja tus necesidades y valore, también en un ejercicio de honestidad, si puede satisfacerlas. Tratad de huir del «sí» y el «no», y de las dicotomías en general, y usad ejemplos para aumentar las probabilidades de entenderos.
4. Haced lo mismo girando los papeles: en una muestra de buena voluntad, y siempre teniendo en mente que las relaciones son una calle de doble sentido, pregúntale a tu pareja de qué manera necesita que tú estés disponible, y si se aleja de tu forma de mostrarle disponibilidad hasta ahora.
5. Finalmente, reflexiona: ¿tu pareja puede estar ahí tal y como tú necesitas? ¿Lo que puede ofrecerte te encaja con lo que precisas? Podemos ser flexibles y adaptarnos a lo que nos puede ofrecer nuestra pareja, sí, pero en ese caso conviene que te preguntes si, para adaptarte, estarías haciendo renuncias. ¿Dónde quedarían tus necesidades? Y viceversa: ¿puedes proporcionarle a tu pareja aquello que necesita para sentir que estás ahí? Para ello, ¿deberías hacer renuncias? ¿Dónde quedarían tus necesidades? ¿Y las suyas?

VALIDACIÓN EMOCIONAL: «¿ACEPTARÁS CÓMO ME SIENTO?»

En el primer capítulo ya hablamos sobre la importancia de aceptar y validar las emociones y necesidades emocionales en la pareja. Y es que uno de los aspectos más difíciles de la validación emocional es la tarea de aceptar: aceptar que nuestra pareja tiene unas emociones distintas a las nuestras, incluso unas necesidades emocionales contrapuestas.

Esto mismo trabajamos con Gerry y Hugo. Para Gerry, validar la experiencia de Hugo significaba darle la razón o, peor aún, ocasionar un conflicto. En consecuencia, para Hugo las interacciones con su pareja suponían un tira y afloja, una competición en la que se convertían en rivales para ver quién llevaba razón.

Para Gerry, aceptar la experiencia emocional de Hugo era como reconocer que su versión era la buena y que él estaba equivocado. Nada más lejos de la realidad: validar no va de dar la razón a la otra persona ni de perderla; podemos incluso validarla cuando no estamos de acuerdo con ella o cuando creemos que ha tomado una mala decisión.

Validar consiste en aceptar el relato del otro y, desde ahí, intercambiar perspectivas y poder llegar a un acuerdo, si es necesario. Así se promueve un intercambio honesto desde la apertura, la vulnerabilidad y la aceptación, que dota al vínculo de mayor intimidad y seguridad.

Gerry no estaba convencido del todo, pero empezaba a interesarse en aprender a validar.

—¿Y cómo puedo saber que estoy invalidando?

—Es probable que estés invalidando si te centras más en quitarle hierro al asunto, en defenderte, en tener razón, en aleccionar, en ofrecer soluciones y en demostrar que la otra persona no ha actuado de la mejor manera que en prestar atención a cómo se siente o en tratar de entender las necesidades emocionales que deja entrever durante la interacción —le respondí.

—Entiendo. Y si no estoy de acuerdo, ¿cómo puedo mostrarlo? —preguntó.

—Puedes mostrar tu desacuerdo *a posteriori*. Pero antes escucha a Hugo. Trata de entenderlo y transmítele que su experiencia emocional no es un problema, incluso si sabes que tú te sentirías de manera distinta, incluso si sus emociones te incomodan, incluso si requieren entablar conversaciones incómodas —le aclaré.

—Uf, qué complicado. ¿No tienes algún truco para *dummies*? —bromeó.

—Más o menos —le contesté—. Puedes empezar por integrar qué respuestas son validantes y qué respuestas surten el efecto contrario; y puedes usar las primeras en detrimento de las segundas. Este podría ser un muy buen primer paso.

VALIDACIÓN AUTOMÁTICA

Puede que, como Gerry, todavía no domines el arte de la validación. ¡Sin problema! Puedes empezar por actuar como si lo dominaras.

- «Te creo».
- «Tu reacción tiene mucho sentido».
- «Debiste de sentirte muy dolido para actuar así».
- «Entiendo que te sintieras de esta forma».
- «Comprendo tu reacción».
- «Me resulta interesante conocer cómo te sientes».
- «Gracias por compartirlo conmigo».

En un segundo momento, trata de validar sintiéndolo de forma cien por cien auténtica y consciente, no tan automatizada. Puedes preguntarte: «¿Por qué creo que mi pareja se siente así?». Y, si no hallas respuesta, pregúntaselo abiertamente:

- «¿Me ayudas a entenderte? Explícame: ¿cómo lo has vivido?».
- «Dime, ¿cómo te sentiste? ¿Qué te llevó a actuar de este modo?».

Mantén esta postura aun si la respuesta emocional de tu pareja tiene que ver con tu persona y te incomoda. Incluso entonces —especialmente entonces— sostén esa incomodidad:

- «No me he dado cuenta de que te estaba haciendo daño. No quiero que se repita. ¿Me ayudas a entender qué te ha llevado a sentirte así?».
- «Por tus palabras parece que te has enfadado conmigo, pero no soy capaz de ver qué es lo que he dicho o hecho. ¿Me ayudas?».
- «Tus emociones tienen mucho sentido (incluso si requieren que hablemos de un problema que yo no veo como tal). Dime, ¿qué te ha hecho sentirte así?».

Todo lo anterior debe acompañarse de una mirada cálida de aceptación, una de esas que abrazan sin abrazar.

—Te voy a ser honesto. Me parece un trabajo muy costoso. Si tú crees que puede ayudarnos, lo haré —dijo Gerry mirándome a los ojos—. La relación me importa. Hugo me importa muchísimo. Siempre está ahí cuando le necesito. Quiero saber estar para él como él necesita. Quiero que esté bien. Quiero que estemos bien, *I promise* —concluyó mirando a Hugo con ojos vidriosos y cogiéndolo de la mano.

Gerry se había mostrado vulnerable por primera vez. Íbamos por buen camino.

Acabamos la sesión con un compromiso: a partir de ese momento, Gerry intentaría apostar por afirmaciones como: «No sabía que te sentías así», «Gracias por compartir cómo te sientes», «¿Cómo te hace sentir esto?», en vez de optar por viejos conocidos como: «Estás muy equivocado», «Eso no ha sucedido así», «Parece que todo lo hago mal», «¿No crees que estás exagerando?».

Agradecí a Gerry su buena predisposición y reforcé que hubiera bajado sus barreras y se hubiera mostrado vulnerable.

GESTIÓN Y REGULACIÓN EMOCIONAL: «¿PUEDO DECIDIR CÓMO RESPONDER O MIS EMOCIONES ESCOGEN POR MÍ?»

Al contrario de lo que mucha gente cree, gestionar las emociones no significa no sentirlas o acallarlas, sino ser capaces de sostenerlas y regularlas por medio de herramientas y estrategias, tanto conscientes como inconscientes, que nos permitan modular nuestra experiencia emocional.

La regulación emocional es un pilar fundamental en las relaciones, pues de la capacidad para regularnos de forma sana dependerá lo saludables que sean las dinámicas que se den en ellas.

Regularnos de forma sana significa que las emociones no nos desbordan; al menos, no tanto como para no ser capaces de pensar sobre nuestro estado fisiológico, mental y emocional, y poder escoger de forma consciente qué estrategia utilizamos para calmarnos.

Eso lo conocemos como **nivel óptimo de activación**. Vamos a servirnos de una metáfora para entenderlo mejor, ¿te parece?

Imagina que tu sistema nervioso pudiese representarse con un cuentarrevoluciones de coche. El nivel óptimo de activación estaría entre 1.300 y 1.500 revoluciones, con una **ventana de tolerancia** de 1.300 a 2.000 o de 1.500 a 3.000, según si fuera diésel o gasolina.

Si nuestro nivel óptimo de activación tiene poco margen, si nuestra ventana de tolerancia es pequeña, tan pronto como experimentemos cambios a nivel fisiológico, mental o emocional, los percibiremos como algo incontrolable y nos llevarán a **desregularnos**. Pero ¿qué significa desregularse? Veámoslo.

Cuando la situación nos abruma, las emociones nos desbordan y el sistema nervioso entra en modo supervivencia, se **hiperactiva**; en otras palabras, aumentan las revoluciones y nos acercamos peligrosamente a los límites superiores de la ventana de tolerancia (algo así como acercarse a la línea roja del cuentarrevoluciones). ¿Cuál es el resultado? Estamos más susceptibles y reactivos, no podemos pensar con claridad y apostamos por estrategias del tipo lucha y huida como las que hemos comentado en el capítulo anterior.

Pero la cosa no acaba aquí: también es posible que, cuando el sistema nervioso entre en modo supervivencia, se **hipoactive**, es decir, que las revoluciones bajen hasta el punto de adormecer nuestras emociones, nos volvamos incapaces de procesar la información con normalidad y nos quedemos (prácticamente) paralizados.

Ya te habrás dado cuenta: las respuestas de lucha, huida o parálisis no son buenas consejeras a la hora de resolver los conflictos que pueden surgir en una relación de pareja, sino que nos hacen actuar por instinto, y **nuestro instinto es protegernos** (profundizaremos en ello en el próximo capítulo). Por eso es importante conocerlas, para identificarlas, y tomar las medidas oportunas para recuperar el equilibrio o ayudar a nuestra pareja a recuperarlo.

En este sentido, si cuando estamos empezando a desbordarnos acudimos a nuestra pareja en busca de consuelo y esta nos lo proporciona, será altamente probable que nos quedemos dentro del nivel óptimo de activación y que, con el tiempo, nuestra ventana de tolerancia sea cada vez más amplia: nuestro cerebro entenderá que la relación es un lugar seguro a pesar de que experimentemos emociones incómodas.

En cambio, si nuestra pareja también se desborda emocionalmente y se desregula, aumentarán las probabilidades de que nos alejemos del nivel óptimo de activación y apostemos por estrategias poco sanas para recuperar la seguridad: o bien insistiremos para conseguir aquello que necesitamos (que nos calmen), o bien nos desactivaremos en un intento de dejar de sentir (para protegernos).

¿Te recuerda a algo? Apuesto a que sí: a las estrategias que utilizamos para recuperar la seguridad, según nuestro estilo de apego.

La regulación emocional no consiste en convertirse en una persona inalterable, sino en gestionar los estados emocionales de tal manera que podamos decidir por qué estrategias apostar para calmarnos y recuperar el equilibrio.

¿Y cómo se relacionan regulación y seguridad? Verás, cuanto más nos vinculemos desde la seguridad (cuanta más tendencia segura tenga nuestro estilo de apego), más capaces seremos de autorregularnos (regular nuestros propios estados emocionales).

Tratemos de entender por qué apostamos por unas estrategias u otras yendo al origen: ¿te has fijado en que, cuando los niños pequeños se tropiezan y se caen, a menudo miran a sus cuidadores y, en función de cómo reaccionen, opten por una respuesta o por otra? Verás, cuando somos pequeños el mundo es un gran territorio desconocido para nosotros. No sabemos cómo interpretar aquello con lo que nos encontramos; tampoco lo que nos sucede ni lo que sentimos. Una de las funciones de las figuras de apego es acompañarnos a explorar el mundo que nos rodea, y a conocernos y autogestionarnos en el proceso.

Las respuestas de nuestros cuidadores nos ofrecen información sobre cómo de peligrosa, incontrolable y desbordante es una situación, a la vez que nos ayudan a identificar y regular nuestras propias emociones con sus respuestas, empleando la **heterorregulación**.

La heterorregulación, el proceso a través del cual nuestros cuidadores nos guían en la regulación de las emociones, finaliza con éxito si con el paso de los años y a través de las interacciones con nuestros cuidadores somos capaces de regular nuestras propias emociones en el proceso conocido como **autorregulación**.

Eso solo es posible si nuestros cuidadores son capaces de regular sus propias emociones (autorregularse), si están disponibles y si son sensibles a nuestras necesidades, todo ello de forma consistente y mantenida en el tiempo. ¿Te recuerda a algo? Seguro que sí: a la fórmula de la seguridad emocional. Y no, no es casualidad: la autorregulación es característica del estilo de apego seguro.

Sin embargo, si nuestras figuras de apego no estaban disponibles como necesitábamos, ni de forma consistente ni en suficientes ocasiones para que aprendiéramos a regular las emociones a través de la interacción con ellas, o bien no contaban con estrategias propias de autorregulación, no hemos tenido la oportunidad de aprender a autorregularnos mediante la **corregulación**.

Como ya hemos visto, la corregulación consiste en regular las emociones de la mano de otra persona, alguien capaz de regular sus propias emociones y nos proporcione una respuesta de calma y seguridad, algo así como: «Todo está bien». Pero si nuestra figura de apego no está ahí para acompañarnos a corregularnos, insistiremos hasta que logremos que nos ayude a hacerlo, o bien simplemente trataremos de evadirlas distanciándonos física y/o emocionalmente, en cuyo caso hablaremos de ausencia de regulación.

Las estrategias anteriores suelen ser características de los estilos de apego inseguros. Pero ¿significa eso que alguien con un estilo de apego seguro siempre siempre siempre gestiona las emociones de forma sana y constructiva? No del todo. Recordemos que los estilos de apego son patrones que recogen una predicción probable de conducta, pero eso no significa que respondamos en función de ellos en todas y cada una de las situaciones. Eso denota que en algún momento todos nosotros necesitaremos, en menor o mayor medida, incluso si nuestro estilo de apego es seguro, que nuestra pareja nos ayude a regularnos a través de la corregulación emocional.

¿Por qué es importante este concepto? ¿Cómo afecta a las relaciones de pareja?

Según algunos autores, las relaciones de pareja funcionan como una díada con patrones oscilantes entre **activación afectiva y amortiguación**, que permite mantener el equilibrio emocional del vínculo y de los integrantes. Estos autores nos hablan de la corregulación.

La corregulación es la capacidad de identificar y comprender los estados emocionales propios y ajenos (a través de los mensajes verbales, de los gestos, de la expresión facial, del tono de voz...), y de gestionar las propias emociones para influir de forma positiva en las de la pareja, ayudándola a recuperar el equilibrio.

El trabajo realizado en consulta con Noelia y Jon nos permitirá ver la corregulación en pareja en acción. ¡Vamos a ello!

Noelia tiene una relación complicada con su madre: cuando se discute con su padre, esta la llama y se pasa horas al teléfono quejándose de su matrimonio. Noelia ha probado de todo: aconsejarla, hablar con ella y con su padre, recomendarle que vaya a terapia..., sin éxito.

Hace tiempo que Noelia siente que no puede seguir así. Esta situación le está afectando a nivel emocional y hace ya unas semanas que intenta establecer límites. También sin éxito. De hecho, cuando los pone sobre la mesa, se enfrenta a chantajes emocionales y palabras que la hieren profundamente.

El lunes pasado, cansada de que sus límites no se respetasen y a sabiendas de que no podía seguir sosteniendo más dolor, decidió hacer las cosas de forma distinta y, antes de entrar en las dinámicas de siempre, reiteró sus límites; como estos no se respetaron, acto seguido avisó a su madre de que iba a poner fin a la llamada de forma unilateral. Y así lo hizo.

Nada más colgar, a Noelia la invadió el miedo a las represalias. Ese miedo la conectó con cómo se sentía de pequeña y fue corriendo al comedor, donde estaba Jon, su pareja, en busca de consuelo. Cuando cruzaron la mirada rompió a llorar desconsoladamente.

Valoremos las opciones de Jon:

1. «¿Otra vez con lo mismo? ¿Es que esta señora no nos va a dejar en paz? Esto no puede ser, Noelia; tienes que hacer algo al respecto. Te afecta a ti y me afecta a mí. Estoy harto de verte mal. Nos está amargando la vida...».
2. Se levanta enseguida dejando lo que estaba haciendo, se dirige hacia Noelia y la abraza.

Dime: si tú fueses Noelia, ¿con qué opción te sentirías más acompañado y con cuál obtendrías el consuelo que fuiste a buscar?

Al principio del proceso, Jon apostaba por la primera opción: harto de las eternas llamadas de su suegra, del impacto que tenían en Noelia y de que esta no le pusiera límites, saltaba. Criticaba la actitud de Noelia y le recordaba que no podía seguir así, como si sus palabras fueran a conseguir que la situación de Noelia diese un giro de ciento ochenta grados por arte de magia. En realidad, la situación empeoraba: a Noelia le resultaba todavía más difícil recuperar el equilibrio emocional.

Tras varias sesiones trabajando las dinámicas de pareja y tratando de que Jon entendiera la complejidad de la relación entre Noelia y su madre, ahora apuesta por la opción número 2: no dice nada; simplemente le ofrece a Noelia lo que necesita en ese momento.

La situación sigue dándole mucho coraje, sí, pero entiende que, si responde con rabia y enfado, las cosas empeoran. Ha aprendido a sostener la incomodidad y, desde que apuesta por la opción número 2, Noelia se siente más capaz de poner límites a su madre.

¿Imaginas cómo reaccionaba Noelia antes?

«Joder, Jon, gracias. Justo lo que necesito. ¿No ves cómo estoy? Ya tengo suficiente con mi madre... Me gustaría saber que puedo contar contigo. Pero ya veo que no es así». Esa era su respuesta. El disgusto le duraba horas y la relación se veía claramente afectada.

¿Imaginas cómo reacciona ahora Noelia?

Se queda en los brazos de Jon llorando unos minutos. Cuando se separa, Jon le pregunta, a la vez que intenta establecer contacto visual:

—Amor, ¿estás más tranquila?

Ya no la sostiene entre sus brazos, pero su voz y su mirada siguen abrazándola.

Noelia, con los ojos hinchados y todavía deshecha, asiente y, cuando consigue reunir fuerzas, responde:

—Sí, gracias, cariño. No sabes lo bien que me ha venido tu abrazo. Voy a salir a correr un rato, ¿vale? A ver si me despejo...

Con la nueva respuesta de Jon, la situación no solo no se eterniza, sino que ambos se sienten más cerca: están **en sintonía** y su relación se afianza. Además, Noelia se vuelve más resiliente: ya no necesita hablar del tema durante horas para digerir sus emociones; ahora le basta con un abrazo y unos kilómetros corriendo, y, algo muy importante, se siente capaz de explorar nuevos territorios o, lo que es lo mismo, poner límites a su madre.

¿Qué sucede entre Noelia y Jon? Están en sintonía, construyendo juntos la díada **activación-amortiguación** de la que hablábamos. ¿Cómo? A través de conductas microscópicas que pueden pasarnos desapercibidas: Jon se levanta enseguida dejando lo que tiene entre manos (demuestra disponibilidad), se acerca a Noelia (exhibe accesibilidad), la abraza (le transmite que está ahí, desde el contacto físico) y le da tanto espacio como necesita (no tiene prisa), hasta que Noelia recupera suficiente estabilidad emocional para seguir gestionando sus emociones, esta vez autorregulándose. Y que sea capaz de poner más límites a su madre y recuperar el equilibrio cada vez más deprisa no es casualidad, sino resultado de que la corregulación sostenida en el tiempo se traduce en autorregulación adquirida.

Un vínculo seguro con nuestra pareja puede ayudarnos a recuperar un estado emocional de equilibrio cuando las emociones nos sobrepasan. En esto consiste la corregulación, y tiene lugar si uno de los miembros es capaz de autorregularse y transmitir calma y presencia al otro.

Ahora bien, esto es un arma de doble filo; por eso, si tu pareja se siente desbordada, es muy importante no contribuir al caos, sino responder con grandes dosis de calma.

CORREGULACIÓN FÁCIL Y SINTONÍA EN 3, 2, 1...

Acompañar a nuestra pareja en su proceso de regulación emocional no es tan difícil como parece; basta con:

- Mirarla a los ojos.
- Usar un tono de voz calmado, amoroso y cercano; si tenéis apodos («cielo», «amor», «vida», «peque», «bicho», «osito»...), utilízalos.
- Respirar profunda e intencionalmente con ella: «Ven, siéntate aquí conmigo; vamos a trabajar la respiración juntos».
- Iniciar contacto físico (abrazos, caricias, masajes, daros las manos...): «Anda, ven, que te achucho», «Me nace darte un abrazo, ¿puedo?».
- Sentarte cerca de ella: «¿Te importa si te hago compañía?» (mien-

tras llora), «Yo me siento aquí a tu lado, bien cerquita, por si me necesitas».

- Usar palabras mágicas como: «Estoy aquí», «Puedes contar conmigo», «Vamos a encontrar una solución», «Somos un equipo, ¿recuerdas?».

Importante: no te olvides de validar a tu pareja.

Las acciones anteriores os ayudarán a reforzar vuestra sintonía emocional. Sin embargo, no debemos dejarlo todo para el último momento: ¿por qué no nos anticipamos?

Todos sentimos que nuestro equilibrio emocional se ve amenazado por situaciones específicas: con familiares, con nuestros supervisores en el trabajo, con amistades, con nuestra pareja... Sería genial que fueras consciente de qué situaciones o personas te dificultan la tarea de mantenerte dentro de tu ventana de tolerancia, y que eso constituyese la base de una conversación enriquecedora con tu pareja.

BONUS TRACK
UN REVESTIMIENTO PARA LA VENTANA DE TOLERANCIA

¿Qué situaciones o personas suelen ponerte más difícil que te mantengas dentro de los márgenes de tu ventana de tolerancia? En otras palabras: ¿qué situaciones o personas suelen desestabilizarte emocionalmente? Recoge las ideas que te vengan a la cabeza. Puedes compartir tu lista con tu pareja y sugerirle que haga lo mismo:

«Cariño, he pensado que, para gestionar mejor los momentos de tensión, estaría bien que fuéramos conscientes de las situaciones o las personas que suelen sacarnos de nuestras casillas. Si yo soy consciente de mi parte, prestaré más atención y trataré de que el impacto emocional no afecte a nuestra relación. Y, si soy consciente de tu parte, pondré especial esmero en proporcionarte lo que necesitas en las situaciones más delicadas para ti. ¿Cómo lo ves?».

RESPONSABILIDAD AFECTIVA: «¿NOS TRATAMOS CON RESPETO Y CUIDADO MUTUO?»

Que nuestras palabras y acciones tienen impacto en los demás no es nada nuevo. Sin embargo, a veces actuamos de tal forma que parece que se nos olvida por completo. Por eso es importante que la responsabilidad afectiva defina las interacciones que se dan dentro de nuestros vínculos y, en concreto, en las relaciones de pareja.

La responsabilidad afectiva es un acto de respeto y cuidado, y parte de la base de que las personas implicadas en el vínculo se influyen mutuamente y experimentan las consecuencias de las acciones y las palabras de los otros.

La responsabilidad afectiva se caracteriza por ser conscientes del impacto emocional que tienen nuestras palabras y acciones en los demás.

Vamos a ver algunos ejemplos concretos, ¿te parece?

David estará siendo afectivamente responsable si, en las primeras citas con Rocío, pone sobre la mesa que busca una relación con compromiso. Rocío, por su parte, estará siéndolo si manifiesta que ella no busca lo mismo, y ambos lo serán si actúan en consecuencia (no hacer planes de futuro, no generar falsas expectativas, no cambiar de idea sin cesar…).

Ximo mostrará responsabilidad afectiva si, cuando está conociendo a Rebeca y esta le pregunta si le gustaría tener hijos, le dice que no quiere o que no lo tiene claro; en todo caso, si no le responde que sí o con un «Bueno, ya lo hablaremos» cuando en su fuero interno la respuesta es otra.

Valeria mostrará responsabilidad afectiva cuando, en vez de apostar por las pullitas y los reproches, ponga sobre la mesa algo que le ha molestado: «Paula, me molesta que digas que te da igual el plan que hagamos y que, después, te pases todo el día criticando mi elección». Y Paula, por su parte, la mostrará si, en vez de decir «Me da igual» y, después, criticar de forma poco constructiva o poner cara de desaprobación, habla abiertamente de lo que le apetece.

Ainhoa actuará de forma afectivamente responsable si pone límites a Rafa en vez de estar de morros y liderando un silencio incómodo. Rafa actuará de forma responsable cuando se tome en serio los límites de Ainhoa y haga todo lo posible por respetarlos o, si no está de acuerdo, abra un espacio de negociación en el que predominen **respeto, asertividad, empatía y seguridad**.

Expresar lo que necesitamos, poner límites, ser claros y honestos... Ya ves que la responsabilidad afectiva no va de callarse para no herir al otro. De hecho, eso sería poco responsable para con uno mismo, ¿no crees? Te pongo un ejemplo de esta situación llevada al extremo: Maribel siente que debe poner fin a su relación de pareja, pero no sabe cómo. O, mejor dicho, no sabe cómo cortar sin hacerle daño a Martín.

En realidad, poner fin a una relación de forma unilateral y no hacer daño (entendiendo, por ello, que la otra parte no sufra) es imposible. Ahora bien, podemos tratar de ocasionar el menor daño posible. ¿Cómo? Haciendo gala de **honestidad** y empatía, y tratando este tema con la **delicadeza** y el **tacto** que merece.

Responsabilidad afectiva no significa no causar malestar (hay dolor e incomodidad que son inevitables e inherentes a la naturaleza de las conexiones), sino no causar daño innecesario, un daño que trataremos de evitar siempre que nos sea posible.

Como en el caso de Maribel, estaremos interpretando de manera errónea la responsabilidad afectiva si la entendemos como el acto de responsabilizarnos de las emociones de nuestra pareja. Si esto sucede, nos colocamos en una situación injusta para nosotros mismos; una situación que, probablemente, nos alejará de nuestras propias necesidades emocionales. Voy a ponerte un ejemplo más: Vanesa y Luismi están a punto de coger el coche para irse de vacaciones. Luismi le está dando prisa a Vanesa: le pone nervioso tener que esperar. Vanesa hace recuento de las bolsas para asegurarse de que no le falta nada y, sin darse cuenta, tropieza con el asa de una maleta y cae.

Se tuerce la muñeca. Le duele. Mucho.

Luismi corre a socorrerla:

—Cariño, ¿qué te ha pasado? Joder... Ha sido por mi culpa. No debí darte prisa. ¡Qué egoísta soy! Lo siento mucho... ¿Puedes mover la mano? ¿Te duele?

Luismi se siente culpable. Vanesa no quiere que se sienta mal, así que le responde:

—No, tranquilo, estoy bien.

Vanesa no es honesta con su pareja por una simple razón: no quiere que se sienta culpable.

En consulta, Vanesa me cuenta que estuvo todo el viaje desde Madrid hasta Santander con un dolor intenso en la mano que se extendía por el brazo. Pero no le dijo nada a Luismi. Es más, cuando este le preguntaba preocupado, ella le decía que todo estaba bien, que no hacía falta ir al médico.

¿Qué ocurrió? Luismi se responsabilizó del tropiezo de Vanesa. Y Vanesa se hizo cargo de las emociones de Luismi, intentando que no se sintiera culpable. En realidad, Luismi no tenía la culpa de la caída, pero sí era el responsable del sentimiento de culpa que se le despertó. De igual forma, tampoco correspondía a Vanesa liberarle de ese sentimiento, sobre todo si significaba tener que omitir sus necesidades.

Podríamos resumirlo de la siguiente manera: si me sobrerresponsabilizo de los demás y me hago cargo de aquello que no me corresponde, desatiendo mis necesidades y me dejo de lado. Y, si no me responsabilizo de mis palabras y acciones, son los demás quienes deben responsabilizarse de mi parte y corro el riesgo de traspasar sus límites e ignorar sus necesidades. Una vez más, en el equilibrio está la clave. Asumir nuestra parte de responsabilidad nos permite respetar y honrar a nuestra pareja y sus necesidades. Y no asumir una parte de responsabilidad que no nos corresponde nos libera de una carga que no es nuestra y que, con el tiempo, se traducirá en una relación desequilibrada en la que el desgaste y el rencor estén demasiado presentes.

No eres responsable de cómo se siente tu pareja, pero sí de tus acciones y palabras. Esto significa hacerte cargo de tus emociones, a la vez que eres consciente de tu capacidad de influir en su estado emocional a través de tus acciones y palabras.

Todo eso contribuye a la seguridad emocional. Pero de nuevo estamos hablando en términos abstractos. A continuación, veremos en qué se puede plasmar la responsabilidad afectiva:

- En expresar cómo te sientes, hablando desde el yo, sin culpar al otro, desde la empatía y con respeto.
- En respetar la opinión de tu pareja.
- En ser consciente de que los vínculos deben ser cuidados y honrados.
- En pedir perdón, aceptando que cometes errores y responsabilizándote de tu parte.
- En hablar con honestidad y transparencia sobre las expectativas que tienes respecto a la relación, sobre lo que buscas y lo que puedes ofrecer.

- En comprometerte a aquello que puedes cumplir y hacer esfuerzos proactivos para alcanzar los compromisos y acuerdos.
- En poner límites (propios) y respetar los de tu pareja.
- En comunicar claramente tus necesidades y no esperar que tu pareja las adivine.
- En cuidar del otro y procurar su bienestar: respetar su sufrimiento, no contribuir a él, y abrazar sus heridas y su vulnerabilidad (no usarla en su contra ni actuar de forma deliberada para empeorar su situación).
- En consensuar las prácticas sexuales y respetar el consentimiento en la intimidad física.

Lo anterior debe aplicarse a momentos determinantes de la relación (cuando estamos negociando, cuando hablamos del nivel de compromiso...) y también a los pequeños momentos del día a día. Un breve ejemplo: Carla está preparando una ensalada y le echa salsa césar. A Pep no le gusta la salsa césar. Se lo ha dicho a Carla en varias ocasiones. Ser afectivamente responsable significa entonar un: «¡Ostras!, no me he dado cuenta; lo siento, cari. Mira que me lo has dicho veces, ¿eh? Pero lo he hecho sin pensar». En todo caso, significa evitar mensajes como: «¡Qué tiquismiquis eres, de verdad!» o bien «¿Y por qué no me lo dices antes?». O todavía peor: «¿Cómo quieres que lo sepa si no me lo dices?».

Actuar de acuerdo con la responsabilidad afectiva es especialmente difícil si, en primer lugar, no sabemos identificarla y, en segundo lugar, las emociones nos desbordan. Por esta razón es muy importante que tengas en mente algunos ejemplos para identificar enseguida cuándo estás actuando bajo el paraguas de la responsabilidad afectiva.

Las siguientes acciones constituyen todo un obstáculo para la seguridad emocional; préstales mucha atención:

- Ponerse a la defensiva: «¡Pues anda que tú!», «¡Mira quién habla!».
- Culpar al otro por lo que sientes: «Por tu culpa ahora me siento mal».
- Culpar al otro de tus errores: «¡Mira cómo me haces actuar!», «¿Has visto cómo me he puesto por tu culpa?».
- No hacerte cargo de tu parte de responsabilidad: «Si me hubieras avisado, no habría pasado».
- Juzgar a tu pareja: «Eso son tonterías», «No seas ridículo».
- Criticar al otro: «¡¿Cómo puedes ser tan quejica?!».
- Usar etiquetas en vez de describir acciones: «Eres un desastre».
- Invalidar las emociones de tu pareja: «No hay para tanto; ha sido un simple comentario».
- Manipular y hacer chantaje: «Si me quisieras de verdad, lo harías por mí», «Ya veo cuánto te importo», «Yo por ti lo haría».
- Interrumpir la comunicación y no dirigirle la palabra. (Si necesitamos un tiempo para pensar, debemos pedirlo explícitamente, procurando mantener la seguridad en el vínculo).
- Vulnerar los límites establecidos con anterioridad.
- Usar expresiones que anuncian el final de la relación a la ligera (sin una intención clara de ponerle fin): «Quizá deberíamos romper», «Ya no aguanto más», «Se acabó, lo dejamos».

Lo opuesto a actuar según las líneas anteriores implicaría actuar en función de la responsabilidad afectiva y hacerte cargo de tu parte. ¿Cómo? Puedes empezar por integrar las siguientes oraciones en las interacciones con tu pareja.

HAZTE CARGO DE TU PARTE

Asegúrate de emplear las siguientes oraciones cuando sea necesario:

- «Me he equivocado, lo lamento».
- «Te pido perdón. No me he dado cuenta».
- «Lo he hecho sin la intención de hacerte daño. Ahora ya sé que te molesta. No volverá a suceder».
- «Perdón».
- «Honestamente, se me ha olvidado por completo».
- «No he caído en contemplar esta opción».
- «Estoy de acuerdo: mi elección de palabras ha sido desafortunada, te pido disculpas».
- «La próxima vez intentaré actuar de forma distinta».

Importante: ya sabes, las palabras se las lleva el viento; por eso es necesario que actúes en consecuencia.

Pero la cosa no acaba aquí: la responsabilidad afectiva también se aplica a uno mismo. Por eso, incluso supone un suspenso en responsabilidad afectiva cuando la llevamos al otro extremo; en el momento que:

- Permitimos que se sobrepasen los límites o, simplemente, no los ponemos.
- Nos hacemos cargo del sufrimiento de nuestra pareja y nos apropiamos de emociones ajenas: «Te sientes así por mi culpa». Matiz importante: una cosa es procurar su bienestar, no contribuir a su sufrimiento y aliviarlo en la medida de lo posible, y otra muy distinta es hacerlo nuestro (ponernos sobre los hombros el peso de su malestar).

- Traspasamos los límites de la autocrítica, sobrepensando nuestra implicación en las dinámicas de la relación y olvidando que somos dos.
- Asumimos una responsabilidad que no nos corresponde, comprando mensajes como «Es por tu culpa» sin cuestionar nuestra verdadera implicación y responsabilidad, sobre todo cuando eso exime a nuestra pareja de su parte y lo hacemos para evitar las consecuencias (que se enfade, que nos deje de hablar…).

Aceptar nuestra parte de la responsabilidad puede ser especialmente difícil si alrededor tenemos ejemplos de personas que sobrepasan los límites de otras o bien no ponen límites en absoluto. También puede costarnos si pedir perdón, para nosotros, supone asumir que hemos fallado y nos expone a un posible rechazo, o si entendemos las relaciones desde la fusión y la dependencia no sana, creyendo que los vínculos requieren renuncias y sacrificios. Si este es tu caso, haz de las siguientes sugerencias tus aliadas:

EMPIEZA POR AQUÍ

Cuando tu pareja ponga de manifiesto su malestar, por ejemplo su enfado:

1. Trata de adoptar una postura encaminada a entender, y no a reaccionar ni a intentar que desaparezcan las emociones incómodas.
2. Apuesta por mensajes como: «No me gusta que te enfades, pero me gustaría que compartieras tu enfado conmigo. ¿Quieres que hablemos de ello?».

De esta manera no menosprecias su malestar ni te rebotas; tampoco haces tuyo su enfado ni tratas de liberar a tu pareja de su malestar; simplemente la acompañas en el ejercicio de sostenerlo y de regular sus emociones.

Un aspecto clave de la responsabilidad afectiva es la bidireccionalidad: su propia naturaleza de **influencia mutua** conlleva que el compromiso deba darse por las dos partes, algo que puede resultar todo un reto en momentos de conflicto. Por suerte, contamos con una gran aliada: la asertividad.

COMUNICACIÓN Y LÍMITES: «¿ME COMUNICO DE FORMA ASERTIVA?»

Muchas parejas llegan a consulta siendo conscientes de que tienen un problema de comunicación. Sabemos que la comunicación es clave y nos resulta relativamente fácil detectar cuándo no está funcionando de forma del todo efectiva y sana. En estos casos, les proporcionamos estrategias para que mejoren, pero ¡sorpresa! No bastan. Es entonces cuando debemos trabajar la dimensión emocional de la comunicación.

En este libro lo hemos hecho al revés: ahora que hemos hablado de la importancia de tener presente nuestra realidad emocional y la de nuestra pareja para que la relación sea un lugar más seguro, vamos a dedicar unas líneas a la forma en que nos comunicamos.

Empecemos por el principio. Existen tres estilos de comunicación. Estoy segura de que ya has oído hablar de ellos: pasivo, asertivo y agresivo. En realidad, podríamos añadir un cuarto: el pasivo-agresivo. Como sucedía en el caso de los estilos de apego, a pesar de que solemos tener un estilo de comunicación predominante, es posible que una misma persona utilice estilos distintos según el interlocutor o la situación. Veámoslos.

ESTILO AGRESIVO

El estilo de comunicación agresivo podría describirse con un: «Esto es lo que vamos a hacer (yo decido)», «Lo que yo necesito es lo que importa», «La opinión que vale es la mía». Porque, aunque no se verbalice, es lo que transmitimos con la actitud, el tono de voz, los gestos, la expresión facial y las emociones encubiertas cuando nuestro estilo de comunicación tiene una tendencia marcadamente agresiva.

Es importantísimo que abras bien los ojos y valores si se trata de tu caso, pues a menudo no somos conscientes de que nos estamos comunicando desde este lugar. Eso es lo que le pasaba a Fabián, quien se escudaba en «Yo solo digo lo que pienso» para justificar el tono **autoritario** con el que imponía su voluntad a su pareja.

En realidad, sí, era así: Fabián decía lo que pensaba. Pero ¿cómo lo decía? ¿A qué estrategias recurría? ¿Qué expresaba y qué transmitía de forma implícita? Nati, su pareja, lo tenía muy claro:

—Yo, que me considero una mujer segura, me vuelvo pequeñita a su lado. Y no quiero eso para mí.

De hecho, venir a terapia era el último cartucho para su relación. Le pregunté a Nati qué la hacía sentir pequeñita.

—La forma en que se comunica Fabián —respondió sin dudar ni un segundo.

—¿Cómo lo hace? —le pregunté.

—Sus frases estrella son: «Porque lo digo yo», «No voy a ceder», «No digas tonterías», «Esto es lo que quiero», «La decisión está tomada», «Es culpa tuya»... Y hay un par que tengo bien grabadas en la memoria: «Deberías hacértelo mirar» y «Te pareces a tu padre». Todo esto aparece en un contexto de conflicto, o cuando le comunico lo que me molesta.

—Exacto, tú lo has dicho: si me molesta algo, tendré que decirlo, ¿no? —se defendió Fabián.

—Una cosa es decirlo, y otra muy distinta es atacar —matizó Nati.

—¿Es así como te sientes, Nati? —le pregunté—. ¿Sientes que Fabián te ataca?

No hubo espacio para su respuesta; Fabián se apresuró en dejar constancia de su punto de vista:

—No es así. Yo no te ataco. Yo te digo lo que quiero y lo que pienso. Que no te guste es otra cosa —sentenció mirando a Nati.

Se hizo un silencio incómodo.

—¿Cuál es el problema? —preguntó Fabián mirándome a mí y, acto seguido, a su pareja.

—Este es el problema: que para ti la forma en que te comunicas no es un problema —replicó ella.

El estilo agresivo deja poco espacio a las necesidades, preferencias y puntos de vista de los demás. Si nuestro estilo es agresivo, nos servimos de contundencia y **rigidez**, incluso de ciertas dinámicas de control y juegos de poder, para lograr traer a los demás a nuestro terreno y que accedan a satisfacer nuestras necesidades, renuncien a sus preferencias a favor de las nuestras o acepten nuestro punto de vista como válido. Todo eso nos aleja de la seguridad emocional.

Me gustaría decirte que las sesiones con Nati y Fabián prosperaron, pero te estaría mintiendo: a Fabián se le hacía muy difícil pensar en abandonar este estilo de comunicación y adoptar uno más respetuoso y empático; decidió no venir más a consulta. Al cabo de unas semanas, Nati me mandó un mensaje informándome de que había puesto fin a la relación de manera unilateral.

Si te cuesta ceder, si tratas de persuadir a tu pareja para que acceda a lo que tú quieres, si te cuesta contemplar sus necesidades, si solo te sientes seguro si llevas la batuta y tienes el control de la situación y de las dinámicas, valora la posibilidad de estar adoptando cierta tendencia agresiva a la hora de comunicarte.

Lo sé, el propio nombre nos echa para atrás. No creo que a nadie le guste pensar que se comunica de forma agresiva, ¿verdad? Por eso mismo, ve más allá de la etiqueta y trata de hacer un ejercicio de autoobservación… ¡y autocrítica!

Si tu estilo tiene una tendencia agresiva, probablemente:

- Das más peso a tus necesidades emocionales, preferencias y puntos de vista dentro de la relación, de forma sistemática y haciendo que la balanza se incline hacia tu persona de forma injusta para tu pareja.
- Insistes para obtener aquello que deseas, incluso si tu pareja te ha dejado claro cuáles son sus preferencias.
- Te cuesta aceptar y respetar los límites de los demás. De hecho, es posible que pases por alto sus límites y sus derechos.
- Proyectas la culpa: con tus palabras consigues que tu pareja se sienta culpable de lo que te/os sucede, sin hacerte cargo de tu parte.
- Hablas en términos absolutos que suman peso a tus argumentos: «siempre», «nunca», «todo», «nada».
- Usas los reproches, las críticas, las imposiciones y las amenazas como estrategias para pedir, de forma encubierta, lo que quieres.
- Te sirves del tono de voz, de los gestos, incluso invades el espacio personal de tu pareja, con el objetivo de imponer tu punto de vista.
- Adoptas una actitud hostil ante la crítica, aunque esta sea constructiva.

ADIÓS A…

- Las imposiciones: «Lo haremos así».
- Las amenazas: «Tú sabrás lo que haces», «Ya veremos qué pasa», «Olvídate de… si…».

- Los reproches: «Otra vez igual», «Ya deberías saberlo», «¿Cómo se te ocurre...?».
- Los juicios: «¿No te parece egoísta?».
- Las descalificaciones: «No tienes ni idea de esto», «¿Tú crees que esto es normal?».
- Los términos absolutos: «siempre», «nunca», «todo», «nada», «bien», «mal».
- Proyectar la culpa en tu pareja y no asumir tu parte de responsabilidad: «Me pones de los nervios», «Si no hubieras...», «Por tu culpa».
- Traspasar los límites de tu pareja a base de insistir o desestimarlos.
- Priorizar tus necesidades de forma sistemática por encima de las de tu pareja.

Revisa esta lista durante varios días, repasando las interacciones que has tenido con tu pareja a lo largo de la jornada, en busca de posibles estrategias que recuerden peligrosamente al estilo de comunicación agresivo.

Es posible que, a pesar de que tengas un estilo de comunicación agresivo, no seas consciente de las consecuencias negativas que acarrea para tu relación de pareja. Quizá incluso creas que solo estás expresando tu postura y que tu pareja acaba cediendo porque logras convencerla. ¡Cuidado! Puede que detrás de esta dinámica se esconda el miedo. Sí, el miedo a tu reacción si te lleva la contraria, o el miedo a que se detone un conflicto que no sepáis resolver de forma sana. De hecho, es probable que aparezca esta sensación de conformidad si el estilo de comunicación de tu pareja es (o ha devenido) un estilo pasivo.

ESTILO PASIVO

El estilo pasivo puede resumirse en una frase: «Si a ti te parece bien, a mí también». No cabe duda: el estilo pasivo evita conflictos y esto es algo que, *a priori*, resulta atractivo. Pero, como hemos visto a lo largo de este libro, a la hora de la verdad no lo es tanto, sobre todo si el precio que pagamos es **empequeñecernos** y tener **relaciones unidireccionales** —y, por lo tanto, poco seguras— por no expresar nuestras emociones, necesidades y puntos de vista.

¿Cómo se manifiesta un estilo predominantemente pasivo?

- Crees que es mejor no expresar tus necesidades o te resulta muy difícil.
- Tienes dificultad para poner sobre la mesa tu opinión.
- Cuando compartes tu punto de vista y alguien te lo rebate, cedes con facilidad.
- Priorizas las necesidades, preferencias y puntos de vista de los demás, incluso si tienen una repercusión negativa para ti.
- Con tal de evitar el conflicto, prefieres salir perdiendo.
- Sueles actuar de forma demasiado complaciente (estás dispuesto a desatender tus necesidades si eso significa satisfacer las de los demás).
- Asientes y callas para evitar que te juzguen, critiquen o rechacen.
- Evitas mostrar emociones como el enfado o la desaprobación.
- Sueles permitir quejas, críticas o reproches, incluso cuando no están justificados.
- Emociones como el resentimiento, la frustración y la impotencia están presentes en tus relaciones y son la consecuencia directa de que tus necesidades no se satisfagan ni se contemplen.

Bruno acude a consulta para trabajar su autoestima.

—No tengo voz. No soy capaz de decir lo que siento ni de expresar mi opinión o mis preferencias —comentó.

Le pido que comparta conmigo situaciones concretas en las que se ha sentido así.

—Mira, te pongo un ejemplo reciente: estamos esperando un bebé y el otro día Suki, mi pareja, me preguntó de qué color prefería pintar la habitación de la niña. Le dije que del color que ella quisiera. En realidad, yo quería pintarla gris perla, pero, en vez de decírselo, le respondí con un: «Me da igual; decide tú, cariño». Terminamos pintando la pared de color melocotón.

—Entiendo. ¿Y cómo te sentiste? —le pregunté.

—Mal. Porque no fui capaz de comunicar lo que yo quería para la habitación de mi hija.

—Cuando dices «mal», ¿a qué emociones te refieres? —le pedí que concretara.

—En ese momento estaba enfadado conmigo mismo por no poder expresar lo que quiero. Y esto te va a parecer un sinsentido, pero siento que le guardo cierto rencor a Suki. Y sé que ella no lo merece, porque siempre me pregunta cómo lo veo, está pendiente de mí y valora mis aportaciones. ¡Si ya lo sé! Soy yo quien tiene el problema… —respondió Bruno con resignación y dirigiendo la mirada al suelo.

El enfado y el rencor esconden necesidades no expresadas, no vistas y no reconocidas.

—¿El enfado contigo mismo y el rencor con otras personas aparecen a menudo en tu vida, y en otros ámbitos distintos a la pareja? —exploré.

—Sí, sí. En el trabajo con mi jefe, con mi equipo, con mis padres, con amigos…

—¿Qué sucede con ellos? —inquirí.

—Nunca digo que no. Siempre estoy disponible para todo el

mundo. Eso sí, cuando yo necesito algo, todo el mundo tiene otras prioridades, ¿sabes? Y siento que he sido un estúpido por darles prioridad tantas veces. Y luego me siento mal por pensar así, porque nadie me ha obligado a hacerlo —contestó Bruno.

—¿Y esto cómo te hace sentir? —indagué.

—Cuando son las diez de la noche y sigo delante del ordenador, me enfado conmigo mismo por haber aceptado tareas que no me corresponden; y siento rabia y rencor hacia mi jefe y hacia mi equipo, porque ellos terminan más temprano y tienen menos carga de trabajo. Pero a la vez me digo: «¡¿De qué te quejas, si te lo has buscado tú?!». Otro ejemplo: cuando un amigo del instituto me dijo que se mudaba, yo fui el primero en ofrecerle ayuda. En cambio, estos días que hemos estado liados preparando la habitación para la niña, ¿crees que se ha ofrecido alguien a echarnos una mano?

Bruno vivía en una constante contradicción interna: sentía que debía expresar su posición y decir «no» más a menudo, pero no se veía capaz. Y experimentaba emociones incómodas en el momento y *a posteriori*, cuando se daba cuenta de que no era capaz de tener relaciones recíprocas.

—¿Y sabes qué es lo peor? Que cuando me armo de valor y quiero exponer mi postura, o pedir un cambio en las dinámicas, no sé cómo lo hago, pero siempre acabo pidiendo perdón. Pido perdón yo, ¿te lo puedes creer? —expuso entre sorprendido e indignado consigo mismo.

—¿Pides perdón a menudo, Bruno? —le pregunté.

—Sí, sin parar. Hasta Suki, que culturalmente tiene las disculpas y el perdón muy arraigados, me lo dice: «Me pides perdón por todo, incluso cuando no te corresponde; vale ya, ¿no?».

Bruno se fue con deberes a casa. Le pedí que trajera una tabla en la que, en una columna, plasmara brevemente las situaciones que acababan desembocando en enfado, rabia o resentimiento; en otra columna, lo que él verbalizaba, y por último, en una columna distinta, lo que sentía y pensaba de verdad. En consulta valoramos las consecuencias y añadimos una cuarta columna a la tabla. Veámosla:

SITUACIÓN	RESPUESTA	EXPERIENCIA EMOCIONAL	CONSECUENCIAS
Suki le pregunta cuándo le va mejor ir a mirar cochecitos, si el jueves o el viernes.	Bruno responde: «Cuando a ti te vaya mejor; me es indiferente».	Le viene mejor el viernes, que termina más temprano. El jueves seguramente se le complique el día, y salir antes del trabajo significa hacer cambios en su agenda.	Bruno debe entrar al trabajo una hora y media antes para poder salir a tiempo y se pierde la clase de *spinning* que tanto bien le hace. Se enfada consigo mismo.
El jefe de Bruno le propone asumir un nuevo proyecto.	Bruno responde: «Muchas gracias por contar conmigo, será un placer».	En realidad, siente que se traducirá en mucho trabajo y, ahora que será padre, sobrecargarse es lo último que quiere y necesita.	Dentro de Bruno nace una nueva contradicción interna: el modelo de conciliación que quiere frente a la realidad que construye no poniendo límites. Eso le genera malestar y se siente decepcionado consigo mismo.
Su compañero Miguel le pregunta si le puede echar una mano con un informe porque «no llega a todo».	Bruno responde: «Sí, claro, ¿qué necesitas?».	En ese momento, Bruno se siente desbordado al pensar en todo lo que le espera esa semana y se arrepiente enseguida de haber dicho que sí.	Bruno conecta con el resentimiento cuando, una semana más tarde, se intercambian los papeles y Miguel le dice: «Lo siento, tío, no puedo, no me da la vida».

Centrémonos ahora en la relación de pareja: las emociones incómodas que experimenta Bruno por no haber expresado sus necesidades llenan su mochila de agotamiento, frustración, enfado y resentimiento. Definitivamente, emociones que no contribuyen a que los intercambios entre Bruno y Suki sean tan sanos como deberían, por no hablar de la desigualdad que sin querer el propio Bruno provoca al esconder sus emociones, necesidades y puntos de vista.

Si esto sucede al lado de una pareja que hace por tenerle en cuenta, que le pide su punto de vista y que se esfuerza por verle a pesar de que él se esconda, imagina qué sucedería si Suki exhibiera un patrón de comunicación agresivo. En realidad, a Bruno no le hace falta usar la imaginación: a juzgar por lo que comenta sobre su anterior relación, Magda encajaba a la perfección en ese estilo.

La teoría nos dice que el estilo pasivo se complementa con el agresivo al someterse a sus condiciones, opiniones e ideas. La tendencia a evitar los conflictos y mostrarse excesivamente complaciente, característica del estilo pasivo, encaja con las imposiciones del estilo de comunicación agresivo.

—Fue al conocer a Suki cuando me di cuenta del impacto que mi relación anterior había tenido en mi autoestima. «Siempre me dices que escoja yo, que te da igual, que todo te parece bien; pero tu opinión también es importante y me gustaría escucharla», me dice Suki. De hecho, ha sido ella quien me ha animado a venir a terapia. Dice que esto no es sano para mí.

Detrás del estilo pasivo suele encontrarse una autoestima empobrecida: si consideramos que nuestra opinión no es importante ni valiosa, ¿cómo vamos a atrevernos a ponerla sobre la mesa? O si creemos que, como personas, somos poco valiosas, ¿cómo vamos a arriesgarnos a expresar nuestras necesidades y que los demás se molesten y decidan irse de nuestro lado? En ese caso, expresarnos suele parecernos demasiado arriesgado y acabamos concluyendo que no merece la pena, que no es tan importante; incluso acabamos creyéndonos que de verdad «nos da igual».

Si tu estilo es pasivo, probablemente te sorprendas a ti mismo a menudo respondiendo con: «Me da igual», «Escoge tú», «No me importa», «Me es indiferente», «Si a ti te parece bien, a mí también»...

Atención: no hablamos de utilizar estas oraciones cuando nos da igual de verdad, o cuando sentimos que todas las opciones que se nos ofrecen nos parecen bien, o cuando no tenemos capacidad mental para decidir porque, por ejemplo, estamos agotados y necesitamos delegar la decisión. Estas frases corresponden al estilo pasivo cuando, teniendo una clara preferencia, nos la guardamos para nosotros y verbalizamos que nos da igual; o cuando no estamos de acuerdo y, en cambio, decimos que nos va bien.

Bruno acudió a la tercera sesión después de haber emprendido tímidos cambios, haber tanteado algunos límites y haberse aventurado a expresar sus necesidades en alguna que otra ocasión. Se presentó con una pregunta para mí:

—Pero ¿cómo no me he dado cuenta antes de lo perjudicial que me resulta comunicarme desde este lugar?

Lo cierto es que la respuesta había salido en anteriores sesiones, cuando comentó que su estilo pasivo de comunicación se manifestaba en todas las áreas de su vida, también con sus padres. En realidad, podría haber dicho algo así como: «Me comunico de la misma forma con todo el mundo, empezando por mis padres».

Y es que es posible que el estilo pasivo derive de haber tenido que adaptarse a un entorno en el que reprimir las emociones y adoptar una actitud complaciente se valoraba de forma positiva: si nos rodeamos (o nos hemos rodeado) de personas que traspasan nuestros límites y que desatienden nuestras necesidades de forma sistemática, probablemente hayamos aprendido que expresarnos no sirve de nada (porque no se nos hace caso), incluso que nos causa problemas (conflictos que, en realidad, procuramos evitar a toda costa, porque queremos estar bien con las personas que nos rodean). Así que hemos llegado a la conclusión de que es mejor callarse, que nuestra paz mental (momentánea) vale más que nuestra opinión o nuestras necesidades.

De forma indirecta, aprendemos a dar más importancia a la opinión y las necesidades de los demás, mandándonos el mensaje de que lo nuestro no es tan importante, de que no merecemos ser escuchados y de que nuestras necesidades no merecen ser vistas, lo que afecta a nuestra autoestima y nos hace entrar en un círculo vicioso.

Si te sientes identificado, decir «no», mostrar tu punto de vista y expresar tus emociones y necesidades es mucho más: es exponerte al juicio, a la crítica y, lo que es peor, al rechazo y al abandono. En otras palabras, pensar en dejar atrás el patrón de comunicación pasivo y complaciente significa dejar de lado la (falsa sensación de) seguridad que te aporta.

Pero créeme si te digo que es la única forma de salir del círculo vicioso en el que te encuentras y de empezar a construir relaciones seguras de verdad, no solo para los demás, sino también para ti, pues, cuanto más apuestes por el estilo pasivo, más prescindible se volverá tu voz. Y digo «seguras de verdad» porque, si para experimentar seguridad tienes que sacrificar tus necesidades, entonces no hablamos de una relación segura, sino de una falsa sensación de seguridad, de una falsa zona de confort.

Salir de esa falsa zona de confort en la que te encuentras es necesario; pero puedes hacerlo a tu ritmo, pasito a pasito. Te propongo pequeños cambios que puedes incorporar a tu día a día, aunque sea una de cada diez veces durante una semana, luego dos de cada diez durante otra semana, y así sucesivamente hasta que los hagas tuyos:

EN VEZ DE «...», PRUEBA CON «...»

- En vez de «Está bien», prueba con «A mí no me termina de convencer».
- En vez de «Me da igual», prueba con «A mí me gustaría que...».
- En vez de decir «No me importa», prueba con «Pensándolo bien, yo preferiría que...».
- En vez de «Escoge tú», prueba con «Pues, si te tengo que ser sincero, yo preferiría...».
- En vez de «Me es indiferente», prueba con «En realidad, a mí me gusta más...».
- En vez de «Si a ti te parece bien, a mí también», prueba con «Esta es tu opinión y la respeto. Pero yo, particularmente, pienso que...».

La seguridad emocional no es la única ventaja de abandonar el estilo pasivo. Como veníamos diciendo, este suele ir de la mano, por su propia naturaleza, de **emociones reprimidas**. Eres humano y no puedes estar siempre reprimiendo lo que sientes. El resentimiento, la rabia y la frustración por sentir que tus necesidades no están siendo atendidas ni consideradas hacen mella, y es posible que, al notar que se rompe la mochila de tanto aguantar o al darte cuenta de que tu situación es injusta, explotes de rabia y te muestres pasivo-agresivo. ¿Qué significa eso? Veámoslo a continuación.

ESTILO PASIVO-AGRESIVO

—Me confunde. No sé si soy yo o si es Miriam, pero cuando dice algo no sé si lo dice porque lo cree de verdad o porque quiere que dejemos el tema —comenta Jorge en la primera sesión de terapia de pareja.

Le pido que lo desarrolle.

—A veces tengo la sensación de que Miriam dice que sí cuando quiere decir que no: lo dice con la boca pequeña, volteando los ojos, suspirando, con mala cara... Te voy a poner un ejemplo: el otro día llego a casa ilusionado y le explico que me he apuntado al gimnasio y que iré los martes después del trabajo. Ella sabe lo mucho que el deporte me ayuda emocionalmente y, a la vez, lo mucho que me cuesta encontrar un momento para mí. He tardado casi dos años en dar este paso y, cuando se lo digo, se queda mustia y me dice: «Vale, guay». Así, sin más. Le pregunto si le ha sentado mal y me dice que no. «Entonces ¿qué te pasa?», le pregunto. Y me dice: «Nada». Pero su respuesta no me convence —expone Jorge.

—Hombre, ¿qué quieres que te diga? —replica Miriam.

Algo que sucede en terapia de pareja es que se evidencian las dinámicas que se dan dentro de la relación, en el día a día. Sin duda, un fenómeno muy interesante a la hora de entender cómo se comunica cada uno de los miembros y cómo las respuestas de uno influencian las del otro. Eso mismo ocurría entre Jorge y Miriam.

—Quiero que me digas lo que piensas. Pareces molesta, pero no entiendo por qué. Y me dices que no te pasa nada, pero una parte de mí siente que no estás siendo sincera —responde Jorge con seguridad.

—Creo que no hace falta ser muy inteligente para darse cuenta de que pasaremos menos tiempo juntos —responde Miriam visiblemente molesta.

—¿Y no me lo podías decir así, sin rodeos, en lugar de estar seca conmigo durante días? —le recrimina Jorge.

—Es obvio, ¿no? —le responde Miriam.

—Sí, tendremos menos tiempo. Pero es que no te entiendo: te has pasado los últimos meses animándome para que haga deporte. Cuando por fin me apunto, pareces disgustada. ¿Cómo debo interpretarlo? —Jorge se siente confundido.

—¿Ves? Ya estamos otra vez discutiendo. No me gusta discutir. —Miriam se dirige a mí esta vez, intentando buscar una aliada… o una vía de escape.

—Pero si algo te ha sentado mal tendremos que hablar, ¿no? —continúa Jorge, intentando que Miriam acceda al diálogo.

—No. Ya te has apuntado, ¿verdad? Pues ya está, no hay nada más que hablar —sentencia Miriam.

—Tu tono me dice otra cosa —replica Jorge.

—¿Qué quieres que te diga? —responde Miriam alzando la voz.

—La verdad.

Jorge lo tiene muy claro: quiere que Miriam hable de forma transparente, sin rodeos y sin tener que adivinar qué ha hecho que le ha molestado.

—Ya te lo he dicho: te has apuntado al gimnasio. Es lo que querías, ¿no? Pues ya está. Me has dejado claro cuáles son tus prioridades. Disfrútalo. Eso sí, ya veremos cuándo nos vemos.

Ahí estaba la clave: sentía que, si su pareja iba al gimnasio, pasarían menos tiempo juntos, y eso era un problema para ella; pero, en vez de abordarlo de forma directa, desde la vulnerabilidad (por ejemplo: «Sé que te he animado para que vayas al gimnasio y me alegra que finalmente lo hayas hecho, pero me gustaría que valorases ir en otra franja horaria: me preocupa que no pasemos tiempo juntos»), lo hacía desde el reproche, la ambigüedad y el forzar a su pareja a adivinar qué era lo que le había sentado mal.

Cuando frases como: «No me pasa nada», «No me he enfadado», «Está bien»…, típicas del estilo pasivo, se acompañan de un tono de voz, una expresión facial y unos gestos que nos dicen lo contrario, y que nos recuerdan al estilo agresivo, hablamos del estilo pasivo-agresivo.

Si tu estilo de comunicación es pasivo-agresivo:

- Lo que dices no concuerda con lo que transmiten tu tono de voz, tu expresión facial y tus gestos, sobre todo cuando algo te ha disgustado.
- Prefieres expresar tus emociones, necesidades y opiniones de forma encubierta, en lugar de abordarlas directamente.
- Las malas caras, los silencios o la retirada de afecto son estrategias a las que recurres con el objetivo de crear en tu pareja la necesidad de subsanar el perjuicio accediendo a satisfacer tus necesidades, sin haber tenido que pedirlo de forma clara y directa, y sin mostrarte vulnerable.
- Tratas de forzar la situación para que tu pareja adivine qué te sucede.
- Niegas emociones como el enfado: cuando tu pareja te pregunta: «¿Qué te pasa?», respondes con un escueto: «Nada».
- Utilizas los silencios y las contradicciones (con una cara que indica disgusto, verbalizas: «No estoy enfadado, en absoluto») como una invitación a tu pareja para que muestre interés por tus necesidades (que insista preguntándote qué te pasa y qué te ha molestado).
- Tratas de llevar a tu pareja a tu terreno a través de pullitas, y los reproches están presentes en tus interacciones.
- Te muestras complaciente, pero, a la hora de la verdad, lo haces de mala gana o a regañadientes.
- El sarcasmo («No todo el mundo es tan inteligente como tú») y la ironía («Perdona si no soy la pareja perfecta») están muy presentes en tu discurso.
- Cuando tu estrategia se descubre, no asumes tu parte de responsabilidad: «No aceptas ni una broma, ¿eh?».

EN VEZ DE «...», PRUEBA CON «...»

- En vez de «No me pasa nada», prueba con «Hay algo que me ha molestado».
- En vez de «No me he enfadado», prueba con «Pues sí, ahora que lo dices, estoy enfadado».
- En vez de decir «Déjalo así», prueba con «En realidad, me gustaría que lo hablásemos».
- En vez de «Es obvio, ¿no?», prueba con «Necesito expresar cómo me siento».
- En vez de «No todo el mundo es tan inteligente como tú», prueba con «Verás, lo que me ha molestado es...».
- En vez de «Perdona si no soy la pareja perfecta», prueba con «Perdona si te ha molestado algo de lo que he dicho. No ha sido mi intención. ¿Hablamos de ello?».

Sí, ya sé que leerlo no es lo mismo que ponerlo en práctica, y mucho menos expresarlo en el momento adecuado de la manera idónea. Te mentiría si dijera que es un trabajo fácil y que no te va a costar. Pero nada que merezca la pena sucede sin esfuerzo, o eso dicen. Así que ármate de perseverancia y atrévete a hacer las cosas de forma distinta.

Piensa lo siguiente: solemos apostar por el estilo pasivo-agresivo cuando no sabemos cómo expresarnos de forma clara, directa y empática; cuando las renuncias nos pesan, pero no nos sentimos capaces de decir que no; cuando creemos que a la otra parte le va a sentar mal nuestra negativa y, a la vez, nos incomoda que nuestras necesidades no sean contempladas. Pero ¿y si te dijera que es posible actuar de manera diferente?

¿Qué podrías hacer para, en vez de decir «sí» pero adoptar una actitud que claramente dice «no», expresarte de forma clara y honesta? Apostar por la asertividad. De hecho, la comunicación asertiva es aquella a la que aspiramos. Dale una oportunidad; que el miedo a lo nuevo y a lo desconocido no te frene.

ESTILO ASERTIVO

Si tu estilo de comunicación tiene una marcada tendencia agresiva, tu trabajo debe centrarse en aprender a ser más consciente, respetar y legitimar las necesidades de tu pareja, y honrarlas en la medida en que te resulte posible. En cambio, si tu estilo de comunicación es más bien pasivo, debes prestar especial atención a tus necesidades para asegurarte de que, de tanto enfocarte en lo que necesita tu pareja, no te olvidas de ti. En ambos casos la asertividad es la clave para respetar y honrar tanto tus necesidades como las de tu pareja. Y es que, si te comunicas de forma asertiva:

- Expresas lo que sientes.
- Te responsabilizas de lo que necesitas y deseas.
- Legitimas tus necesidades, preferencias y puntos de vista.
- Escuchas a tu pareja de tal forma que siente que su voz es importante.
- Tienes presente y respetas los derechos, las necesidades, las preferencias y los puntos de vista de tu pareja.
- Te expresas de forma respetuosa para con los demás y para con tu persona.
- De tus interacciones se desprende calma a la vez que transmites firmeza y confianza en lo que dices.
- Ante un desacuerdo, adoptas una actitud dirigida a alcanzar un acuerdo que honre y satisfaga las necesidades de las dos partes.

Hay quienes resumen *grosso modo* la asertividad como la capacidad de decir «no», pero es algo más complejo.

La asertividad se definiría como el acto de expresar de manera honesta y respetuosa que las necesidades propias son importantes pero también lo son las ajenas.

Al comunicarnos de forma asertiva, vemos y reconocemos las necesidades emocionales de nuestra pareja y es más probable que esta vea y reconozca las nuestras. Así fomentamos la seguridad emocional en el vínculo.

Algo que a menudo nos pasa por alto es que, gracias a la asertividad, nos comunicaremos en función de lo que realmente necesitamos, queremos y opinamos; y, por lo tanto, nuestra pareja responderá a ello y no a lo que cree (supone, deduce, infiere) que necesitamos, queremos y opinamos. En otras palabras: estaremos ayudando a que nos vea.

Una comunicación asertiva fortalece el vínculo al potenciar la empatía, posibilitar las negociaciones y promover la seguridad emocional.

Si todo es tan positivo, ¿por qué no todo el mundo se comunica de forma asertiva? Pues porque no es fácil, sobre todo si no hemos tenido referentes. Y porque comunicarnos de forma asertiva requiere una buena gestión de las emociones, y que logremos mantener la calma y la serenidad para decir lo que queremos decir, de forma que nos sintamos orgullosos y que contribuya a la seguridad de la relación.

¿ES UN BUEN MOMENTO PARA HABLAR?

Es cierto, no siempre es un buen momento para hablar, y menos para abordar temas que sabemos que son delicados o que traen cola. Por eso es importante revisarse y preguntarse si las emociones que experimentamos acompañan o si resultaría más conveniente dejar la conversación para otro momento. Si valoramos que es mejor afrontarla más tarde, podemos decir algo como:

- «Creo que es un tema delicado. ¿Qué tal si lo hablamos en otro momento?».
- «No creo que saquemos nada bueno de seguir hablando ahora mismo. Vamos a dejarlo aquí por el momento».

Es posible que nos cueste expresarnos de forma asertiva si no damos valor a nuestra persona y si no nos damos voz. Si es tu caso, presta especial atención a las siguientes afirmaciones:

AFIRMACIONES

Lee en voz alta, haz tuyo el mensaje y créete lo que lees:

- «Mis necesidades son importantes».
- «Expresar mis necesidades, preferencias y puntos de vista es la forma de ser responsable conmigo mismo».
- «Es mi responsabilidad transmitir cómo me siento y qué pienso; no es justo ni responsable esperar a que mi pareja lo adivine».
- «Mis necesidades deben ser respetadas».
- «Mi relación debe honrar mis necesidades a la vez que las de mi pareja».
- «Tengo derechos».

En realidad, la asertividad se basa en la **afirmación de los derechos propios** a la vez que en el respeto por los derechos de los demás; pero, si no somos conscientes de los propios, será difícil que adoptemos una posición que los proteja. Por eso es importante que tengas presentes los llamados derechos asertivos: aquellos que nos permiten respetarnos a nosotros mismos y ser leales a nuestra persona, a la vez que tenemos en cuenta que también son válidos los de las personas que nos rodean. Veámoslos:

TIENES DERECHO A...

- Ser tratado con dignidad y respeto.
- Experimentar y expresar tus emociones.
- Tener tus propias opiniones, valores y creencias.
- Elegir si te haces o no responsable de los problemas de los demás.
- Decidir si quieres o no dar explicaciones.
- Decir «No lo sé».
- Cambiar de opinión.
- Cometer errores.
- No necesitar aprobación externa.
- Tomar decisiones aparentemente ilógicas a los ojos de los demás, pero coherentes con tus criterios y valores.
- No anticipar ni adivinar las necesidades de los demás.
- No ser perfecto.
- Pedir apoyo o buscar ayuda.

Una vez que valoramos nuestros derechos, es hora de pasar a la acción. Diría que a estas alturas ya sabes qué no hacer o decir. Ahora bien, necesitamos encontrar sustitutos a esas estrategias poco sanas.

DO'S AND DON'TS SI QUIERES COMUNICARTE DESDE LA ASERTIVIDAD

- En vez de reprochar («Siempre acabo recogiendo yo los platos»), expresa («Me molesta ser yo quien recoja los platos por las noches»).
- En vez de criticar («Eres muy ruidoso»), pide («¿Te importaría hacer menos ruido?»).
- En vez de juzgar («¿Cómo puedes ser tan irresponsable?»), expón («Me gustaría que la responsabilidad fuese compartida»).
- En vez de imponer («Encárgate tú de...»), sugiere («¿Qué te parecería si...?»).
- En vez de proyectar la culpa («¿Por qué tienes que actuar así?»), asume tu propia responsabilidad («Creo que debemos hablar sobre este tipo de dinámicas»).
- En vez de usar términos absolutos como «siempre», «nunca», «todo», «nada»..., elige las palabras de forma consciente.
- En vez de amenazar («Que sea la última vez que...»), negocia («No estoy de acuerdo con tu elección; necesito que lo hablemos»).
- En vez de atacar («¿Otra vez te has olvidado de hacer la compra?»), pregunta («¿Has podido pasar por el súper?»).
- En vez de suponer («Ya veo que no te has acordado de mí»), explora («¿Has pensado cómo combinar ambas agendas?»).
- En vez de reaccionar (ofrecer una respuesta impulsiva), responde (decide conscientemente cómo responder).
- En vez de esperar a que tu pareja lo adivine («Ya deberías saberlo»), comparte («Me molesta que hagas esto»).
- En vez de usar el verbo «ser» («¿Por qué eres tan infantil?»), apuesta por «hacer» («Hoy no estoy de humor para que hagas bromas»).

Si te cuesta pensar en la asertividad en términos de expresión de emociones, preferencias y opiniones, trata de verla como un ejercicio de **transmisión de información**.

Cuando te expresas de forma asertiva, informas. No criticas, no juzgas, no exiges, no atacas.

Si solo informas, es más probable que la otra persona responda (de manera favorable, con respeto, aceptación, interés y curiosidad) en lugar de reaccionar (impulsivamente, defendiéndose, contraatacando y de forma poco constructiva).

Voy a ponerte un ejemplo. Itziar y Unai están dispuestos a trabajar cómo se comunican. «No sabemos qué nos pasa, pero siempre acabamos enfadados por tonterías», explican. En la primera sesión les comento que eso que califican como tonterías quizá no lo sean tanto. Es decir, puede que el motivo de discusión parezca una nimiedad, pero lo que hay detrás seguramente no lo es en absoluto.

Les pido trabajar sobre un ejemplo reciente de situación que se tuerce y de frases que ejercen de disparadores emocionales para cada uno de ellos. Esto es lo que me explican: cuando a Unai se le olvidó pasar por la agencia de viajes a recoger la documentación, Itziar dijo algo como: «Nunca me escuchas, no puedo confiar en ti, eres un pasota, parece que todo te da igual»; a lo que Unai respondió con un: «Eso no es verdad; ¿cómo puedes decir algo así?».

Les pregunté cómo se habían sentido en ese momento, y qué emociones y necesidades denotaban sus respuestas: Itziar conectó con la frustración («No puedo confiar en él; no sé si me está escuchando o está en su mundo») y con necesidades no satisfechas, como sentirse vista y escuchada. Unai, por su parte, conectó con el rechazo y con la falta de reconocimiento («Con ese "nunca" dejó de lado todas las veces que sí la escucho y que sí recuerdo lo que hablamos»).

Una vez explorado el plano emocional, le pido a Itziar que reformule su intervención centrándose en cómo se sintió y asegurándose de que no juzga ni ataca a Unai, por mucho que su conducta le dé coraje.

—A veces pienso que no te interesa lo que te digo y que por eso después no te acuerdas de lo que hablamos —dice Itziar.

—Unai, ¿cómo valoras lo que acaba de exponer Itziar? ¿Cuál crees que sería tu respuesta si Itziar hubiese expuesto que se sentía de esta manera la primera vez? —le demando.

—Lo primero que me viene a la mente es decirle que claro que me interesa lo que me dice, que me duele que piense así —responde Unai.

—Bien, ¿y adónde nos lleva todo esto? —les pregunto.

—Pues a mí me gustaría saber por qué se siente así y, lo más importante, ¿qué puedo hacer para mejorarlo? —inquiere Unai.

Gracias a la asertividad, a expresar sus emociones desde el yo y a prescindir de ataques y reproches, Itziar y Unai pueden tener una conversación encaminada a verse. Concluimos que la discusión no fue por la documentación del viaje, sino por cómo se sintió Itziar cuando Unai no se acordó de recogerla, por cómo se lo transmitió y por cómo Unai se sintió y respondió al respecto.

Itziar y Unai se llevan una lista de acciones para tener en cuenta:

UN VÍNCULO EN EL QUE REINA LA ASERTIVIDAD

1. Valora si es un buen momento: si podrás comunicarte de forma constructiva, contribuyendo al entendimiento y promoviendo la seguridad del vínculo.
2. Expresa cómo te sientes desde el yo: sin etiquetas, sin juicios, sin ataques; y, si tienes que hablar sobre la conducta de tu pareja, describe el efecto que tiene en ti. Por ejemplo: «Me siento... cuando tú...». Recuerda que el objetivo es que tu pareja vea tus necesidades para aumentar las probabilidades de que se respeten y se honren.
3. Evita términos absolutos («Siempre igual», «Nunca puedo contar contigo», «Lo tengo que hacer todo yo», «No te importa nada»); y utiliza adjetivos que describan la situación o la acción, no jui-

cios («bien», «mal») ni etiquetas («Eres incapaz de entenderme», «¡¿Por qué eres tan insensible?!»).

4. Ten la mirada puesta en la solución: en qué puedes hacer tú o qué necesitas de tu pareja para que la situación mejore («Me gustaría...», «Quisiera pedirte...»).
5. Asegúrate de que el mensaje ha llegado como pretendías: «Antes de seguir con la conversación, me gustaría asegurarme de que nos estamos entendiendo. Dime, según lo que te comentaba, ¿qué crees que me ha sentado mal?».
6. Asume tu parte de responsabilidad: «Te he soltado la caballería encima nada más llegar; no debería haberlo hecho. Me he dejado llevar por mis emociones. ¿Podemos volver a empezar?».
7. No abras más de un melón a la vez: «Ya estás como el otro día, cuando discutimos por...».
8. Recuerda que hemos venido a entendernos: «No te enteras de nada» de poco sirve; es mucho más constructivo decir algo como «Creo que no nos estamos entendiendo; permíteme que te lo vuelva a explicar».
9. Reconoce las necesidades y los esfuerzos de tu pareja; tenderá puentes, garantizado: «Gracias por compartir conmigo cómo te sientes», «Me doy cuenta de todo lo que haces por la relación», «Soy consciente de que estás haciendo cambios y te lo agradezco». Algunas palabras clave: «gracias», «me doy cuenta», «entiendo», «soy consciente»...
10. Asegúrate de que tu tono de voz expresa amabilidad, respeto y cierta reflexión hacia la postura de tu pareja: no olvides que lo que te manifiesta, aunque no siempre sea de la mejor manera, es un reflejo de sus emociones y necesidades; si lo pasas por alto, perderás una oportunidad de ver a tu pareja. Y, sobre todo, asegúra-te de que tu lenguaje no verbal es coherente con lo que expresas en palabras.

En el colegio nos enseñaron a disgregar el acto comunicativo en emisor, receptor, código, mensaje y canal. Yo te propongo que lo dividas en unos elementos ligeramente distintos con el objetivo de contemplar tanto tu **realidad emocional** como la de tu pareja.

BONUS TRACK
INTERACCIONES SEGURAS

Si quieres ir un poco más allá y exprimir cada interacción al máximo para aprender de ella y mejorar cómo te comunicas, detente y pregúntate:

1. ¿Las palabras que escogí transmiten las emociones que estaba experimentando?
2. ¿Mi lenguaje no verbal transmite las mismas emociones? ¿Es coherente?
3. ¿Qué necesidades emocionales dejo entrever con mi mensaje?
4. ¿Mi intervención contribuye a una mayor seguridad del vínculo? En otras palabras, ¿aporta o resta seguridad? ¿Contribuye a una mayor conexión o bien nos separa? ¿Qué impacto tiene en las dinámicas de pareja? ¿Suma o resta? Importante: una intervención puede contribuir a una mayor conexión incluso cuando el mensaje expresa un desacuerdo. Aquí lo importante no es estar o no de acuerdo, sino sentir que nos vemos, que somos sensibles a las necesidades propias y ajenas, y que somos capaces de identificar las necesidades emocionales presentes en la situación.
5. Y mi pareja, ¿cómo acoge el mensaje? ¿Cómo lo interpreta? ¿Qué emociones ha podido generarle? ¿Qué sucede con sus necesidades emocionales?

LÍMITES

Quédate con esta afirmación: **el respeto dignifica**. Las personas que son tratadas desde el respeto se sienten merecedoras de amor, dignas y valiosas, pues la forma como nos comportamos con los demás manda un mensaje sobre cómo creemos que merecen ser tratados.

Tu pareja merece que la trates con respeto. Y lo mismo sucede contigo: debes tratarte con respeto, y eso significa, justamente, procurar recibir ese trato. ¿Cómo? Poniendo límites.

Poner límites es todo un arte. Un arte al que hay que echarle valor, porque tan cierto es que nos acerca a relaciones más sanas y seguras como que puede no gustar y suponer una ruptura temporal o permanente del vínculo. Sin embargo, debemos correr ese riesgo si nuestro bienestar emocional está en juego, ¿no crees?

A Olivia le gustaría hacer más planes con su pareja: siente que él está todo el día trabajando y que solo tienen algo de tiempo de calidad los sábados por la tarde y los domingos por la mañana.

La pareja de Fer viaja por trabajo y, cuando está fuera, se comunican por WhatsApp de forma muy escueta e interrumpida. A él le gustaría que la comunicación fuese más fluida.

A Mirta le molesta que su pareja le dé consejos cuando se queja de su trabajo y de lo cansada que está de asumir tareas que no le corresponden; quiere ser escuchada.

Julián siente su privacidad invadida cada vez que sus suegros los visitan sin previo aviso.

A Nadine le molesta cuando, en la cuenta común, ve un cargo que debería corresponder a la tarjeta de su pareja, según tienen distribuidos los gastos.

Marcela se siente desautorizada cada vez que su pareja la contradice delante de los niños y se salta los acuerdos de crianza.

¿Qué tienen en común estas situaciones? Que a los protagonistas les falta poner límites.

Los límites son una necesidad: necesitamos poder transmitir a nuestra pareja qué nos sienta bien, qué no y qué no vamos a permitir; necesitamos delimitar la relación. Y también que nuestra pareja ponga sus límites, para saber qué podemos hacer o qué perjudica a ella o al vínculo, basando, así, la relación en el **respeto**, la **confianza** y la **seguridad**.

Si no tenemos límites es posible que cedamos más de lo que pueden permitirse nuestras necesidades, nuestra autoestima y nuestro bienestar. O bien que caigamos en las críticas y en los reproches, o que adoptemos un estilo de comunicación pasivo-agresivo y, en consecuencia, entremos en dinámicas poco sanas y nada constructivas e iniciemos una espiral de desgaste que, en lugar de contribuir a la seguridad, reste.

Establecer tus propios límites y respetar los de tu pareja es crucial para tener una relación sana, basada en la confianza y donde todas las personas implicadas se sientan seguras.

Los límites nos permiten querernos de forma sana y segura, también a nosotros mismos; algo así como: si quieres a tu pareja, respetarás sus límites; si te quieres a ti mismo, harás lo posible para que los tuyos se respeten, y, si no se respetan, tomarás decisiones para preservar tu bienestar.

En consulta a menudo me preguntan: «¿Cómo puedo saber cuándo debo poner un límite?». Mi respuesta está clara: «Cuando tu bienestar te lo pida». Basta con que prestes atención a tus emociones, a tu autoestima y a tu bienestar emocional. Si una situación te resulta incómoda, te duele, te resta seguridad, te empequeñece o menoscaba tu bienestar, seguramente toque establecer un límite.

¿TE FALTAN LÍMITES?

Revisa las emociones que experimentas en tu relación. Probablemente toque poner un límite cuando sientas que...

- Albergas rencor.
- La actitud o conducta de tu pareja te duele y hace daño.
- No se te respeta, no se te tiene en cuenta, no se te reconocen los esfuerzos o no se te valora.

- Las interacciones son difíciles y te agotan.
- Tu diálogo interno está lleno de críticas y reproches.
- Tus necesidades no están siendo satisfechas.
- Tu bienestar se está deteriorando.
- Las dinámicas de la relación debilitan tu autoestima.

Dicho esto, ¿qué límites crees que deberías poner?

Solemos anticipar que la conversación en la que vamos a poner los límites será incómoda. Y puede que sea así. Pero créeme si te digo que bien merecerá la pena.

Lo que pase durante y después de esa conversación es digno de que lo anotes: si quieres tener relaciones sanas en las que la seguridad emocional sea un imprescindible, es innegociable que tu pareja te escuche cuando pongas límites y los respete.

Ahora bien, ¿cómo puedes conseguirlo?

LÍMITES, ¡BIENVENIDOS!

A continuación encontrarás algunas sugerencias de límites:

Comunicación: «¿Podrías decirlo de otra forma?», «Si sigues alzando la voz, tendré que poner fin a la conversación», «Creo que este tema es mejor hablarlo en persona; por mensaje podemos malinterpretarnos», «Ahora mismo no es un buen momento para hablar», «Siento que debemos abordar este tema de una vez, que no podemos dilatarlo más», «Para mí es importante que hablemos con calma y tranquilidad. ¿Podemos volver a empezar?», «No puedo leerte la mente. Por favor, comunícame lo que necesitas con claridad».

Compromiso: «Necesito saber que puedo contar contigo: comprométete solo a aquello que sabes que puedes cumplir», «Esta vez no aceptaré tus disculpas: antes necesito ver un cambio real», «Necesito que definamos qué somos, necesito saber si cerramos la relación y somos exclusivos», «Me gustaría que hablásemos sobre los límites de la fidelidad».

Privacidad: «Me incomoda ofrecerte tantos detalles sobre mis anteriores relaciones», «Me gustaría que, antes de comentar con otras personas algo respecto a nuestra relación, lo consensuásemos».

Espacio: «Cuando discutimos, necesito que me des espacio para calmarme, que no me insistas con "¿Qué te pasa?"», «Creo que tenemos necesidades distintas en cuanto a espacio. Ahora mismo necesito estar a solas. Retomemos la conversación en unos minutos, ¿de acuerdo?».

Tiempo: «Me molesta que cojas el teléfono de trabajo cuando estamos juntos», «Me gusta pasar tiempo contigo, pero siento que necesito pasar más tiempo a solas, con mis cosas».

Convivencia: «Se me hace muy difícil sentirme a gusto en casa si hay tantas cosas por en medio», «Me gustaría que respetaras los acuerdos respecto a la frecuencia con la que realizas tu parte de las tareas del hogar».

Sexo: «Hoy no me apetece tener sexo», «Me incomoda que me insistas para tener relaciones sexuales», «No me gusta que me digas estas cosas mientras lo hacemos», «No me siento cómodo con esta práctica», «Ya sé que te he dicho que me apetecía, pero he cambiado de opinión: dejémoslo aquí», «No voy a tener sexo sin protección; no es negociable».

Economía: «Me gustaría que nos ciñéramos a los acuerdos respecto a la repartición de los gastos», «No estoy de acuerdo con la distribución de la cuenta común. ¿Podríamos hablarlo?», «He visto un cargo en la cuenta común con el que no contaba; si fuese algo sin importancia, no te diría nada, pero tiene tres cifras. Creo que deberíamos consensuarlo antes de hacer gastos tan cuantiosos», «No voy a hacer más excepciones: tal y como acordamos, si hay un gasto extra personal, cada uno debe hacerse cargo de su parte».

Familia de origen: «Me gustaría que hablaras con tus padres y les pidieras que, antes de venir de visita, nos avisaran, y con más margen», «Sé que hasta ahora hemos ido todos los domingos a comer con tu familia, pero me gustaría que pudiéramos hablarlo; siento que necesito más flexibilidad», «Me incomoda hablar de política con tus padres».

Crianza: «Cuando yo les digo que no y tú les dices que sí, estás pasando por alto nuestros acuerdos. No me parece bien. Es importante que los dos vayamos a una», «Si no estás de acuerdo con algún aspecto de la crianza, hablémoslo; pero en privado, no delante de los niños», «No me parece bien el castigo que has aplicado; para mí es demasiado severo, y es importante que los dos estemos de acuerdo».

Si te cuesta poner límites puedes preparar el terreno con frases como: «Hay algo de lo que quisiera hablar», «Creo que debes saber que…», «Necesito compartir contigo cómo me he sentido cuando…», «Es necesario que sepas cómo he vivido yo esta situación».

«¿Y qué pasa si mi pareja no los respeta?», es una pregunta frecuente que aparece en consulta. Es cierto, es posible que no lo haga: por costumbre (los nuevos patrones tardan en instaurarse), por considerar que no ibas en serio, para tantear la flexibilidad de tus límites… Sea como fuere, que no los respete a la primera no significa que debas dejarlo correr, no; significa que necesitas reiterarlos.

CÓMO REITERAR TUS LÍMITES

Te dejo algunas sugerencias para que las hagas tuyas:

- «El otro día te comenté que era importante para mí que... ¿Crees que podrías tenerlo en cuenta?».
- «¿Recuerdas lo que comentamos sobre...? Quisiera que lo tuvieras presente».
- «Te dije que me molestaba que tú... Parece que lo has olvidado. Para mí es importante, por favor, que no se repita».
- «Te comenté que necesitaba espacio y sigues insistiéndome. Voy a ausentarme unos minutos. Volveré en un rato. Por favor, te pido que me respetes».

Si los límites siguen sin respetarse, podemos caer en la trampa de tratar de cambiar al otro cueste lo que cueste. Debemos recordar que no podemos forzar a nadie a cambiar, de la misma forma que no es justo que nos quedemos esperando que cambie. Soy consciente de que este tema es complejo y, de hecho, daría para otro libro. Pero quédate con esto:

Los límites no se pueden imponer, sino que se comunican, se observa lo que sucede, se toma nota y se decide en consecuencia.

Si los límites no se respetan de forma sistemática, es posible que sea porque los miembros de la pareja tienen necesidades distintas, incluso mutuamente excluyentes: es posible que detrás del no respetar tus límites se encuentren necesidades no satisfechas de tu pareja. En este caso debemos recordar que la negociación y los compromisos son parte de las relaciones sanas: combaten la incertidumbre y nos aportan seguridad.

Y, si no hallamos la manera de satisfacer las necesidades de todos los implicados a través de la negociación y de llegar a compromisos que nos proporcionen una relación sana y segura, quizá solo nos quede tomar decisiones más drásticas al respecto, como priorizar nuestro bienestar y concluir la relación.

Que tus límites sean incompatibles con las necesidades de tu pareja, o viceversa, es una posibilidad real y no podemos pasarla por alto si queremos una relación sana y segura.

«¿Y si se enfada?», «¿Y si quiere poner fin a la relación?», son preocupaciones que surgen alrededor de los límites. Somos conscientes de que estos pueden no ser bien recibidos. Incluso tal vez nuestra experiencia lo corrobore. No te voy a mentir, es posible que suceda. Pero míralo así: ¿quieres a tu lado a alguien que no respeta tus límites? ¿Cómo te sentirás cuando no los respete? ¿Qué consecuencias para tu bienestar tiene no ponerlos? Seguramente llegues a la conclusión de que establecer límites es condición *sine qua non*; y es que, recordemos, estos nos protegen y, sin ellos, nos quedamos al descubierto.

Un último apunte: de las relaciones en las que existe abuso no nos queda otra opción que irnos. Los límites pueden ayudarnos mientras reunimos fuerzas y damos el paso, sí; pero de ninguna manera deben ser una herramienta para alargar nuestra estancia en ellas.

CONSISTENCIA: «¿PUEDO CONFIAR EN TI?»

Cuando todo va bien, es fácil estar bien y es (relativamente) fácil actuar según lo que nos pide la seguridad emocional. Pero, si la relación necesita que le prestemos especial atención y que hagamos un esfuerzo para atender las necesidades del vínculo, debemos demostrar nuestro compromiso mediante la consistencia: «Sigo estando aquí» es lo que nuestras palabras y acciones deben expresar al unísono.

Voy a ser honesta: de poco sirve que pongas en práctica lo que trabajamos a lo largo de estas páginas de forma esporádica. Y es que las relaciones sanas se construyen: es la acumulación de las pequeñas acciones la que culmina en la seguridad emocional.

Revestir el vínculo de seguridad o repararlo a través de esta no va de trabajar en ella de vez en cuando. De la misma forma que tampoco podemos esperar resultados inmediatos: es más bien **una carrera de fondo** que requiere tiempo, constancia y consistencia.

Las relaciones sanas se construyen y necesitan tiempo, constancia y consistencia. Para que pueda darse, necesitamos compromiso. Y es así como consistencia y compromiso se encuentran en el camino.

Ser consistente significa que tus palabras y tus acciones vayan de la mano, y que tus acciones de hoy y de mañana vayan en la misma línea. La consistencia aporta confianza, promueve la seguridad y nos proporciona calma. ¿Por qué? Porque sabemos qué esperar; sabemos que los compromisos se van a cumplir y que raramente se producirán cambios bruscos e inesperados: nos convierte en personas **predecibles**.

La antítesis es la inconsistencia, y puede traducirse en:

- Hacer promesas que no se cumplen.
- Mostrar una opinión, hacer apología de unas ideas y hacer gala de unos valores, pero, a la hora de la verdad, actuar de forma contraria.
- Ofrecer un trato afectivo y cercano un día, y frío y distante al día siguiente.
- Decir «Te quiero», pero causar dolor con nuestras palabras y acciones a sabiendas de las consecuencias que tienen en nuestra pareja.
- Ser fiel a los acuerdos en ocasiones y, en otras, pasarlos por alto.
- Comprometernos a estar ahí, pero, a la hora de la verdad, no estar disponibles.

Permíteme que comparta contigo algunas situaciones de las dinámicas inconsistentes que más solemos ver en consulta.

Rodrigo y Lara están intentando «salvar su relación». En general, diría que hacen unos esfuerzos sanos y loables para mantener los mínimos de seguridad del vínculo y ser conscientes de las necesidades del otro. Se quieren y se lo demuestran estando ahí, el uno para el otro. Pero, cuando dejan de comunicarse de forma asertiva y caen en el reproche y la crítica, Rodrigo verbaliza mensajes como: «Quizá sería mejor que lo dejáramos», «Esto no funciona», «No sé para qué me esfuerzo tanto».

Puede que los veinticuatro días anteriores Rodrigo haya demostrado su implicación y compromiso, tratando de dar lo mejor de sí mismo para ser consciente de lo que necesita su pareja y de lo que necesita él de la relación. Pero, cuando verbaliza mensajes como los mencionados, el trabajo de los veinticuatro días anteriores se desvanece.

«No puedo creer que, con lo implicado que demuestra estar y lo bien que llegamos a sentirnos en la relación, de repente deje ir perlitas como esas», comenta Lara, incrédula y confusa.

Probablemente Rodrigo no quiera decir lo que dice, es posible que no esté pensando en dejar la relación y se trate de mensajes que se manda a sí mismo para autorregularse desactivándose (¿recuerdas las estrategias de desactivación?). Sin embargo, aunque al cabo de unos minutos se desdiga, ya lo ha dicho. Y a Lara se le quedan grabadas esas frases y la inseguridad vuelve a empañar el vínculo.

Otro ejemplo. Un día, hablando desenfadadamente de libertades, límites e imposiciones, Raquel le dice a Sito que a ella no le importa que salga de fiesta en absoluto, que quiere que se divierta y que sabe que decirle lo contrario sería poco sano, y ella no quiere eso para la relación. Sito, que viene de relaciones en las que sintió que sus exparejas le cortaban las alas, agradece su postura: «No sabes cuánto me alivia oírte decir esto».

Sin embargo, cuando llega un sábado noche en el que los amigos de Sito le proponen salir, Raquel se muestra insistente mandándole mensajes de texto para reclamar su atención y preguntarle cuándo vuelve. Al día siguiente se confirma lo que Sito había percibido de esos mensajes: Raquel estaba visiblemente molesta.

—No te hizo gracia que saliera ayer, ¿verdad? —le pregunta mientras prepara café.

—¿A mí? Qué va. Ya te dije que salieras —responde Raquel con una falsa indiferencia mientras sale de la cocina, intentando poner fin a la conversación.

—Sí, sé lo que me dijiste, pero tu cara me transmite otra cosa —señala Sito.

—Hombre, es que no te acordaste de mí en toda la noche. Si no te llego a mandar yo los mensajes, ni te acuerdas de mi existencia. ¡¿Cómo quieres que me sienta?! —Raquel parece, en efecto, dolida.

—Pues no lo sé. Porque me dijiste que no te importaba que saliera y ahora parece que sí. Ya no sé qué pensar —contesta Sito.

Un caso más. Zaida está conociendo a Gilbert. Han tenido varias citas y parece que todo fluye, pero, sin previo aviso, Gilbert desaparece.

«Cuando parece que vamos en serio y más cerca nos sentimos el uno del otro, desaparece de repente. Y vuelve al cabo de unos días, como si nada. ¿Qué le pasa por la cabeza? Es que te juro que no lo entiendo...», comenta Zaida.

Es difícil construir una relación a partir de la confusión: «¿Su interés es real, pero la situación le abruma? ¿En realidad no quiere nada serio y está jugando conmigo? ¿Me contacta cuando ha cambiado de idea y se da cuenta de que lo nuestro tiene futuro, o cuando se aburre?»: son algunas de las preguntas a las que Zaida busca dar respuesta en un intento de entender la inconsistencia.

Un último ejemplo. Roberta tiene a Núria confundida: un día parece que se ve con ella como pareja; al otro, que se imagina un futuro en el que ella no está. Así me lo explica Núria: «Unos días me habla de ir de viaje juntas el próximo verano, de dejar nuestros pisos de alquiler y cogernos una casa en un pueblecito de montaña, y de los perros que le gustaría adoptar conmigo. Otros días, en cambio, menciona sus proyectos benéficos en Tailandia y la vida nómada que quiere llevar. ¿Por qué a veces me incluye en sus planes y, en cambio, otras parece que se esfuerce en enfatizar el uso del singular? ¿Me quiere en su vida, se ve conmigo en el futuro, o soy una distracción?».

Cuando nos mostramos inconsistentes, es inevitable que nuestra pareja experimente **confusión**. Esta va de la mano del no saber qué pensar ni qué esperar, y nos lleva a sentir intranquilidad e inseguridad: ¿quiere Rodrigo realmente apostar por la relación o tiene la mirada puesta en la ruptura? ¿Qué puede esperar Sito de Raquel la próxima vez que salga de fiesta? ¿Por cuánto tiempo volverá Gilbert?, ¿cuándo desaparecerá de nuevo? ¿Roberta quiere a Núria en su vida o no encaja en sus planes de futuro?

La consistencia muestra respeto al compromiso con nuestra pareja y nos transmite confianza y seguridad, justo lo que debe proporcionarnos una relación.

Podríamos escribir páginas y páginas sobre situaciones inconsistentes: algunas reflejarían un propósito oculto, una agenda malintencionada que se traduce en manipulación y que siembra el caos y la confusión en la pareja. Estoy hablando de esas situaciones en las que nos preguntamos: «¿Será que me estoy volviendo loco?».

Pero, cuando nos encontramos con la inconsistencia, muchas veces es fruto de la falta de conciencia o de conocimiento sobre cómo funcionamos a nivel emocional y de nuestra dificultad para identificar cómo nos sentimos y qué necesitamos. Y es que es posible que nuestras necesidades vayan cambiando, o que siempre sean las mismas pero nuestros miedos se pongan de por medio; quizá no estemos convencidos del trabajo que estamos realizando, de si queremos hacer todo lo posible por contribuir a la seguridad emocional de la relación; o puede que, al no ver unos resultados inmediatos, nos deshinchemos y desistamos, y que, con el paso de los días, recuperemos la ilusión y motivación; puede que incluso no nos sintamos capaces de llevar a cabo las acciones necesarias por nuestra parte, y que nuestras propias inseguridades nos hagan actuar de una forma un día y, al siguiente, de manera completamente distinta.

Incluso si la inconsistencia no tiene intención de hacer daño, nos convierte en alguien imprevisible: nuestra pareja no va a saber qué esperar de nosotros, y eso le va a generar gran confusión. Por eso es importante revisarnos y revisar nuestras dinámicas en busca de posibles inconsistencias, teniendo en cuenta qué podemos esperar de nuestra pareja, de la misma forma que esta debe saber qué puede esperar de nosotros. A eso lo llamamos **predictibilidad** y, aunque reconozco que suena poco estimulante, nos proporciona seguridad.

La inconsistencia trae consigo impredecibilidad y confusión, y contribuye a la inseguridad. Necesitamos apostar por la consistencia y volvernos previsibles si queremos fomentar y mantener la seguridad en el vínculo.

No somos robots que funcionan con un algoritmo perfecto e invariable; somos personas con unos días mejores y otros no tan buenos. Y por qué no decirlo alto y claro: hay días en los que no nos apetece ser consistentes; días en los que mostrarnos validantes, estar ahí, ser un apoyo y actuar según nuestros compromisos resulta muy duro. Pero necesitamos serlo, porque en eso se basa la consistencia, a pesar de cómo nos sintamos, independientemente de cómo nos sintamos. Esa es la mayor dificultad.

CONSISTENCIA 24/7

Cuando te surjan dudas sobre qué significa ser consistente en alguna situación del día a día, recuerda que tus palabras y tus acciones deben ir de la mano, y estos son algunos de los mensajes que debes transmitir:

- «Estoy aquí».
- «Me importas».
- «Puedes confiar en mí».
- «Puedes contar conmigo».
- «Quiero lo mejor para los dos».

Si es tu pareja quien exhibe inconsistencia, habladlo. Comunícale cómo te hace sentir, exprésale qué necesidades tienes al respecto, qué debería cambiar, y toma nota de su reacción momentánea y también de lo que sucede después.

DISPUESTOS A CRECER JUNTOS

Voy a confesarte algo. De vez en cuando mi pareja y yo revisamos cómo estamos respecto a la relación. A veces surge de forma informal: «Hace mucho que no nos enfadamos, ¿no?», «Estamos bien, ¿verdad?», «Estoy muy a gusto contigo». A veces de forma un poco más formal: «¿Crees que hay algo que podríamos hacer para mejorar nuestra relación?».

Estas conversaciones las iniciamos tanto mi pareja como yo, de forma indistinta, pero hay algo que a mí me proporciona especial seguridad. A lo largo de la relación, mi pareja me ha ido diciendo: «Si hago algo que te molesta, por favor, dímelo».

Él está dispuesto a escuchar aquello que puede estar incomodándome o aquello que no contribuye a mi bienestar, aun a riesgo de que no le guste y de que derive en un ejercicio de autocrítica. Está dispuesto a hacer este trabajo si con ello contribuye, aunque no sea de forma consciente, a la seguridad emocional. Y es que saber que está abierto a escuchar cómo me siento respecto a la relación consigue que me sienta más segura y que tenga ganas de reflexionar y de exponer mi parecer.

Nuestra relación está un poco desequilibrada en cuanto a conocimiento sobre la mente humana en general, y sobre vínculos de pareja en particular (yo soy psicóloga; mi pareja trabaja en el sector finanzas y, aunque a menudo bromeamos diciendo que de tanto que le he aburrido explicándole conceptos, teorías e investigaciones le podrían convalidar primero de carrera, el desequilibrio es evidente). Él es consciente de ello. Yo también. Así pues, mi forma de contribuir a la seguridad en este caso va en la línea de preguntarle: «Y tú, ¿cómo nos ves? ¿Crees que algo debería funcionar de forma distinta?», añadiendo un «Que sea psicóloga no significa que tenga la verdad absoluta; cómo te sientes tú también es importante, y si hay algo con lo que yo pueda no estar de acuerdo te lo diré, pero no significa que lo que sientes no sea válido, ni que tengas que cambiarlo si no lo consideras oportuno» en un intento de cuidarle y hacerle sentir cuidado, de validar su experiencia emocional y hacerle sentir validado.

Cuando llevamos muchos años de relación, como es nuestro caso, es un error común pensar que el trabajo ya está hecho: hemos establecido pactos, hemos llegado a acuerdos y se han construido dinámicas dentro del vínculo. Sin embargo, todos y cada uno de nosotros estamos en constante evolución. Yo soy distinta. Mi pareja es distinta. Y es posible que nuestras necesidades, o la medida en que necesitamos que se satisfagan, sean distintas.

Revisarnos y revisar la relación de forma periódica es indispensable para asegurarnos de que seguimos contribuyendo a la seguridad de la relación, y para asegurarnos de que esta sigue proporcionándonosla.

Como si de un GPS se tratara, aunque sepamos hacia dónde vamos, aunque sepamos cómo ir y la pantalla nos indique que debemos seguir cincuenta kilómetros por la misma vía, resulta conveniente revisar la ruta cada equis minutos para asegurarnos de que todo está bien, de que vamos por el buen camino.

Las películas, las canciones y las novelas nos venden relaciones perfectas. Nadie es perfecto y, por lo tanto, ninguna relación puede serlo. Este, pues, no debe ser nuestro objetivo, sino construir **una relación suficientemente buena**. Pero ¿suficientemente buena para qué? Para satisfacer nuestras necesidades emocionales; quizá no en su totalidad, pero sí en su debida medida; sí lo suficiente para que nuestra relación no solo no merme nuestro bienestar, sino que contribuya a él.

Las relaciones requieren trabajo y constancia; hay que cuidarlas y mimarlas para que no solo se mantengan con vida, sino que además estén en plena forma.

Es utópico pensar en relaciones que no atraviesen baches y dificultades. Por eso:

Que tanto tú como tu pareja estéis dispuestos a revisaros, a hacer autocrítica, a trabajar en vosotros mismos y a crecer a nivel individual y de pareja es imprescindible para que la relación sea una fuente de bienestar a largo plazo y os proporcione seguridad emocional por el camino.

Hacer este ejercicio de introspección no es tarea fácil. De hecho, requiere que nos conozcamos (a nosotros mismos y a nuestra pareja), grandes dosis de autocrítica y que nos desnudemos, de forma abstracta, delante de ella; en otras palabras, que nos mostremos vulnerables. Y eso, querido lector, querida lectora, es algo que a veces no sabemos cómo hacer, en el mejor de los casos, o que puede llegar a aterrarnos, en el peor de ellos.

En el siguiente capítulo hablaremos de vulnerabilidad. ¿Seguimos?

4

SENTIRNOS SEGUROS, SENTIRNOS CONECTADOS

Te presento al sistema nervioso, un mecanismo de supervivencia eficaz donde los haya y resultado de millones de años de evolución. Según Stephen W. Porges, psiquiatra y neurocientífico, algunas estructuras de nuestro sistema nervioso se remontan a hace quinientos millones de años: hablamos de aquellas que compartimos con los vertebrados y que, ante una amenaza y con la finalidad de conservar energía, dan lugar a la respuesta de parálisis. Ya hemos hablado de ella en varias ocasiones: en el caso de los animales, fingen estar muertos; en el caso de los humanos, nos quedamos inmóviles y somos incapaces de procesar lo que sucede a nuestro alrededor.

Otras partes de nuestro sistema nervioso son más recientes en la escala evolutiva (cuatrocientos millones de años) y se encargan de posibilitar la supervivencia mediante el movimiento, dando lugar a la respuesta de lucha y huida. Esta también es una vieja conocida, ¿verdad? En los animales puede traducirse en hacer frente al depredador o en salir corriendo; en el caso de los humanos, nos ponemos a la defensiva, rebatimos, criticamos o bien tratamos de huir de la situación.

Y, finalmente, nos encontramos con un circuito más reciente (de unos doscientos millones de años de antigüedad) y exclusivo de los mamíferos que permite la corregulación a través del contacto social y la conexión emocional.

«¿A qué viene todo esto?», te preguntarás. Muy simple: cuando nuestro sistema nervioso interpreta la situación como una amenaza, activa circuitos encaminados a **garantizar la supervivencia**, pero contrarios a la necesidad de establecer conexión con nuestros iguales. En cambio, si nos sentimos seguros y a salvo, el sistema nervioso nos permite **conectar**. Así es como seguridad y conexión van de la mano.

Para conectar debemos sentirnos seguros. Si no hay seguridad, no hay conexión. O, mejor dicho, si no nos sentimos seguros, el sistema nervioso no nos permite conectar: destina todos sus recursos a tratar de garantizar nuestra supervivencia.

¿Recuerdas el proyecto del circuito eléctrico que nos pedían en el colegio? Cuando hablemos de conexión, quiero que imagines ese mismo circuito circular compuesto por dos bombillas (tú y tu pareja), donde la fuente de alimentación es la conexión emocional que existe entre ambos: la complicidad de las miradas, la alegría al ver al otro, el entender las emociones que subyacen a vuestros intercambios, el veros de verdad, el confort de un abrazo, los gestos de ternura, el reíros juntos por tonterías... Que os encontréis en el mismo espacio de intercambio emocional, que os sintáis **en sintonía**, cierra el circuito y posibilita que la conexión llegue a los dos y se enciendan las bombillas.

Somos especialmente sensibles a las interrupciones de la conexión: si nuestra pareja no nos devuelve la sonrisa, si no se alegra de vernos, si nos rehúye con la mirada, si su tono de voz no es amable, si no se ríe con nosotros de una tontería, si nos aparta la mano tras acariciarla, si nos rechaza un abrazo... nos transmite que no nos encontramos en el mismo espacio de intercambio emocional y se produce una interrupción del circuito de conexión; se produce lo que conocemos como **ruptura del vínculo**.

Que la conexión haya permitido nuestra supervivencia como

especie y como individuos (por ejemplo, cuando mirábamos a los ojos a nuestra madre y esperábamos una respuesta por su parte) significa que somos máquinas terriblemente bien entrenadas para detectar interrupciones del circuito, brechas en la conexión, rupturas del vínculo; y eso nos vuelve brillantes percibiendo sutilezas en los gestos, en las miradas, en el tono de voz... Incluso cuando a nivel racional no somos capaces de descifrarlas, una parte de nuestro cerebro ha captado que algo pasa, que la conexión está siendo interrumpida. Y si sucede en un plano no racional, si no somos capaces de ponerlo en palabras, ¿cómo podemos saberlo? Por medio de las emociones, pues estas ejercen de unidad de medida: necesitamos percibir emociones en el otro para cerrar el circuito, para experimentar seguridad; así sentimos que nuestra pareja está ahí. Ya lo habíamos anticipado cuando decíamos que cualquier respuesta es mejor que la ausencia de respuesta, ¿lo recuerdas?

Sentirnos conectados fortalece el lazo afectivo y contribuye a una mayor seguridad, y viceversa: cuanto más conectados nos sintamos, más difícil será que se produzcan interrupciones significativas de la conexión; y, cuanto más sintonizados estemos, más fácilmente recuperaremos nuestro equilibrio.

«Las relaciones deben ser un lugar seguro» es una frase que repito a menudo. En el sentido literal me refiero a eso. Y nuestro sistema nervioso debe estar de acuerdo: en nuestras relaciones, los sistemas encargados de la supervivencia deben activarse cuanto menos, mejor; y, si se activan, debemos poder recuperar la estabilidad a través de la corregulación, como hemos comentado en páginas anteriores.

Es realista pensar que en todas las relaciones, incluso las sanas, se activan los sistemas encargados de la supervivencia: una discusión, que nuestra pareja esté de mal humor... Lo esperable, si nuestra relación es sana y experimentamos seguridad en el vínculo, es poder recuperar deprisa el equilibrio emocional.

Incluso es posible que haya temporadas en las que estos mecanismos se activen más de lo que nos gustaría por motivos ajenos a la pareja: imaginemos que atravesamos una época de mucho estrés en el trabajo. El sistema nervioso ve el estrés como una amenaza. ¿Qué significa eso? Que puede que lleguemos a casa con la respuesta de lucha y huida activada y que, en consecuencia, respondamos a nuestra pareja desde ese lugar.

¿Es injusto? Sí, un poco. Pero, seamos sinceros, ¡¿a quién no le ha sucedido?! Y es que la biología no está de nuestra parte: ¿sabías que, cuando se activa la respuesta de lucha y huida, los estímulos neutros pueden percibirse como una amenaza sin serlo? Por eso es importante que nos conozcamos, que nos entrenemos en identificar cuándo y cómo se activan estos mecanismos pensados para la supervivencia y cómo afectan a nuestra relación de pareja.

CONOCE TU SISTEMA NERVIOSO

Piensa: cuando se interrumpe la conexión y se produce una ruptura del vínculo, ¿cómo acostumbras a reaccionar? ¿Sueles quedarte callado, esperar a que pase la tormenta apostando por el silencio y por mantenerte a kilómetros de distancia pese a estar presente? ¿Es habitual replicar, rebatir o demostrar tu disconformidad, malestar o incomodidad mediante palabras y utilizando el cuerpo para acompañar el mensaje? ¿O bien tratas de escapar de la situación yendo a otra estancia de la casa?

Es posible que apuestes por todas estas respuestas en momentos y situaciones distintas; considéralo una posibilidad. Obsérvate y toma buena nota.

Y en el caso de tu pareja, ¿cómo son sus respuestas?

Por último, me gustaría hacerte una propuesta: la próxima vez que se produzca una ruptura del vínculo, observa lo que sucede en tu cuerpo, el tipo de respuesta que has adoptado, y procura verla como un intento de tu sistema nervioso de protegerte.

Ya ves que, **en términos de conexión, experimentar seguridad es vital**. Pero ¿qué sucede cuando la seguridad se ve comprometida de forma prolongada o cuando la conexión se interrumpe? Que nos sentimos desconectados de nuestra pareja. «Somos compañeros de piso», «Me siento lejos de mi pareja», «Conecto con la soledad a pesar de tener pareja», «Ya no nos entendemos»... Así es como ponemos en palabras la desconexión cuando se mantiene en el tiempo.

Es habitual que nos refiramos a la conexión como «sentir que nuestra pareja está cerca». Sin embargo, esta cercanía responde a una distancia emocional y no física. Puede que nos separen kilómetros y, sin embargo, nos sintamos cerca; o que, en cambio, convivamos con nuestra pareja 24/7 pero nos sintamos emocionalmente a años luz, que experimentemos soledad, desamparo y abandono a menudo. Y esto puede ser consecuencia de no hablar el mismo lenguaje del amor, o de no ser sensibles a las necesidades emocionales mutuas, o de creer que no podemos contar el uno con el otro, o de no poder ofrecernos lo que necesitamos para sentirnos seguros.

Sentir cerca a nuestra pareja se traduce en saber que estará ahí, que nos quiere, que nos cuida, que quiere lo mejor para nosotros, que será sensible a nuestras necesidades, que responderá a ellas en la medida de lo posible y de forma consistente en el tiempo.

Sí, exacto, todo lo anterior hace referencia a la seguridad emocional. Y es que sentir a nuestra pareja cerca pasa por que nos sintamos seguros en la relación, por que experimentemos seguridad emocional dentro del vínculo. Invertir tiempo, energía e intención tratando de aumentar la conexión con tu pareja es una de las mejores formas de apostar por la relación, créeme. Es posible que al inicio surja de manera natural; al fin y al cabo, la fase de enamoramiento típica de los comienzos nos hace sentir sintonizados con nuestra pareja: tenemos especial interés por sus necesidades y tratamos de ser muy conscientes de lo que requiere la relación por nuestra parte. Sin embargo, a medida que la intensidad inicial se va transformando en calma y predictibilidad, nos volvemos menos atentos y es posible que nos relajemos más de la cuenta y que perdamos conexión por el camino.

Para que el circuito de conexión se mantenga cerrado o se cierre enseguida tras una interrupción, necesitamos que el interés por la relación sea mutuo: que ambos miembros de la pareja se esfuercen por verse, por entenderse, por ser sensibles a las necesidades del otro, por, si no hablan el mismo idioma, tratar de entender el del otro.

Cuando en consulta se habla de «fortalecer la conexión y recuperar lo que teníamos», siempre pregunto a las parejas qué creen que las podría ayudar. Voy a ponerte como ejemplo las respuestas que me dieron Alma y Nico: «Ir al cine, preparar cenas románticas en casa, hacer escapadas de fin de semana...». A eso, tal y como sucedió con ellos, las parejas suelen añadir: «Pero, Montse, ¿y qué hacemos con los niños?» o «No tenemos dinero para ese tipo de planes» o «Eso ya lo hemos intentado sin éxito».

En este punto se puede percibir un halo de frustración e impotencia que suelo rescatar con un: «En realidad, no hacen falta planes como lo anteriores; no necesariamente».

En lo que llevamos de capítulo, ¿en qué momento hemos hablado de ir al cine para fortalecer la conexión? ¿En qué momento hemos dicho que las cenas románticas nos aporten seguridad? Por favor, no me malinterpretes: ir al cine, salir a cenar, una escapada para dos son planes geniales y un imprescindible si nos cuesta encontrar tiempo para la relación; pero el trabajo que propongo va en otra línea, ya verás.

Con Alma y con Nico trabajamos en recuperar viejos **rituales de**

conexión y en crear algunos nuevos que pudieran aplicar en su día a día, sin salir de casa, sin gastar dinero, con los peques delante.

Los rituales tienen mucho sentido. Verás: para los primates, el encuentro y la separación son momentos de apego claves en los que, a través de pequeños gestos, se transmite un: «Estoy aquí para ti», «Eres importante para mí». Y es que los rituales fomentan el **sentido de pertenencia** y **fortalecen el «nosotros»** al llevarse a cabo con la intención de convertir ocasiones rutinarias en la oportunidad perfecta para mantener la conexión.

La rutina nos ofrece decenas de momentos aparentemente neutros que, en realidad, son los candidatos perfectos para convertirse en rituales de conexión. Sin embargo, solemos pasarlos por alto porque, o bien estamos tan acostumbrados a ellos que no nos llaman la atención, o bien los ignoramos porque no los consideramos relevantes desde el punto de vista emocional, o bien el ajetreo del día a día nos lleva a descuidarlos.

¿Qué me dices? ¿Te parece que exploremos algunos posibles rituales de conexión?

RITUALES DE CONEXIÓN

Construir rituales propios de vinculación nos ayuda a fortalecer la conexión a base de afianzar el sentimiento de pertenencia, convirtiendo experiencias aparentemente neutras en intercambios positivos y en una oportunidad para afianzar el vínculo y mantener el circuito de conexión cerrado. Te dejo algunos ejemplos:

Separación: al salir de casa, mirarnos a los ojos, darnos un beso, acompañar a la puerta al que se va primero, desearnos un buen día, decirnos: «Te quiero», despedirnos desde la ventana...

Encuentros: al llegar a casa, mirarnos a los ojos, saludarnos con una sonrisa, darnos un beso, preguntarnos cómo nos ha ido el día, decirnos: «Te he echado de menos» o «Tenía ganas de verte»...

Comida y cena: comer sin el teléfono, hablar sobre cómo ha ido el día, planear actividades que nos apetezcan... y, sobre todo, intercambiar palabras más allá de organizar la logística de la semana.

Ir a la cama: al acostarnos, agradecernos mutuamente algo que ha contribuido a nuestro bienestar, darnos las buenas noches y terminar con un beso.

Importante: todo lo anterior no tendrá sentido si no le ponemos atención... e intención.

Leyendo mis propuestas de rituales de conexión quizá hayas pensado que eso ya lo hacéis, que no es novedad. Claro, es posible. En realidad, el problema no está en la originalidad, sino en la constancia y, sobre todo, en el **no dar por sentado**: llega un momento en el que nos relajamos, dejamos de trabajar para mantener el circuito de conexión cerrado y creemos que es hora de poner velocidad crucero. Puede que la conexión no se vea perjudicada, pero ¿por qué correr el riesgo? Por eso es importante recordar lo siguiente:

Las pequeñas cosas que hacemos todos los días pesan más que las que llevamos a cabo de forma excepcional.

¿Recuerdas lo importante que resulta sentirse visto para la seguridad emocional? Bien, pues nos sentiremos especialmente vistos cuando las acciones que recibamos por parte de nuestra pareja se salgan de la norma, nos hagan sentir especiales y nos manden el mensaje de que la relación le importa y quiere cuidar el vínculo. Te dejo algunos ejemplos:

BONUS TRACK
RITUALES TOP

- Escribirnos y dejarnos notitas por la casa.
- Celebrar las fechas especiales.
- Llamarnos o mandarnos mensajes a lo largo del día.
- Tener citas con regularidad.
- Hablar sobre cómo estamos como pareja y cómo nos sentimos últimamente en la relación.

Cada intercambio con tu pareja trae consigo varias oportunidades para conectar. En el día a día, en lo rutinario, en los intercambios en apariencia insignificantes, está la clave para fortalecer o recuperar la conexión emocional y mantener el circuito cerrado.

Son buenas noticias, en realidad. Sí, es verdad, por un lado significa que tenemos que trabajar en el vínculo a diario, pero también que tenemos más oportunidades para conectar. Nuestro trabajo consiste en exprimir al máximo esos intercambios en apariencia insignificantes y crear momentos de compromiso y conexión consciente que transmitan un: «Estoy aquí, quiero cerrar el circuito de conexión contigo (o mantenerlo cerrado); ¿tú también quieres?», «¿Nuestro circuito sigue cerrado? Por mi parte sí; ¿y por la tuya?».

La conexión se alimenta de intimidad: no podemos hablar de conexión sin explorar la intimidad. Es curioso como, cuando hablamos de intimidad, a muchas personas les viene a la cabeza el sexo. Intimidad es muchísimo más que eso. De hecho, el sexo no es necesario para que se dé la intimidad. Hablemos de intimidad con detenimiento, ¿te parece?

INTIMIDAD: «VOY A ABRIRTE LAS PUERTAS DE MI MUNDO INTERNO»

En la era del amor líquido, de la inmediatez y de la comunicación con emoticonos, una conexión real es un gran tesoro. Y esta se produce cuando se sustenta en la **intimidad**.

Divertirse, compartir conocimientos, aprender juntos, probar nuevas experiencias en pareja, pero sobre todo tener conversaciones profundas, abrirle **nuestro mundo interior**, expresar nuestras necesidades, mostrar nuestras emociones, compartir nuestros deseos, metas, valores y creencias, y hacer partícipe a nuestra pareja de nuestros miedos e inseguridades, contribuye a una mayor intimidad.

La intimidad construye puentes y sostiene conexiones significativas y reales. Y esto no sucede de la noche a la mañana: cada persona tiene sus ritmos, pero si algo es seguro es que la intimidad crece con el tiempo. Sin embargo, el tiempo no es el factor determinante, pues también necesitamos **confianza** para construirla: tener el convencimiento de que nuestra pareja tomará en consideración nuestras emociones, necesidades, intereses... y que no hará nada que pueda perjudicarnos ni alimentar nuestros miedos e inseguridades.

Intimidad y confianza van de la mano: necesitamos sentir que es seguro abrir las puertas de nuestro mundo interno y permitir que nuestra pareja nos conozca, que entienda cómo nos sentimos y cuáles son nuestras necesidades, valores, creencias, sueños, miedos, inseguridades...

La intimidad hace que nos sintamos más cerca, que cada vez estemos más cómodos compartiendo experiencias y emociones.

Si bien es cierto que se construye con el tiempo, podemos tomar algunos atajos y acelerar el proceso. ¿Cómo? Mediante **conversaciones profundas** y haciendo acopio de grandes dosis de **curiosidad**.

DE LA CURIOSIDAD DE LAS PREGUNTAS A LA INTIMIDAD QUE CONSTRUYEN LAS RESPUESTAS

Toma nota de estas preguntas y escucha con atención y curiosidad las respuestas que ofrezca tu pareja:

- «Si existiera el día perfecto para ti, ¿cómo sería?».
- «¿Cuál es tu mejor momento de la semana?».
- «¿Qué valores crees que te definen mejor?».
- «¿Qué querías ser de mayor?».
- «¿Cuál es tu mayor deseo?».
- «¿Cuáles son los sueños que has cumplido? ¿Y los que te quedan por cumplir?».
- «¿Cuál es la noticia que me has contado con mayor ilusión?».

Nota: Intimidad también es compartir acerca de los miedos, las inseguridades, las situaciones que nos abruman...; pero estos aspectos los dejaremos para más adelante, cuando hablemos de la importancia de la vulnerabilidad, pues se necesita una mayor dosis de vulnerabilidad para explorarlos.

Podemos mantener conversaciones íntimas, de esas en las que llegamos a experimentar una conexión que nos hace sentir muy muy cerca de la otra persona, pero también podemos construir intimidad en la cotidianidad del día a día.

Existen muchísimas formas de crear intimidad, tantas como historias. La más sencilla en apariencia es compartir una actividad que implique estar cerca el uno del otro, interactuando. En este caso estaríamos hablando de la **intimidad experimental**: probar cosas nuevas y estimulantes (ir de acampada, perderse por la ciudad), instaurar nuevos hábitos (comer más sano, hacer deporte juntos), aprender cosas nuevas (idiomas, cocina, jardinería), emprender proyectos (hacer reformas en casa, planificar un viaje).

Pero intimidad también significa mostrar curiosidad por los puntos de vista y las opiniones del otro, por aprender de él y por tener un mayor conocimiento de cómo piensa. Compartir lo que leemos de un libro o ver un documental juntos y pedirle a nuestra pareja que nos cuente su opinión; tratar de entender su perspectiva respecto a cuestiones del día a día o respecto a valores, creencias y experiencias; mostrar curiosidad por el trabajo y las tareas que lleva a cabo; jugar a juegos de mesa... En estos casos hablaríamos de **intimidad intelectual**.

La **intimidad espiritual** también merece nuestra atención: es aquella relacionada con el sentido de propósito, las metas vitales y la espiritualidad. Compartir experiencias significativas como hacer voluntariado, asistir a retiros de meditación, plantar árboles, colaborar con un refugio de animales...; pero también meditar, intercambiar experiencias reveladoras para nuestro propósito vital o sobre el sentido de la vida, rezar juntos si somos creyentes... se incluyen en este tipo de intimidad.

También deberíamos mencionar la **intimidad física**, de la que hablaremos más adelante en este libro: abrazos, besos, caricias, cogerse de la mano, tener sexo...

Y, finalmente, no podemos olvidarnos de la **intimidad emocional**: aquella que tratamos de construir, fortalecer o recuperar a lo largo de este libro y que toma forma de expresar emociones y necesidades, compartir experiencias, hablar sobre cómo vivimos la relación, superar dificultades juntos...

INTIMIDAD EN LA PAREJA

Ahora que ya conoces los distintos tipos de intimidad, pregúntate:

- ¿Qué tipos de intimidad hemos desarrollado más ampliamente mi pareja y yo?
- ¿A cuáles no hemos destinado tantos recursos?
- ¿Qué aspectos podríamos trabajar para fortalecer la intimidad en general?

No dudes en transformar lo anterior en un «Cariño, he pensado que podríamos...».

Construir y fortalecer la intimidad, sobre todo emocional, significa poder decir: «No estoy bien», «Esto me ha dolido», «Necesito ayuda», «Me vendría bien un abrazo», «Echo de menos que...», «Te quiero», «Me vendría bien hablar», «Tengo miedo»... Pero para poder verbalizar lo anterior es necesario que nos mostremos vulnerables y, querido lector, mostrarse vulnerable es todo un temazo. Te lo explico a continuación.

VULNERABILIDAD: «VOY A DEJAR QUE ME VEAS»

Para que la conexión se produzca debemos ser vistos, pero vistos de verdad, de una manera que no todo el mundo es capaz, y podemos sentirnos expuestos. A eso lo llamamos vulnerabilidad. Y es que la vulnerabilidad nos expone, pero a la vez nos permite conectar.

Para algunas personas, la vulnerabilidad es insoportable. Tenemos una reticencia natural a mostrarnos vulnerables: nuestro instinto es protegernos y, por si no fuese suficiente, la sociedad nos enseña a esconder nuestras debilidades y a evitar la vulnerabilidad. Y así lo hacemos. Quizá porque pensamos que si nos exponemos demasiado, si nos ven demasiado, podrán hacernos daño, o bien que no nos aceptarán.

Si la vulnerabilidad nos incomoda sobremanera no dudaremos en protegernos, porque es así como actuamos cuando nos sentimos expuestos, cuando tenemos miedo. Y, recordemos, protegerse es mutuamente excluyente con conectar.

Mostrarnos vulnerables significa hablar de forma abierta de nuestras emociones, necesidades, inseguridades, miedos, metas y objetivos, ilusiones y sueños...

Quizá ya lo estés suponiendo: para que la conexión sea real necesitamos exponernos, sentirnos vulnerables, y eso significa enfrentarnos a nuestros miedos. Ahora bien, que no nos quepa duda: si nos sentimos inseguros en la relación, nos sentiremos incómodos mostrándonos vulnerables, es así. Solo es buena idea que nos expongamos y nos mostremos vulnerables si nuestra pareja abrazará nuestra vulnerabilidad, si nos hará sentir cuidados y lo interpretará como un acto de amor y confianza. De lo contrario, desnudarnos en lo emocional nos hará sentir expuestos y en absoluto seguros, y no podemos esperar otra cosa.

Si nos cuesta mostrarnos vulnerables, una relación segura será el escenario perfecto para expresarnos de tal forma que conectemos con la vulnerabilidad a pesar de que nos cueste horrores. Con el tiempo, veremos como esa incomodidad inicial va transformándose en seguridad, comodidad y conexión.

Aceptar nuestra vulnerabilidad y mostrarla a nuestra pareja puede ser un camino largo y emocionalmente difícil, pero podemos empezar por aquello que no nos haga sentir más expuestos de lo que estamos preparados: por ejemplo, hablar de cómo nos sentimos respecto a nuestro trabajo antes de abordar aspectos más sensibles como la relación con nuestra familia de origen o cómo nos sentimos con nuestra pareja.

Muchos de nosotros intentamos mantener el control de las emociones a base de negarlas, restarles importancia u ocultarlas. Todo eso nos aleja de la vulnerabilidad, a la vez que distancia tanto a nuestra pareja como a nosotros mismos de nuestro mundo interno y nuestra experiencia emocional. Si es tu caso, quizá ha llegado el momento de dejar de hacerlo.

«¿CÓMO ESTÁS?»

Seguro que en más de una ocasión has respondido «Bien» a la pregunta «¿Cómo estás?», casi de forma automática. Pero ¿cuántas veces estabas verdaderamente bien? ¿En cuántas ocasiones has evitado comunicar cómo te sentías en realidad?

Mi propuesta es la siguiente: cuando tu pareja te pregunte cómo estás, detente, reflexiona, trata de identificar las emociones con las que conectas y responde con honestidad y transparencia. Exponte, muéstrate vulnerable, tanto si has tenido un gran día como si estás deseando meterte en la cama y que pasen las horas.

Te dejo algunas opciones que pueden sustituir al «Estoy bien» si no lo estás, o al «No pasa nada» cuando no lo sientes así, o al «No es importante» cuando para ti sí lo es:

- «No sé cómo me siento, pero sé que no estoy bien».
- «La situación me supera».
- «No estoy bien. Necesito unos minutos para procesarlo».
- «No estoy preparado para hablar».
- «He tenido un día difícil».
- «No sé cómo gestionar lo que me sucede. Necesito ayuda».
- «No estoy seguro de qué necesito ahora mismo».
- «Me cuesta hablar de esto».
- «Creo que, si hablo de lo que me sucede, voy a echarme a llorar».
- «Antes te he dicho que estaba bien. Lo cierto es que no lo estoy».

Quiero que imagines la vulnerabilidad al otro lado de la orilla de un río. Para alcanzarla, debes cruzar por un camino de piedras. No sabes si esas piedras son estables o si, por el contrario, van a hacerte perder el equilibrio y caer al agua.

Con la vulnerabilidad sucede algo parecido: necesitas dar pasos en firme, sentir que las piedras no se mueven, y eso significa que tu pareja no te juzga, que sigue estando ahí, que te acepta, que te quiere ver de verdad y que muestra interés por lo que sientes, piensas y necesitas; en definitiva, que la relación es **un lugar seguro**.

Pero no vas a llegar al otro lado del río si no te arriesgas y empiezas a comprobar que las piedras son seguras. Es decir, no vas a trabajar tu vulnerabilidad si no te expones. Y puedes hacerlo con preguntas, como si fuese un juego.

Tal vez te cueste exponerte, pero, si formulas preguntas a tu pareja y tu pareja se muestra vulnerable dejándose ver a través de sus respuestas, probablemente se cree un ambiente de confianza y seguridad en el que te sientas más abierto a mostrarte vulnerable tú también.

«¿Y tú?» puede ser la pregunta que verbalice tu pareja tras mostrarse vulnerable, una invitación a que tú también te lances. Así pues, cada pregunta es un paso más hacia la vulnerabilidad, algo así como la excusa perfecta para que tu pareja se muestre y tú, tras escuchar y abrazar su respuesta, hagas lo mismo.

Si muestras interés por tu pareja, se sentirá vista, notará que despierta tu curiosidad. Será una invitación a mostrarse y elevará el nivel de intimidad, con lo que generará un clima de confianza, seguridad y aceptación y será, a su vez, una invitación para que tú también te muestres.

A continuación, te dejo algunos ejemplos de preguntas que podéis haceros mientras cenáis tranquilamente, o mientras dais un paseo. El cómo y el dónde lo dejo a vuestra decisión.

MOSTRARSE VULNERABLE Y VERSE DE VERDAD

Nivel principiante:

- «¿Cuál ha sido tu mejor momento de la semana?».
- «¿Qué has aprendido recientemente y te gustaría compartir conmigo?».
- «¿Quién te despierta admiración y por qué?».
- «¿Dónde te ves dentro de cinco años?».
- «¿Sobre qué temas jamás bromearías?».
- «De las injusticias que oyes, lees en los medios y ves por la televisión, ¿cuáles son las que más te cuesta entender o más coraje te despiertan?».
- «¿Qué te llevarías a una isla desierta?».
- «Si te desalojaran de casa y tuvieras tres minutos para escoger qué te llevas contigo, ¿qué escogerías?».

Nivel intermedio:

- «¿Qué necesitarías para considerar que lo tienes todo?».
- «¿Cuál es tu recuerdo favorito?».
- «¿Cuál es el logro del que te sientes más orgulloso?».
- «Cuando piensas en felicidad, ¿qué te viene a la cabeza?».
- «¿Qué es aquello que te hace sentir conectado con tu sentido de propósito o te hace sentir realizado?».
- «¿Qué crees que tenemos en común?».
- «De los errores que crees que han cometido las personas que te rodean, ¿qué es lo que te llevas?, ¿qué has aprendido?».

Nivel experto:

- «Si pudieras cambiar algo de tu historia, ¿qué sería?».
- «¿Cómo resumirías tu historia en menos de cinco minutos?».
- «Si pudieras volver atrás y cambiar algo, ¿qué sería?».
- «¿Qué secreto me has contado solo a mí?».

- «¿Qué experiencia difícil de gestionar ha contribuido a que hoy seas como eres?».
- «¿Qué suele reconfortarte cuando las emociones te desbordan?».
- «¿Qué tipo de apoyo suele proporcionarte un mayor alivio?».
- «¿Qué acciones, gestos o palabras te hacen sentir querido y cuidado?».
- «¿Qué es lo que siempre has querido compartir conmigo, pero nunca te has atrevido?».
- «De todas las experiencias y emociones que has ido compartiendo conmigo a lo largo de nuestra relación, ¿qué te ha resultado más difícil de compartir?».

Mostrarnos vulnerables aumenta las probabilidades de que nuestra pareja se muestre receptiva y disponible, y de que responda de forma adecuada a nuestras necesidades. Ahora bien, cuando nuestra pareja se muestra vulnerable, debemos responder estando a la altura; algo así como transmitirle: «**Gracias por arriesgarte a abrirte a mí**, no te voy a defraudar». Echa un vistazo:

RESPONDER A LA VULNERABILIDAD

- «Gracias por compartir conmigo cómo te sientes».
- «Te agradezco que confíes en mí».
- «Me gusta saber que cuentas conmigo».
- «Entiendo lo que dices, pero no estoy seguro de cómo puedo ayudarte».
- «Gracias por comentármelo. Ahora mismo necesito unos minutos para procesarlo».

Podemos forjar intimidad a base de comunicar lo que sentimos, pero no siempre resulta fácil, sobre todo si nuestra tendencia de apego es insegura. Será más probable que expresemos cómo nos sentimos y qué necesitamos si nuestra pareja responde mostrándose disponible, poniendo interés en entendernos y, en definitiva, proporcionándonos seguridad. Sin embargo, nuestra tendencia insegura puede llevarnos a protegernos en exceso o, lo que es lo mismo en términos de vulnerabilidad, a no mostrarnos en absoluto; en consecuencia, no estaremos brindando a nuestra pareja la oportunidad de demostrarnos que es alguien en quien podemos confiar, que contribuye a la seguridad en el vínculo.

Quizá nos cueste, en el día a día, expresar nuestras emociones y necesidades, pero podemos entrenarnos para que nos cueste cada vez menos y, de nuevo, podemos llevarlo a cabo a través de preguntas, esta vez más sensibles que las anteriores: preguntas directamente relacionadas con cómo nos sentimos en la relación y cómo estamos viviendo el vínculo. Importante: ten presente que no hay respuestas buenas ni malas; solo debemos apostar por la transparencia, entrenar la capacidad de mostrarnos vulnerables y tratar de utilizarlas para crecer a título individual y como pareja, y para fortalecer la seguridad en el vínculo. Te dejo algunos ejemplos:

BONUS TRACK
«ASÍ NOS VEO»

Pasado:

- «¿Qué es lo que más te gusta de nuestra relación?».
- «¿Qué momento de nuestra historia revivirías?».
- «¿Ha habido alguna ocasión en la que mi actitud te decepcionara?».
- «¿Con qué miedo has conectado más a menudo en las relaciones de pareja?».

- «¿Qué experiencias crees que nos ayudaron a sentirnos cerca?».
- «¿En qué fue lo primero que te fijaste cuando nos conocimos?».
- «¿Cuándo y cómo te diste cuenta de que empezabas a sentir algo por mí?».
- «¿Qué has aprendido de mí?».
- «¿Qué crees que hemos aprendido juntos?».
- «¿Cuáles crees que son nuestros logros más valiosos como pareja?».

Presente:

- «¿Qué necesitas de la relación?».
- «¿Hay algo que te gustaría que hiciéramos más a menudo?».
- «¿Qué es aquello que disfrutas haciendo conmigo, pero que no me has dicho?».
- «¿Crees que pasamos suficiente tiempo juntos?».
- «¿De qué forma crees que podríamos añadir más diversión o aventura a nuestra relación?».
- «¿Qué te gusta de mí?».
- «¿Qué emociones crees que vivimos de forma parecida?».
- «¿Qué dificultades crees que gestionamos de manera similar?».
- «¿Qué temas disfrutas más compartiendo conmigo?».
- «¿Qué tipo de conversaciones crees que nos hacen sentir más cerca?».
- «¿Qué actividades te hacen sentir más conectado conmigo?».
- «¿Qué emociones te cuesta más expresar?».
- «¿Cómo podría contribuir a una mayor seguridad emocional cuando necesitas expresar cómo te sientes?».
- «¿Alguna vez sientes que te critico o juzgo cuando expresas tus sentimientos o tu punto de vista?».
- «¿Cómo te sientes cuando compartes conmigo cómo te sientes? ¿Crees que respondo de la forma que necesitas?».

- «¿Sientes que puedes expresarte libremente, que puedes mostrar tus emociones y necesidades sin riesgo a que te juzgue o a que las desdeñe?».
- «¿Crees que soy capaz de reconocer cómo te sientes, de ver qué necesitas de mí emocionalmente hablando?».
- «¿Cuáles crees que son nuestras fortalezas como pareja?».
- «¿Qué crees que debería saber sobre ti para entenderte mejor, para verte de verdad?».

Futuro:

- «¿Qué áreas o aspectos consideras que deberíamos mejorar como pareja?».
- «¿Hay alguna cosa que te gustaría que probásemos?».
- «¿Qué te gustaría que te agradeciera más a menudo?».
- «¿Qué te gustaría aprender de mí? ¿Y que yo aprendiera de ti?».
- «¿Te gusta hacia dónde vamos?».
- «¿Dónde nos ves en unos años?».

La **aceptación** es indispensable. Si, cuando nuestra pareja se abre, la atacamos, estaremos saboteando el clima de confianza y aumentando las probabilidades de que se ponga a la defensiva, se cierre, se interrumpa el circuito de conexión y se produzca una ruptura del vínculo. En este sentido, estaremos volviendo unas cuantas piedras atrás y alejándonos de la otra orilla del río.

Para que la intimidad dé lugar a la conexión y esta se mantenga fuerte y sana no basta con que no se den rupturas del vínculo a menudo, sino que también debemos trabajar para fortalecerlo. Asimismo, es posible que seamos nosotros quienes saboteemos la conexión incluso antes de exponernos: quizá creamos que nuestras necesidades son inadecuadas, o demasiado intensas y abrumadoras, y no queramos agobiar a nuestra pareja; o puede que sintamos que, si compartimos cómo nos sentimos, estaremos alejándonos del grado de independencia y autonomía con el que nos sentimos seguros. En ambos casos estaremos impidiendo que nuestra pareja nos vea, alejándonos de la vulnerabilidad y, a su vez, dificultando la conexión.

Si no permitimos que nuestra pareja nos conozca o si nuestra pareja no está dispuesta a conocernos, estaremos limitando nuestra capacidad de conexión.

Además, si nuestra pareja no sabe qué necesitamos desde lo emocional, no nos lo podrá proporcionar; la consecuencia inmediata es obvia: nuestras necesidades emocionales no se verán satisfechas dentro del vínculo y nos alejaremos de la conexión y de la seguridad emocional que esta nos proporciona cuando está en plena forma.

COMPASIÓN: «NO SOMOS PERFECTOS. NI TÚ NI YO. Y ESO ESTÁ BIEN»

Cómo piensas a tu pareja es importante. Lo que te dices sobre lo que hace o lo que no hace, sobre lo que dice o lo que no dice, tiene un impacto en la relación. Bueno, en realidad, antes de tener un impacto en la relación, es nuestro sistema nervioso el que se ve afectado. Sí, es así: si pensamos a nuestra pareja en positivo experimentamos una mayor liberación de **oxitocina**. Seguro que has oído hablar de ella: la oxitocina es el neurotransmisor encargado de estrechar y afianzar lazos afectivos,[8] y se libera cuando tenemos contacto físico con nuestra pareja, cuando llegamos al orgasmo y, curiosamente, también cuando pensamos en nuestra pareja de forma positiva (y viceversa: promueve el contacto físico con nuestra pareja y nos lleva a pensar en ella de manera más positiva).

Es una realidad: no siempre pensamos a nuestra pareja de forma positiva. Es cierto que, en ocasiones, estos pensamientos son una representación bastante objetiva de la realidad (teniendo en cuenta que cualquier percepción de la realidad está sesgada, inevitablemente, al tratarse de una interpretación subjetiva por naturaleza). Estoy pensando en situaciones en las que nuestra relación no nos proporciona seguridad y, por supuesto, en aquellas en las que el vínculo hace mella en nuestro bienestar.

Sin embargo, cuando nos vinculamos mediante un estilo de apego inseguro, es bastante probable que en nuestro diálogo interno nos sorprendamos criticando, ridiculizando, desprestigiando o demonizando a nuestra pareja. A veces, en un intento de protegernos; otras, en un intento de desactivarnos poniendo distancia emocional de por medio. En ambos casos es de suponer que estemos obviando una parte importante: que nuestra pareja puede equivocarse, que también tiene problemas y, seguramente, que también cargue con una mochila emocional. En otras palabras: no estamos adoptando **una mirada compasiva**.

La compasión nos permite darnos cuenta del sufrimiento de nuestra pareja y se traduce en un interés genuino por entenderla y en el deseo de apoyarla.

Dicho de otro modo, la compasión nos invita a acompañar a nuestra pareja en su experiencia emocional, a estar ahí, a recordarle que no está sola y a que se sienta comprendida.

Es importante que prestes especial atención a la palabra «acompañar» y al concepto «estar ahí», pues tener compasión no va de intentar salvar a tu pareja ni de hacer tuyo su dolor, sino de verlo y de querer hacer algo al respecto, como por ejemplo demostrar que estás ahí con un silencio acompañado y una mirada cálida.

UNA MIRADA COMPASIVA

Para asegurarte de que respondes a las interacciones con tu pareja desde una mirada compasiva, haz un trabajo consciente para:

- Ponerte en su lugar y tratar de entender cómo debe de sentirse.
- Tener en cuenta su historia de vida, su mochila emocional y también sus miedos, inseguridades y heridas.
- No olvidarte de su estilo de vinculación: ¿cuál es su estilo de apego y qué necesidades se derivan de él? ¿Cómo podemos interpretar sus palabras y acciones en función de ese estilo?
- No dar por hecho, asumir ni sacar conclusiones precipitadas; es mucho mejor apostar por la curiosidad y, ante la duda, preguntar.
- Dejar los juicios de lado; tampoco caigas en decir qué ha hecho o dicho mal.
- No olvidar que tu pareja también siente y padece.
- No atribuir una intención oculta a sus palabras y acciones.
- Escoger ser amable, aunque te cueste.
- Pensar antes de hablar: todos podemos hacer daño con nuestras palabras y acciones; la cuestión es no contribuir al sufrimiento de tu pareja.
- Moderar las críticas y prestar mucha atención a tu diálogo interno: cuidado con demonizar a tu pareja o con decirte cosas que en realidad no piensas.
- No caer en pensar que tú tienes la razón al cien por cien; es posible que tu pareja también tenga su parte de razón, incluso que ambos puntos de vista puedan coexistir.
- Recordar que tu pareja tiene derecho a equivocarse.

Ser compasivo puede ser todo un reto si, para empezar, te cuesta mostrar una actitud compasiva para contigo mismo. Estoy hablando de ser autocompasivo, lo que podría resumirse como tratarse a uno mismo con amabilidad, alejándose de los juicios y de las miradas críticas.

La **autocompasión** nos ayuda a entender quiénes somos en función de nuestras experiencias, la forma en que las hemos procesado y cómo las hemos leído. Nos pone en contexto sobre por qué nos sentimos como nos sentimos, pensamos como pensamos y actuamos como lo hacemos; desde la curiosidad y el tratar de dar sentido.

AFIRMACIONES PARA LA AUTOCOMPASIÓN

Repite las siguientes oraciones en voz alta, prestando mucha atención a lo que te dices:

- «Puedo equivocarme».
- «Merezco tratarme con amabilidad y compasión».
- «Mis emociones son válidas».
- «Me perdono por lo que hice antes de aprender a hacerlo de manera más sana».
- «Estoy aprendiendo».

Creo conveniente hacer un último aporte acerca de la compasión: de la misma forma que la empatía sin límites puede ser perjudicial, incluso autodestructiva, la compasión jamás debe traducirse en que nos demos permiso a nosotros mismos para quedarnos en una relación que nos hace daño. En otras palabras: no confundas los conceptos «explicación» y «justificación». La compasión va de la mano de la curiosidad y nos permite entender y dar sentido; pero jamás debe confundirse con justificar las palabras o acciones de nuestra pareja si estas nos hacen daño o hacen mella en nuestro bienestar.

CONTACTO FÍSICO: «SINTÁMONOS CERCA ESTANDO CERCA»

¿Cuántas de las veces que te apetece abrazar, besar o acariciar a tu pareja lo haces? ¿Cuántas de las veces que te la cruzas por casa os miráis a los ojos? No digo que sea obligatorio, no; aquí la cuestión es otra: hablo de no hacerlo a pesar de que te apetezca, o bien ni tan siquiera prestarle atención porque no te parece importante.

El contacto físico lo es. Sí, ya sé: ¡vaya novedad! Sin embargo, me da la sensación de que es un gran olvidado cuando nos encontramos en relaciones duraderas o cuando no estamos especialmente bien con nuestra pareja: quizá porque sentimos menos ganas de establecer contacto físico, quizá porque creemos que hay aspectos más urgentes que atender.

Subestimar la importancia del contacto físico es un error común. Diría que los hallazgos científicos que se realizaron a mitad del siglo pasado sorprendieron en este sentido: Harry F. Harlow,[9] en sus experimentos de separación materna, necesidades de dependencia y aislamiento con crías de monos Rhesus, les dio a decidir entre «madres de alambre» que sostenían un biberón con comida o «madres de tejido» sin comida, pero con un tacto agradable y el calorcito que desprendía una bombilla situada detrás de ellas. ¿Adivinas qué sucedió? Las crías de monos Rhesus prefirieron las segundas, a pesar de que eran las primeras quienes les aportaban sustento vital real.

Nuestro cuerpo tiene alrededor de dos metros cuadrados de piel, un órgano muy sensible. Para algunas personas, el tacto va ligado a la conquista en el plano sexual, pero no se reduce a ello: el contacto físico es capaz de excitarnos, sí, pero también es capaz de proporcionarnos consuelo, de calmarnos,[10] transmitiéndonos que nuestra pareja está ahí, que podemos contar con ella.

En terapia veo a parejas que no se tocan, no se abrazan, no se besan, no caminan de la mano, ven la tele a metro y medio de distancia, no se dan un beso de buenas noches al acostarse, no se acarician cuando se cruzan por la casa, no se sorprenden con besos inesperados en el cuello...; ni tan siquiera mantienen contacto visual (que sigue siendo contacto, al fin y al cabo) cuando se hablan. Si están cómodas con este nivel de contacto, no tengo nada que decir. Sin embargo, al preguntarles si siempre ha sido así, el cien por cien me dicen que no, que al inicio estaban mucho más unidas en lo físico.

¿Qué ha sucedido? Que se han acostumbrado; que han dado por hecho que las caricias, los besos y los abrazos no les iban a faltar; que, de tanto tenerlos, han perdido valor. Y es que, cuando tenemos la posibilidad de mantener contacto físico con nuestra pareja tan a menudo como nos gustaría, perdemos interés.

Puede que os hayáis acostumbrado a tener menos contacto físico, pero eso no significa que no lo necesitéis, que no lo echéis de menos o que no pudiera beneficiar al vínculo y a cada uno de los integrantes.

Desarrollar y mantener la conexión es difícil si no nos priorizamos. Y priorizarnos también significa tocarnos más, con más intención y más a menudo. ¿Cuánto? Lo que sintamos que necesitamos.

«¿NOS SENTIMOS CERCA?»

Revisa con tu pareja cómo vive cada uno el contacto físico que mantenéis en la actualidad. ¿Os satisface? ¿Os resulta suficiente? ¿Echáis de menos sentiros más cerca? Puedes utilizar las siguientes preguntas para abordar estas cuestiones:

- «¿Crees que nos tocamos lo suficiente? ¿Sientes que me abrazas, besas, acaricias, mimas... tanto como te gustaría?».
- «¿Echas de menos algún tipo de contacto físico?».
- «¿Qué es lo que más te gusta que te haga: que te abrace, te bese, te acaricie el pelo, te coja de la mano...?».
- «¿Te parece bien que inicie el contacto físico o prefieres ser tú quien tome la iniciativa?».
- «¿Te cuesta establecer contacto físico, pedirme que lo entable o pedir mi consentimiento?».
- «¿En qué momentos el contacto físico te resulta más reconfortante? ¿Y en qué momentos preferirías dejarlo de lado?».
- «¿Cómo crees que el contacto físico podría ayudarnos a sentirnos más cerca el uno del otro?».

Antes de formular estas preguntas, quizá sea necesario que halles tus propias respuestas: tan importante será recoger la información que te proporcione tu pareja como poner sobre la mesa cómo te sientes tú. Por eso, reflexiona sobre las preguntas anteriores y ten preparadas tus respuestas para permitir que tu pareja te vea.

Hablamos de contacto físico en general, pero ¡cuidado! No cualquier contacto nos vale. La piel (o, mejor dicho, el cerebro) sabe que no es lo mismo establecer contacto que acariciarse. Esto confirman los estudios realizados por neuroimagen: parece que el cerebro y el cuerpo reaccionan de forma distinta según si el contacto físico es o no intencionado.[11] Y es que está comprobado científicamente que los abrazos de alrededor de veinte segundos aumentan los niveles de oxitocina[12] (el neurotransmisor encargado de estrechar lazos) y disminuyen los niveles de cortisol[13] (la hormona relacionada con el estrés). Algo parecido sucede con los besos de más de seis segundos: activan las áreas del cerebro encargadas del placer y liberan dopamina[14] (el neurotransmisor relacionado con la recompensa y el placer).

Es cierto que cada pareja tiene su propia forma de demostrar afecto con el contacto físico. No es mi intención decirte cómo debes acariciar, besar o abrazar a tu pareja. Como te decía unos párrafos más arriba:

Lo importante es que el contacto físico no quede diluido por el paso del tiempo, por la costumbre y la disponibilidad, sino intentar recuperar aquellos instantes de conexión física que se traducían en conexión emocional.

No nos engañemos: entablar contacto físico más a menudo puede mejorar la relación, pero, por supuesto, no es la panacea. Por mucho que tratemos de conectar a nivel físico, si existen problemas de comunicación no mejorarán a no ser que hagamos algo al respecto. Sin embargo, es probable que estemos más abiertos a mejorar la comunicación si nos sentimos conectados con nuestra pareja. Se trata de un pez que se muerde la cola, y podemos incidir en esta dinámica de forma simple y con resultados positivos.

—¿Y qué sucede si no me apetece tener contacto físico? —me preguntaba Miranda.

Es posible que te encuentres en un punto en el que no te apetezca, quizá porque hay rencor acumulado, porque experimentas desesperanza respecto al futuro de la relación, porque estás cansado de intentar que funcione...

—Hay situaciones en las que nos sentimos tan lejos de nuestra pareja que el contacto físico nos resulta demasiado intrusivo —le respondí—. En este caso no se trata de que te fuerces; se trata de que prestes atención y des sentido a lo que sientes.

Y es que parece que no tener sexo con nuestra pareja es algo que debe preocuparnos, algo más alarmante que no tener contacto físico: como si la frecuencia con la que hacemos el amor nos transmitiera información sobre el estado de nuestra relación. Sin embargo, no prestamos tanta atención a no tocarnos, a no acariciarnos, a ignorarnos en lo físico. En realidad, para muchas personas el sexo no es tan importante como sentirse atractivas para su pareja: el problema es que prescindimos del contacto físico y de las palabras que podrían fomentar la conexión emocional, y nos apoyamos en el sexo, por lo que este acaba proporcionándonos más que placer en el terreno físico.

RELACIONES SEXUALES: MUCHO MÁS QUE SEXO

Ana y Jorge vienen a consulta preocupados por su situación.

—Nos sentimos cada vez más lejos el uno del otro: no nos entendemos, no sabemos comunicarnos, y queremos saber si podemos salvar lo nuestro —comenta Ana.

—Discutimos cada vez más a menudo. Y el sexo es uno de los temas en los que más nos cuesta encontrarnos —añade Jorge.

Ana y Jorge son una pareja joven. Llevan apenas unos años saliendo. Se gustan, se atraen. Podríamos pensar que cuentan con todos los ingredientes para que sus relaciones sexuales sean satisfactorias o, cuando menos, no supongan un problema, ¿verdad? Pero la realidad suele ser más compleja.

La primera sesión la dedicamos a conocer su historia, a explorar sus dinámicas y a identificar las emociones con las que conectan tanto cuando están bien como cuando discuten y sienten que se alejan. Apenas hablamos de sexo, y se van a casa con una misión muy clara: aumentar las interacciones positivas, dar protagonismo a sus emociones y buscar espacios para conectar.

Ambos tienen muy buena predisposición, pero hay algo que no les convence:

—Montse, ¿podrías darnos herramientas para mejorar nuestra situación respecto al sexo? Ya sabes cuánto nos preocupa ese tema.

Entiendo la lógica: si el sexo es un problema para ellos, ¿por qué las sugerencias van encaminadas a mejorar su relación fuera de la cama?

Para mí tiene mucho sentido: en cada discusión, Ana nota que sus necesidades no están siendo vistas y se siente más lejos de Jorge. Para ella, sentirse cerca de Jorge es vital para que le apetezca acostarse con él. Que apenas tengan sexo es un problema para ambos: sienten que ya no hay chispa y que su relación se está apagando lentamente. Pero es Jorge quien lo pone sobre la mesa más a menudo: «Parecemos compañeros de piso». Ana se siente atacada y presionada al escuchar mensajes como el anterior; ante la pérdida de seguridad, reacciona: «Si no me apetece, ¿qué quieres que haga?».

Con el paso del tiempo, el problema ha ido más allá: no solo no mantienen relaciones sexuales, sino que apenas se dan besos ni abrazos. «Cada vez que me acerco, te apartas», se queja Jorge. A lo que Ana responde: «Me aparto porque no sé si solo quieres acercarte o si quieres algo más; y a mí no me apetece ese "algo más"».

No se están viendo. Ese es precisamente el punto de encuentro entre ambos: necesitan que el otro vea y reconozca sus necesidades. Si Jorge empieza a ver a Ana, se dará cuenta de que lo que sucede fuera del dormitorio es importante para ella: necesita que haya conexión en las interacciones del día a día, sentir que la comprende cuando expresa sus sentimientos, que se está esforzando por entenderla cuando discuten.

Y, si Ana empieza a ver a Jorge, se dará cuenta de que se siente rechazado e invisible; de que el sexo no es tan importante para él como sentirse visto, resultarle atractivo y notarla físicamente cerca.

Ana y Jorge tienen más trabajo que hacer fuera de la cama que dentro de ella, porque su problema no es sexual, sino emocional.

El sexo es uno de los motivos de consulta de muchas parejas. Y es habitual que uno de los problemas sea, precisamente, considerarlo el origen de los problemas y no la consecuencia.

A mí me gusta ver el sexo como un reflejo de las dinámicas que se dan en la relación en el plano emocional:

- Si te cuesta expresar tus necesidades emocionales, es probable que suceda lo mismo respecto al sexo.
- Si sueles centrarte en satisfacer las necesidades de tu pareja por encima de las tuyas, es posible que priorices la satisfacción de tu pareja, incluso dejando de lado la tuya.
- Si no te sientes cómodo hablando de tus emociones, seguro que tampoco te sientas cómodo hablando sobre lo que te gusta y lo que no en la cama.

Y que nos sintamos lejos en lo emocional, que haya tensiones entre nosotros, que notemos que no nos entendemos puede tener un impacto negativo en las relaciones sexuales, pues estas requieren que nos desnudemos, no solo de forma literal, sino también emocional. Recuerda: no podemos experimentar inseguridad y estar conectados a la vez.

Que podamos mantener relaciones sexuales con personas por las cuales no tenemos sentimientos nos hace pensar que sexualidad y necesidades emocionales son cuestiones independientes. Y pueden serlo, pero, cuando se aúnan en el marco de las relaciones de pareja, podemos experimentar una mayor satisfacción tanto en la cama como fuera de ella.

Nos han enseñado a ver el sexo como un fin en sí mismo cuyo objetivo es satisfacer el deseo llegando al orgasmo. Una visión válida, sin duda, pero también limitante y que deja de lado las oportunidades en lo emocional.

Que nuestra pareja establezca contacto físico —que puede o no traducirse en un encuentro sexual—, nos hace sentir deseados, atractivos. Que nuestra pareja nos pregunte en lugar de darlo por hecho, nos hace sentir vistos. Que nuestra pareja recuerde lo que hemos hablado respecto a qué nos gusta y qué no, qué nos incomoda y qué nos hace sentir respetados, nos hace sentir que nos tiene en cuenta, y nos recuerda que nuestros límites no van a ser transgredidos. Y todo eso contribuye a que experimentemos seguridad respecto a nuestra relación en el área sexual.

«HABLEMOS DE SEXO»

Proponle a tu pareja la posibilidad de crear un espacio en el que podáis comunicaros de forma abierta, clara y transparente sobre vuestras preferencias y vuestras necesidades emocionales en torno al sexo. Si no acostumbras a hablar de sexo con ella, quizá sientas una ligera incomodidad al inicio. ¡Que esa incomodidad no te detenga! También es posible que no sepas muy bien cómo comenzar. ¿Qué tal si te echo una mano?

«Cariño, me he dado cuenta de que apenas hablamos sobre sexo. Me importas y quiero que el sexo entre nosotros sea satisfactorio, pero, sobre todo, que experimentemos comodidad, seguridad y confianza al respecto. Por eso he pensado que estaría bien hablar de sexo más a menudo. ¿Qué me dices? Si quieres empiezo yo: me gustaría compartir algunas cosas contigo y que tú también aportaras tu visión sobre ellas. ¿Te animas? 😊».

Al crear un espacio de comunicación, estarás ofreciendo a tu pareja claves para que te conozca más y para que tú la conozcas más, lo que reducirá la distancia entre los dos, trabajará la conexión y hará que vuestra relación sea un vínculo más seguro para ambos.

¿Te has fijado en que en las películas el sexo fluye sin apenas mediar palabra? Quizá ya te hayas dado cuenta de que no es un reflejo de lo que sucede en la vida real. La comunicación es vital si queremos sentirnos seguros. Mi experiencia en consulta me dice que dar por sentado es un error y que resulta mucho más efectivo comunicarse, por eso es importante que la conversación que te propongo contemple tanto tus necesidades emocionales como las de tu pareja. Y eso se consigue con empatía, respeto, grandes dosis de aceptación y una actitud libre de juicios.

«¿CUÁNTO ME CONOCES?»

Para que la conversación sea más distendida, podéis transformarla en un juego.

1. Coged una hoja de papel cada uno y dibujad una tabla con dos columnas.
2. Titulad la columna de la derecha «Cosas que me gustan o me gustaría probar» y escribid cinco posiciones, acciones o palabras que os apetecería incluir en vuestras prácticas.
3. Haced lo mismo con la columna de la izquierda, pero en este caso bajo el título «Cosas que no me gustan o que no me gustaría probar».
4. Una vez que hayáis escrito los diez ítems cada uno, añadid un asterisco al lado de aquellos que creáis que vuestra pareja va a adivinar.

5. A continuación, pregúntale cuáles cree que son los ítems de tu columna derecha.
6. Después, trata de adivinar los cinco ítems de su columna derecha.
7. Haced lo mismo con la columna izquierda.
8. Hora de hacer recuento: ¿quién ha adivinado más? Podéis establecer un premio para el ganador: por ejemplo, escoger el plan del próximo fin de semana, la peli que vais a ver esa noche o el siguiente restaurante al que iréis.

Hay tres situaciones comunes que ponen en jaque la seguridad percibida en torno al sexo: que existan discrepancias dentro de la pareja respecto a la frecuencia con la que se mantienen relaciones sexuales; que se experimente algún tipo de dificultad relacionada con la sexualidad, y que la chispa se apague. Cómo se aborden estos aspectos puede marcar la diferencia entre una relación que nos proporciona seguridad y una que nos conecta justo con lo contrario. ¡Veámoslo!

A estas alturas ya sabes que comunicar nuestras necesidades es el primer paso. El segundo consistiría en llegar a un consenso para que ambas partes nos sintamos cómodas y satisfechas, ¡todo un reto si tenemos necesidades distintas! Y esto es lo que suele suceder respecto a la frecuencia de las relaciones sexuales.

Minerva siempre ha sido sexualmente más activa que Roberto, su pareja; pero siente que desde hace unos meses las diferencias se han acentuado hasta sentirse muy lejos el uno del otro. Lo han hablado, pero no son capaces de encontrar, cito textualmente, «una solución».

Minerva se siente rechazada por su pareja:

—Te parecerá una tontería, pero mi autoestima está por los suelos; me siento invisible para él —comenta.

Mientras que para Roberto la situación es radicalmente distinta:

—Tengo mucho estrés en el trabajo. Cuando llego a casa no tengo ganas de nada. Me cuesta un mundo estar por los niños, preparar la cena, etc. Y caigo rendido después de cenar. Minerva me gusta mucho. Pero ya no sé cómo decírselo: ¡hasta me ha llegado a preguntar si me estoy viendo con alguien!

—¡Es que cuando le abrazo o le doy un beso enseguida me aparta! ¿Cómo no lo voy a pensar? —añade Minerva.

—Lo hago porque, si me dejo llevar y te doy un beso apasionado, vas a creer que quiero algo más, y no quiero tener que decirte que no. ¡No sabes cuánto me duele decirte que no y que tú te sientas rechazada…!

Roberto se siente en una encrucijada: si inicia un acercamiento cuando están a solas, Minerva lee que le apetece tener sexo; a Roberto le duele tener que decirle que no. ¿Solución? No iniciar acercamientos. ¿Resultado? Que cada vez estén más lejos.

Con Minerva y Roberto probamos lo siguiente:

SEMÁFORO DE LA PASIÓN

Se trata de un simple ejercicio en el que comunicarás a tu pareja cuánto te apetece tener relaciones sexuales en ese momento a través de un código de colores:

- El color verde indica que sí te apetece.
- El ámbar significa que no estás seguro de querer, pero sí te apetece que os miméis, que os sintáis y… ¡lo que surja! Importante: esta opción debe contemplar siempre la posibilidad de que la cosa se quede en eso, en mimos.
- Y el rojo se traduce en «Hoy no me apetece en absoluto».

Pensarás: ¿y por qué no decirlo directamente? Es una opción, por supuesto que sí, pero lo cierto es que, cuando arrastramos un historial de «Cariño, hoy no me apetece», es inevitable que nuestra mente sustituya el «hoy» por el «nunca» y que hagamos del rechazo algo personal. En cambio, un código de colores nos proporciona justo lo que necesitamos: comunicarnos de forma clara y sin personalizar.

Esta herramienta debe ir acompañada de una premisa: «cero presiones, cero expectativas». Roberto necesita saber que puede entablar contacto físico con su pareja sin que suponga el compromiso de llegar a algo más.

Minerva quiere más, cierto; pero al menos, si Roberto establece contacto más a menudo, seguramente ella se sentirá más atractiva y menos invisible para su pareja. De esta forma, Roberto se encontrará más aceptado y tranquilo, y Minerva se sentirá más vista: todo eso los llevará a encontrarse más seguros en la relación y, en consecuencia, estarán más cerca de recuperar la vida sexual de antes.

Que pongamos sobre la mesa el concepto de **presión** asociado al sexo no es casualidad: no podemos sentirnos en tensión y, a la vez, tener ganas de practicar sexo. Y que haya presión en torno al sexo significa que las relaciones no son tan satisfactorias como querríamos, o que no suceden tan a menudo como nos gustaría.

La presión surge cuando no estamos seguros de cumplir con ciertas **expectativas**; expectativas que nuestra pareja nos ha manifestado, expectativas basadas en hechos o expectativas derivadas de las creencias limitantes que existen alrededor de cómo deberían ser las relaciones sexuales.

Las expectativas, que suelen traducirse en presión, dan lugar a la inseguridad; y la inseguridad se encuentra en el origen de muchos problemas relacionados con el sexo.

La presión por satisfacer las expectativas y la inseguridad que nos invade cuando esto no sucede se multiplica de forma exponencial cuando experimentamos algún tipo de **problema sexual**. Comprensible, ¿verdad? Pero la cosa no queda ahí: muchas de las dificultades con las que nos encontramos en el área sexual se exacerban por el componente emocional. ¡Hablemos de ello!

¿Sabías que alrededor del 40 por ciento de las mujeres y el 30 por ciento de los hombres[15] sufren algún tipo de dificultad relacionada con el sexo? En el caso de las mujeres, las más comunes son bajo deseo sexual, problemas de lubricación, dolor que aparece al mantener relaciones por penetración vaginal y dificultad para alcanzar el orgasmo. En el caso de los hombres, el problema más habitual es la eyaculación precoz, seguida de la dificultad para conseguir y mantener la erección.

Todo eso puede tener origen en causas fisiológicas, pero suele verse afectado por el componente emocional: el estrés, las preocupaciones, los problemas ajenos a la pareja, las dificultades emocionales relacionadas directamente con el vínculo…

Los problemas sexuales nos preocupan y —es obvio— nos generan grandes dosis de frustración y malestar. Queremos que «se solucionen», queremos disfrutar del sexo y ofrecer a nuestra pareja relaciones sexuales satisfactorias. Todo eso puede traducirse en presión, sobre todo cuando sentimos que la relación pende de un hilo.

Eso mismo le sucedía a Carlos, un chico de veintinueve años que tenía dificultades para mantener la erección. Carlos sentía que tenía que «dar la talla y cumplir». La presión que experimentaba para mantener la erección y, así, satisfacer a Mar, su pareja, le llevaba justo a lo contrario.

Mar se sentía frustrada por no poder tener relaciones «sin problemas», algo que expresaba con un tono de preocupación que a menudo recordaba a la frustración. Para Mar, que su pareja no pudiera mantener la erección era un problema que tenía impacto más allá del sexo: «Te he dejado de gustar» era la conclusión a la que llegaba, aunque para Carlos la realidad era muy distinta: «Tengo miedo de perderte y no quiero que suceda, pero sé que, si no doy la talla, me vas a dejar».

Con ellos trabajamos en torno al concepto «¡adiós, presión!».

¡ADIÓS, PRESIÓN! ¡HOLA, SEGURIDAD!

Toma buena nota de las siguientes premisas:

- Sentir y fortalecer la conexión entre los dos, disfrutando del momento íntimo de estar desnudos en la cama, piel con piel. Y eso significa dar más importancia al erotismo, a los besos, a las miradas, a los abrazos y a las caricias en zonas erógenas, y asegurarse de que no queden eclipsados por la penetración u otras prácticas sexuales.
- Experimentar placer, que no es necesariamente llegar al orgasmo. Por ejemplo, en vez de preguntar a tu pareja «¿Has llegado?» o «¿Llegarás?», ¿por qué no probar con un «¿Has disfrutado?», «¿Te ha gustado?»?
- Contemplar las relaciones sexuales más allá del coito, no como sinónimo de este.

Pongámoslo en contexto: en el momento en que vemos las relaciones sexuales como algo **más que un medio para llegar el orgasmo**, en que dejamos de ver el orgasmo como el objetivo que hay que alcanzar para considerarlas satisfactorias y en que tratamos de romper la asociación entre relaciones sexuales y coito, podemos vivirlas sin (tanta) presión.

Pensar que las relaciones sexuales son placenteras únicamente si llegamos al orgasmo es limitante.

¿Por qué? Porque nos lleva a centrarnos en la consecución de un fin, más que en la satisfacción del proceso en sí, y a dejar de lado las oportunidades de conexión e intimidad que trae consigo el sexo; por no decir que hace sentir inadecuadas a aquellas personas que tienen dificultades para llegar al orgasmo.

Por otro lado, debemos tener en cuenta la asociación que hemos establecido socialmente entre el concepto «relaciones sexuales» y el coito. De hecho, existe una secuencia preestablecida: preliminares, coito y orgasmo. En el momento en que dejamos de considerar el coito el centro de las relaciones sexuales y pasamos a otorgarle la categoría de una práctica sexual más entre otras muchas posibles, empezamos a poder vivir el sexo sin la presión de tener que apostar por determinadas prácticas para disfrutar. Y eso, cuando tenemos problemas sexuales, es en especial muy liberador.

Como ya sabemos, lo que pasa fuera de la cama también importa: Carlos necesita sentirse apoyado por su pareja, necesita sentir que su relación no peligra. Eso no significa que Mar no se sienta frustrada, ni tampoco que no pueda expresar su frustración, por supuesto, pero en sus manos está escoger cómo hacerlo.

«¿Cuándo podremos tener relaciones sexuales normales?», «No te pongo y por eso te pasa», «Tienes que buscar una solución ya; no podemos seguir así», son comentarios duros. Podemos empatizar con la frustración, la impotencia y el malestar que dejan entrever; pero, si Mar decide apostar por ellos, estará ofreciendo a su pareja lo contrario de lo que necesita escuchar.

Carlos necesita sentirse seguro, y esto es posible si los comentarios que recibe al respecto van en la dirección de proporcionarle seguridad:

«SOMOS UN EQUIPO ESPECIALMENTE CUANDO EXPERIMENTAMOS DIFICULTADES»

Si tu pareja experimenta dificultades en el área sexual, necesita sentir que el vínculo no peligra; que, a pesar de que la situación también te resulta frustrante, formáis parte de un equipo dispuesto a afrontarla como pareja. ¿Cómo? Toma nota de estas frases clave:

- «Si hoy no podemos, lo volvemos a intentar mañana, no te preocupes».
- «Estoy aquí contigo. Aunque no podamos tener sexo como nos hubiese gustado, estoy disfrutando de tu compañía».
- «La situación me frustra a mí también, pero quiero que sepas que haremos todo lo posible para que mejore. Juntos, como un equipo».
- «¿Y si probamos otras opciones?».
- «Cuenta conmigo: somos un equipo».

Todavía nos queda hablar de la chispa. ¡Ay, la chispa! Cuántas veces hemos podido plantearnos decisiones basadas en la pérdida del **deseo**, cuánto nos asusta perder la chispa y cuánto hemos demonizado la rutina, incluso la convivencia y la predictibilidad, por este motivo.

Las películas acaban antes de que el deseo se apegue y nos perdemos una parte de la realidad muy real, valga la redundancia: la pasión no es constante, sino que sufre altibajos. Teniendo en cuenta que está sujeta a la salud, al tiempo libre del que disponemos, a los quebraderos de cabeza que tengamos, a nuestro nivel de bienestar a título individual, al bienestar que experimentemos respecto a nuestra relación de pareja y a cómo gestionemos las situaciones anteriormente mencionadas… es natural y esperable que la llama de la pasión no siempre se mantenga igual de viva, ¿no?

Es curioso cómo otorgamos mayor o menor importancia al sexo según lo satisfechos que estamos con nuestra relación, sobre todo cuando atravesamos un bache o una crisis de pareja. Según los estudios, las parejas satisfechas atribuyen al sexo entre el 15 y el 20 por ciento de su malestar,[16] puesto que lo ven como una forma más de conectar, mientras que las no tan satisfechas le atribuyen entre el 50 y el 70 por ciento del malestar, e incluso llegan a verlo como la causa principal de sus problemas. Teniendo en cuenta que el sexo suele ser lo primero que se ve afectado cuando una relación empieza a deteriorarse, tiene sentido, ¿verdad? La consecuencia es evidente: como les sucedía a Ana y a Jorge, solemos poner todos nuestros esfuerzos en recuperar la chispa convencidos de que, si recuperamos la pasión, salvaremos la relación.

En palabras de Esther Perel, psicóloga belga que promovió el concepto de «inteligencia erótica»:

La clave para mantener la chispa reside en tratar de alcanzar el equilibrio entre el misterio, la aventura y (¡atención!) la seguridad.

Lo que más echan de menos las parejas que llevan años juntas es el flirteo inicial, o eso dicen algunos estudios. Nuestra pareja ya no es una novedad; siento ser tan clara, pero es un hecho. Y no vamos a negar que el modo conquista resulta atractivo: la curiosidad y la montaña rusa hormonal que experimentamos nos proporcionan un chute de emociones que se desvanece a medida que la relación se consolida y se sustituye la sorpresa por una tranquila sensación de seguridad (algo más que necesario para nuestro bienestar, por cierto). Salvo que nos esforcemos por mantener los componentes aventura y misterio, estos van quedando más y más atrás a medida que pasan los años (si nuestra relación es monógama).

Rescatar la aventura y el misterio nos ayuda a fortalecer esa chispa que puede no estar en plena forma. ¿Y cómo podemos recuperarlos? Añadiendo **novedad** y **sorpresa** a la relación.

REDESCUBRID VUESTRA CURIOSIDAD

Escoge las opciones que te despierten más curiosidad y con las que creas que vas a sentirte más cómodo. Después propónselas a tu pareja. O mejor todavía: echad un vistazo a las siguientes opciones y decidid juntos a cuáles vais a darles una oportunidad.

- Hojear el *Kamasutra* juntos en busca de nuevas posiciones.
- Hablar de sexo abiertamente, sin tabúes.
- Haceros partícipes de alguna de vuestras fantasías sexuales.
- Añadir variedad a vuestros encuentros (que no todo se reduzca al dormitorio, ni a la misma hora del día, ni al mismo día de la semana, ni a encuentros planeados).
- Recordar lo que hacíais al inicio de la relación y recuperar algunas costumbres.
- Preparar una cita sorpresa (importante: debe tratarse de un plan con el que sepamos que nuestra pareja no solo se sentirá cómoda, sino que le gustará).
- Recrear vuestras primeras citas, como si fueseis desconocidos que quedan para cenar por primera vez.

Otras opciones podrían ser abrir la relación, buscar a una tercera persona para compartir encuentros sexuales, frecuentar locales de intercambio de parejas...

Pero, como señala Perel, el componente aventura debe quedar equilibrado con la **seguridad**: experimentamos seguridad cuando nos sentimos cómodos hablando con nuestra pareja de nuestras preferencias sexuales y de nuestras necesidades emocionales en el terreno sexual.

Necesitamos recibir aceptación por su parte. Pero ¡cuidado! Esto no significa que tenga que ceder a algo que no le apetezca, ¡no!; significa que debe respetarnos y responder de forma positiva haciéndonos sentir cómodos, tanto que sea más probable que volvamos a desnudarnos —en un sentido abstracto— en el futuro.

La seguridad va de la mano de la **apertura** a escucharse mutuamente. Sugerencias como «Cariño, he estado pensando que podríamos probar otras posturas en la cama. ¿Te apuntas?» deben ir seguidas de un «¡Me parece una idea genial! Creo que nos vendrá bien experimentar un poco», o de un «No estoy seguro de que vaya a sentirme cómodo. Podemos probarlo, pero no te prometo nada. Gracias por ponerlo sobre la mesa», o de un «Te agradezco mucho que me lo hayas comentado, pero no lo acabo de ver». En todo caso, nuestra propuesta no debe ir seguida de un «Pero ¿qué dices? Quita, quita, mejor seguimos como hasta ahora», o de un «¡Se te va la pinza!», o de un «A mí no me van estas cosas» (con cara de desaprobación).

Cuando nuestra relación es segura, estamos más abiertos a explorar el erotismo en pareja: a hablar de nuestras preferencias en la cama, de nuestras dificultades y de nuestras necesidades emocionales vinculadas al sexo.

Cuando nos sentimos lejos de nuestra pareja, es probable que nos resulte más difícil llegar al orgasmo, en el caso de las mujeres; y que nos cueste alcanzar y mantener la erección, en el caso de los hombres. Y eso tiene muchísimo sentido, teniendo en cuenta que, si estamos desconectados de nuestra pareja, si no nos sentimos seguros respecto a la relación y si nos sentimos solos respecto a los problemas que puedan surgir en ella, será menos probable que nos sintamos conectados respecto al sexo.

¿Has pensado que quizá lo que necesitas para avivar la chispa no se encuentra en las relaciones sexuales? A veces solo nos hace falta sentirnos vistos, atractivos y deseados por nuestra pareja. Y conseguirlo no requiere grandes planes, ni romperse la cabeza tratando de sorprenderla, ni gastar un solo euro, ni tan siquiera esforzarse por «ser mejor amante». ¿Recuerdas lo que comentábamos sobre las oportunidades que nos brinda cada día para trabajar la conexión? Pues lo mismo sucede con la chispa: podemos trabajar para mantenerla encendida, incluso reavivarla fuera del dormitorio.

QUE NO SE APAGUE LA CHISPA

Aprovecha cada oportunidad que surja para expresarle a tu pareja cuánto te gusta. Te dejo algunos ejemplos con la idea de que te sirvan de inspiración y puedas hacerlos tuyos usando tus propias palabras:

- «Hoy tienes el guapo subido», mientras desayunamos.
- «¡Me encantas! ¡Cada día me gustas más!», cuando nos cruzamos por casa, mirándonos a los ojos.
- «¿Te he dicho ya cuánto me gustas?», cuando nos despedimos antes de ir a trabajar, parándonos un momento, dando espacio a la conexión.
- «Tengo ganas de que sea esta noche y los niños estén dormidos», por mensaje, a mediodía.
- «Me muero de ganas de estar contigo y repetir lo de anoche», a modo de susurro acompañado de un beso en el cuello cuando coincidimos en la cocina preparando la cena.

La frecuencia de estos mensajes dependerá de cada persona o, mejor dicho, de cada pareja. Y, por supuesto, no se trata de hacer nada que no te apetezca. La idea detrás de esta propuesta es no caer en lo que a menudo veo en consulta: personas que piensan todo eso, pero que no se lo comunican a sus parejas, ya sea porque no forma parte de su manera de comunicarse dentro de la relación, ya sea porque esta se ha enfriado y creen que sería raro. En todo caso, ¡lo sienten! Entonces ¿por qué no verbalizarlo? Por eso te propongo lo siguiente:

Aprovecha cada oportunidad que tengas para recordarle a tu pareja cuánto te gusta, lo atractiva que te resulta y cuánto disfrutas compartiendo momentos de intimidad física y de conexión con ella.

Si apuestas por ello de forma sistemática y consistente, será más probable que tu pareja haga lo mismo y, entre los dos, mantendréis encendida la llama de la pasión.

Hay algo más que me gustaría que tuvieras en cuenta: imagina que es tu pareja quien verbaliza mensajes como los anteriores. No nos vale cualquier respuesta: queremos potenciar su efecto y sacarle el máximo partido a ese momento de intercambio positivo. ¿Cómo? Sigue leyendo:

CHISPA Y CONEXIÓN VAN DE LA MANO

Puedes responder a mensajes como los anteriores con una sonrisa, con un «Gracias» o con un «Yo también». Son buenas opciones, sin duda. Pero te propongo que vayas más allá y aproveches para afianzar la conexión emocional comunicando las necesidades que han sido satisfechas: de forma implícita, dejándolas entrever, o de forma explícita, comunicándolas abiertamente.

En la siguiente tabla te dejo algunos ejemplos de respuesta a los mensajes anteriores:

RESPUESTA QUE DEJA ENTREVER LAS NECESIDADES EMOCIONALES DE FORMA IMPLÍCITA	RESPUESTA QUE MANIFIESTA LAS NECESIDADES EMOCIONALES DE FORMA EXPLÍCITA
«Muchas gracias, cariño; hacía mucho que no me lo decías y me ha encantado escucharlo».	«Me he sentido visto cuando me has dicho que tengo el guapo subido».
«Cuando me has dicho que cada día te gusto más, me has hecho sentir la persona más atractiva del mundo. Te parecerá una tontería, pero me ha gustado mucho escucharlo».	«Cuando me dices que cada día te gusto más, me haces sentir especial. Significa mucho para mí».
«Sí, amor, a menudo me recuerdas cuánto te gusto, pero me encanta escucharlo. Tú también me gustas mucho».	«Me siento importante cada vez que me recuerdas cuánto te gusto, y me encanta escucharlo».
«¡Yo también! Estoy deseando compartir contigo un rato a solas» u «Hoy no me apetece tener sexo, pero sí que me apetece un montón estar contigo, abrazarte y sentirte cerca».	«Me gusta saber que te apetece estar a solas conmigo. A mí también me gusta sentirte cerca, incluso cuando no tengo ganas de sexo».
«¡Qué bien que me lo digas! Justamente esta mañana he pensado lo mismo».	«Me ha gustado que compartieras conmigo cómo te sientes respecto a nuestros encuentros».

¿Te acuerdas de la importancia que tienen la responsividad, la consistencia y la reciprocidad en la seguridad emocional? Estos mensajes no solo nos sirven para dar una pista sobre nuestras necesidades emocionales, sino que también transmiten a nuestra pareja que lo que nos manifiesta es recíproco y que, cuando haga comentarios de este tipo, encontrará una respuesta positiva, lo que contribuye a una relación más segura.

DISCULPAS REPARADORAS: «CUALQUIER DISCULPA NO ME VALE»

Seguramente ya te hayas dado cuenta, pero decir «Lo siento» o pedir disculpas no suele bastar. Unas disculpas que ejerzan de auténtico reparador de la ruptura del vínculo no se pueden reducir a una oración, aunque esta sea una parte imprescindible del proceso de **reparación**. Veamos un ejemplo.

Bego se ha sentido ninguneada por su pareja delante de su grupo de amigos. Estaba explicando las dificultades que tenía en el trabajo y él ha volteado los ojos y ha dicho algo así como que no había para tanto. A Bego le ha sentado fatal:

—Yo quiero que mi pareja sea un apoyo para mí y he sentido que más bien eras todo lo contrario. No me ha gustado nada.

—¡Qué exagerada eres! ¡Tampoco ha sido para tanto! —responde él.

—¿Ves?, ¡ya lo vuelves a hacer! —exclama Bego.

—Joder, lo siento, ¿vale? —sentencia Efrén medio a regañadientes.

Se hace el silencio. Efrén lo rompe en un intento de explorar si tiene el perdón de su pareja:

—Bueno, ya está, ¿no? Era eso lo que buscabas, ¿no?

Bego sigue enfadada. Hace que no con la cabeza y aparta la mirada.

—¿En serio? Ya te he pedido disculpas. ¿Qué más quieres? —pregunta Efrén.

Bego lo tiene claro:

—Siento que lo has dicho con la boca pequeña, para salir del paso, porque crees que es la forma de acabar con el conflicto; no porque lo sientas de verdad.

Efrén le ha pedido disculpas, es cierto. Sin embargo, Bego no ve sus palabras como unas disculpas genuinas. ¿Por qué? Porque de ellas no se desprende una **autocrítica** sincera ni una autorreflexión previa; Efrén tampoco ha respondido de forma responsable afectivamente hablando y no parece entender muy bien qué le ha molestado.

¿Qué necesita Bego? Que Efrén entienda por qué le han molestado sus palabras. Que lo entienda le hará más consciente y, por lo tanto, reducirá las probabilidades de que la historia se repita. Por el contrario, si no lo entiende, es posible que situaciones parecidas pasen desapercibidas y que se repita el agravio.

Bego necesita **garantías**: «No quiero perdonar a la ligera, como he hecho en otras ocasiones, para que en cuestión de días se produzca una situación similar».

Bego necesita que Efrén reflexione, que no verbalice unas disculpas para salir del paso; necesita saber que lo que ella siente le importa, que la relación le importa y que hará lo posible por no perjudicarla. Y eso significa hacer autocrítica, un paso que Efrén parece saltarse.

Puede que la mejor disculpa sea un cambio de comportamiento, pero antes debemos ofrecerle a nuestra pareja ciertas garantías de que no volverá a pasar, para restaurar el vínculo y recuperar la seguridad.

¿Cómo se traduciría en palabras? Podría ser algo así como: «Perdóname. Sé que no debí decir lo que dije. Entiendo que mi mensaje transmitió que lo que te sucede no me parece tan importante como a ti, y comprendo que eso te hizo sentir que subestimaba tus sentimientos. Lo dije sin pensar y estuvo mal por mi parte. Intentaré ponerme en tu piel más a menudo para evitar herirte. ¿Crees que puedes perdonarme?».

Estas palabras deben acompañarse de un **cambio** de comportamiento, por supuesto; de las acciones y las palabras de Efrén debe desprenderse una mayor conciencia respecto a lo que sienta mal a Bego; pero estas disculpas son una muy buena forma de **reconocer el agravio** y, así, reparar el vínculo.

UNAS DISCULPAS VERDADERAMENTE REPARADORAS

Las disculpas serán interpretadas como reales y ejercerán de motor reparador de la ruptura si:

- Reconoces el agravio causado: «Sé que te ha dolido que...», «Sé que mi comentario ha reabierto viejas heridas», «No he debido abordar el tema de forma tan insensible», «Te he juzgado y no he debido», «Comprendo que lo que he dicho te ha hecho sentir poco importante».
- Demuestras autorreflexión y autocrítica: «No ha sido una buena idea...», «No he debido decir...», «Me he equivocado pensando que...», «He debido preguntarte antes de...».
- Asumes tu parte de responsabilidad: «Soy consciente de que...», «He debido darme cuenta de...», «Lo que he hecho ha estado mal».
- Expresas remordimiento: «Lamento haberte hecho sentir mal», «Ojalá pudiera volver atrás y actuar de otra forma».
- Apuestas por una actitud proactiva para reparar el daño causado: «¿Qué puedo hacer para repararlo?», «¿Qué puedo hacer para aliviar tu sufrimiento?».
- Das a tu pareja la posibilidad de decidir si lo anterior es suficiente para considerar que se ha reparado la ruptura del vínculo: «¿Estamos bien?», «¿Puedes perdonarme?».

Unas disculpas que reparen el vínculo deben incluir responsabilidad afectiva, remordimiento, reflexión y reconocimiento del agravio causado, voluntad de reparación e interés por escuchar lo que tenga que decir la pareja.

De la misma forma que eso contribuye a reparar el vínculo, hay palabras y estrategias que utilizamos para, supuestamente, disculparnos y que consiguen todo lo contrario: aportan mayor inseguridad y perpetúan la ruptura.

NO HAGAS ESTO SI QUIERES REPARAR EL VÍNCULO

Responsabilízate de tu parte y huye de este tipo de disculpas que, en realidad, no lo son:

- Disculpas que esconden autoprotección a través del «pero...»: «Lo siento, pero es que estaba desbordado», «Lo siento, pero no estaba bien en ese momento».
- Disculpas condicionadas: «Te pediré disculpas cuanto tú reconozcas tu parte».
- Disculpas repetidas: «¡¿Cuántas veces más tengo que disculparme?!».
- Disculpas aligeradas: «Era solo una broma», «Sabes que no lo decía en serio».
- Disculpas incondicionales: «Ya sabes cómo soy», «Me conoces bien; sabes que jamás diría algo así en serio».

Importante: puede que te duela escuchar lo que tenga que decirte tu pareja; puede que conectes con la culpa, que para ti sea hacer leña del árbol caído o que te abrume pensar que, según lo que respondas, va a generarse un conflicto. Lo cierto es que, cuanto más te resistas a escuchar de boca de tu pareja el agravio causado y a reconocer tu parte de responsabilidad, más presente estará la ruptura del vínculo en la relación.

DAR Y RECIBIR CUMPLIDOS: «¿Y SI NOS DIJÉSEMOS TODO LO BUENO QUE PENSAMOS EL UNO DEL OTRO?»

Es tan fácil acostumbrarse a lo bueno que enseguida lo damos por sentado. Y si es fácil olvidarse de lo positivo cuando las cosas van bien, ¡imagina lo que sucede cuando estamos atravesando una mala racha! Puede que pienses que a esto se lo llama rencor, pero permíteme que de momento lo llamemos **sesgo de negatividad**. Este concepto hace referencia a nuestra tendencia natural a dar mayor visibilidad e importancia a las experiencias negativas. ¿Por qué sucede? Porque, a nivel neuronal, poseen un mayor impacto.

En realidad, tiene sentido: las experiencias negativas son las que pueden poner en jaque nuestra supervivencia. Ya ves que, de nuevo, el buen funcionamiento de los mecanismos pensados para protegernos puede causarnos algún que otro quebradero de cabeza en las relaciones de pareja.

Imagina que tu relación es una mochila llena globos de cinco centímetros de diámetro, y que cada globo representa una experiencia o una interacción. Tu pareja y tú podéis llenar la mochila con globos de agua (experiencias negativas) o de aire (experiencias positivas). Teniendo en cuenta que todos los globos ocupan lo mismo (cinco centímetros de diámetro), pero que el agua pesa más que el aire, cuantos más globos de agua contenga la mochila, más pesará y más dificultades experimentaréis en la relación. ¿Qué podéis hacer al respecto? Ya lo habrás imaginado: aseguraros de que en vuestra mochila haya cuantos más globos de aire, mejor.

Te preguntarás que por qué te explico esto. Muy fácil: es inevitable que en las relaciones se produzcan conflictos, malentendidos, alguna que otra crítica no formulada de manera tan constructiva como nos gustaría... Todo ello contribuye a que el sesgo de negatividad cobre protagonismo (en otras palabras, llena la mochila de globos de agua). Eso significa que, para que el peso de la mochila sea gestionable, necesitamos invertir recursos atencionales para compensar este sesgo con **interacciones positivas** (globos de aire), de tal manera que el espacio que ocupen impida que haya cabida para los de agua.

Si podemos restaurar el vínculo tras un conflicto, conseguiremos sacar un globo de agua y sustituirlo por uno de aire y, así, contribuir a aligerar el peso de la mochila.

Restaurar el vínculo es importantísimo, pero no es la única forma de cambiar la composición de nuestra mochila. Sin duda, una cuestión muy interesante, que explicaremos pasando de una metáfora a otra: yo he usado la mochila y los globos; John Gottman nos habla de una **balanza de intercambios**.

Si por cada interacción negativa ofrecemos cinco interacciones positivas (ratio 1:5), nuestra balanza de intercambios quedará lo bastante compensada para que nos sintamos satisfechos con la relación.

Esta es la conclusión a la que han llegado Gottman y su equipo tras décadas de estudiar a parejas, y nos ofrece un buen motivo para dirigir nuestros esfuerzos a mantener la balanza inclinada hacia lo positivo. Y, para ello, podemos servirnos de los cumplidos. Si lo conseguimos, estaremos más satisfechos con la relación, y más dispuestos a escuchar a nuestra pareja con el objetivo de entender su punto de vista y, así, poder llegar a un acuerdo si es necesario.

Cuando pensamos en cumplidos, suelen venirnos a la mente aquellos de naturaleza física y estética. Yo te invito a crear variedad y contemplar otros aspectos, como las cualidades de tu pareja, cómo te hace sentir, el valor que aporta a tu vida, aquello que admiras de ella…

Las parejas que comunican aquello que les ha gustado o las ha hecho sentir bien están más satisfechas con la relación.

HALAGA A TU PAREJA

Piensa en todo aquello que te gusta de tu pareja, aquello que te aporta, aquello que valoras, aquello que admiras... y transmíteselo. Te dejo algunas sugerencias:

- «Quiero que sepas cuánto me gusta pasar tiempo contigo».
- «Estos momentos son un regalo».
- «Saber que estás ahí me proporciona seguridad».
- «Siempre ves lo mejor de los demás».
- «Consigues sacar lo mejor de mí».
- «Me ayudas a ver lo positivo que hay en mi vida».
- «Me encanta que me hagas sonreír».
- «Admiro tu tenacidad».
- «Me demuestras que intentas entenderme de verdad».
- «Eres una persona maravillosa».
- «Tienes un corazón enorme».
- «Tu pasión por la naturaleza me resulta inspiradora».
- «Se te da tan bien escuchar...».
- «Me sientan bien tus abrazos».

Los cumplidos satisfacen la necesidad de sentirnos vistos, de la misma forma que el reconocimiento y la gratitud. ¡Sigamos explorando distintas maneras de mantener la balanza 1:5 decantándose hacia las interacciones positivas, ¿te parece?!

GRATITUD Y RECONOCIMIENTO: «¿Y SI RECONOCEMOS CADA PEQUEÑA ACCIÓN DÁNDONOS LAS GRACIAS?»

La gratitud nos permite combatir los efectos de dar por sentado o, lo que es lo mismo, nos ayuda a evitar que nuestra pareja se sienta invisible. Lo cierto es que la gratitud bien practicada resulta tremendamente poderosa: hace sentir bien a quien la practica y a quien la recibe; afianza la intimidad, y premia la vulnerabilidad y la intención creando una atmósfera de conexión, seguridad y reciprocidad.

Pero ¿qué entiendo por gratitud «bien practicada»? Igual que sucedía con las disculpas, no basta con decir «Lo siento», no basta con decir «Gracias», sino que tienes que demostrar por qué te sientes así de agradecido, qué ha hecho tu pareja para que conectes con la gratitud y qué ha significado para ti.

Si no estamos acostumbrados a practicar la gratitud, es probable que nos cueste encontrar momentos y motivos para hacerlo. En este caso es seguro que esperemos grandes acciones que requieran grandes esfuerzos, pero lo cierto es que cada día nos brinda la oportunidad de identificar **pequeñas acciones** que merecen ser agradecidas. Si no es así, o bien nos encontramos en una relación que dista mucho de ser segura, que está desequilibrada o jerarquizada (una parte da mucho, pero no es recíproco), o bien estamos tan acostumbrados a lo que nos ofrecemos mutuamente que pasamos por alto todo aquello por lo que podemos estar agradecidos.

A continuación, voy a dejarte algunos ejemplos de pequeñas acciones por las que podrías mostrar gratitud. Vamos a llamarlas «microrrazones para expresar gratitud».

MICRORRAZONES PARA EXPRESAR GRATITUD

Echa un vistazo a las siguientes afirmaciones, dejándote inspirar y buscando mentalmente oportunidades de tu día a día para expresar gratitud:

- «Gracias por hacerme reír».
- «Gracias por la conversación de anoche».
- «Gracias por encontrar un momento entre reuniones para llamarme».
- «Gracias por prepararme el desayuno todas las mañanas».
- «Gracias por escoger pasar tiempo conmigo».
- «Gracias por venir a buscarme en coche».
- «Gracias por hacer el cambio de hora y adaptarte».
- «Gracias por responder por mí cuando no he sabido qué decir».
- «Gracias por escucharme sin prisas, sin juzgarme».

Puede que te sorprendas a ti mismo diciendo algo como: «Estas acciones, sin seguridad o sin que los pilares de la relación estén cubiertos, no sirven de nada». Es así: la relación debe alcanzar unos mínimos para que nos sintamos seguros respecto al vínculo. Tienes toda la razón. De hecho, si la relación no nos ha proporcionado seguridad en absoluto, quizá en vez de valorar cómo convertirla en una relación segura deberíamos valorar tomar medidas unilaterales para recuperar la seguridad y, con ella, el bienestar, dentro o, más probablemente, fuera de la relación.

Sin embargo, si se trata de una mala racha, si la relación suele proporcionarnos seguridad, pero sentimos que hemos descuidado el vínculo o que hemos entrado en dinámicas poco constructivas, la gratitud puede obrar milagros. Sí, tal cual lo lees. En este sentido, esas microrrazones ya no serán tan micro en cuanto a impacto, pues pueden tener un efecto realmente significativo en el vínculo.

Expresar gratitud por las pequeñas cosas fortalece la conexión, fomenta un clima positivo y da visibilidad a los esfuerzos de nuestra pareja por ofrecernos más de aquello que nos sienta bien.

A su vez, aumenta las probabilidades de que ese ejercicio se repita, con lo que desencadena una dinámica constructiva que contribuye a una mayor seguridad.

Cuando en consulta hablamos de gratitud, a menudo percibo cierto escepticismo en torno a lo significativa que puede resultar para el vínculo. Los estudios lo confirman: expresar gratitud es uno de los predictores principales de la estabilidad y el bienestar en la pareja, pues disminuye el impacto de los conflictos, según un estudio dirigido por Allen W. Barton, investigador centrado en desarrollo humano y familias.[17]

Mariona y Nico lo han experimentado en su propia piel. En una de las primeras sesiones les pedí que hicieran lo que llamamos simpáticamente un «experimento». Les sugerí que, cuando el otro expresara cómo se había sentido en una situación, cambiaran las respuestas que se daban de forma automática por un mensaje de agradecimiento. ¿Por qué? Porque, cuando uno de los dos expresaba cómo se había sentido, el otro se lo tomaba como una crítica o un ataque, con lo que perdía la oportunidad de ver a su pareja. Ese momento de vulnerabilidad quedaba oculto tras la reactividad de la defensa.

En la siguiente sesión valoramos cómo había ido la puesta en práctica.

—¡Bastante bien! —dijo Mariona. Nico asintió sonriente.

—Genial, chicos. Explicadme con más detalle. ¿Qué tal si ponemos sobre la mesa algunos ejemplos? —les pedí.

—El otro día Nico me dijo que él hacía muchas cosas por la relación que pasaban desapercibidas, que parecía que yo no me diese cuenta de lo implicado que estaba —comenzó Mariona—. En otro momento le hubiese dicho que yo también hago muchas cosas por la relación y que uno no debe hacer las cosas para que se lo agradezcan, pero recordé lo que habíamos comentado sobre el experimento de la gratitud y cambié mi respuesta.

—Fenomenal, Mariona. Muy bien por coger al vuelo la oportunidad para poner en práctica el experimento. ¿Y cuál fue tu respuesta? —le pregunté.

—Le dije que quizá no era del todo consciente de lo que hacía por nosotros, que quizá caía en la trampa de darlo por sentado y que intentaría estar más atenta, darle más visibilidad y agradecérselo —respondió.

—¿Cómo te sentiste con su respuesta? —le interpelé a Nico.

—Me sorprendió para bien. A pesar de que habíamos comentado lo del experimento en la anterior sesión, no me lo esperaba. Se lo agradecí —alegó.

—Ah, ¿sí? ¿Qué le dijiste? ¿Cómo se lo agradeciste? —inquirí.

—Le dije que para mí era muy importante saber que podía expresarle lo que necesito y que ella lo acogiera de esta forma. Le dije también que me ayudaría a sentirme más seguro si se diera cuenta de lo que hago por la relación. Que se valoren mis acciones es para mí muy importante, así que le agradecí que esa fuese su respuesta —contestó Nico.

Lo que decía tenía muchísimo sentido. En la primera sesión se dejaron entrever los **lenguajes del amor** que hablaba cada uno de ellos: para Nico, los actos de servicio eran su lenguaje principal y, teniendo en cuenta su historia de vida, estaba, cito textualmente, «cansado de que se dé por hecho que siempre voy a estar ahí para los demás»; para Mariona, en cambio, el principal lenguaje del amor eran las palabras de afirmación, motivo por el cual acogió tan bien e implementó tan deprisa el experimento que les propuse.

Podemos potenciar los efectos de la gratitud si la practicamos teniendo en cuenta los lenguajes del amor de cada miembro de la pareja.

GRATITUD Y LENGUAJES DEL AMOR

La gratitud puede servirnos para otorgar un valor especial a aquellas acciones encaminadas a nutrirnos según nuestro lenguaje del amor. Por ejemplo:

- Si tu lenguaje del amor principal son las palabras de afirmación y tu pareja te halaga o te hace un cumplido, puedes responderle con un: «Sabes que me encanta que me digas estas cosas, ¿verdad?».
- Si tu lenguaje del amor principal son los actos de servicio y tu pareja hace algo por ti, puedes decir algo así como: «¡Muchas gracias! Sé que ya te lo he dicho, pero te estoy muy agradecido por...».
- Si tu lenguaje del amor principal son los regalos y tu pareja te sorprende con uno, tu respuesta puede ir en la línea de: «Jo, ¡cómo se nota que me conoces! ¡Me encanta que me sorprendas así!».
- Si tu lenguaje del amor principal es el tiempo de calidad y tu pareja se bloquea la agenda para pasar tiempo contigo, puedes agradecérselo diciéndole algo así como: «¿Te he dicho ya lo mucho que significan estos momentos para mí? Es genial saber que tú también los valoras y priorizas la relación. Gracias por bloquearte la agenda; sé lo mucho que te cuesta».
- Si tu lenguaje del amor principal es el contacto físico y tu pareja lo entabla más a menudo, puedes recordarle lo importante que es para ti con palabras como: «¡Más de esto, por favor! Sentirte cerca me da un chute de energía. ¡Gracias por tenerlo presente!».

Gracias a aumentar el número de intercambios positivos que giraban alrededor de la gratitud, con Mariona y Nico pudimos trabajar otros aspectos desde el verse y el tratar de entenderse.

Aunar lenguajes del amor y gratitud puede ser relativamente fácil cuando somos conscientes de qué lenguaje hablamos y nos damos cuenta de los esfuerzos de nuestra pareja por ofrecernos aquello que necesitamos de la forma en que lo necesitamos. Si lo conseguimos, estamos preparados para pasar a un nivel de mayor complejidad. ¿Qué me dices, te atreves?

Se trataría de utilizar la gratitud como respuesta cuando tu pareja ponga sobre la mesa algo que le ha molestado, o cuando comparta contigo cómo se ha sentido. Cuando Mariona hablaba del experimento, se refería justamente a esto.

Decía que este ejercicio entraña un mayor nivel de complejidad porque requiere que dejemos de lado la incomodidad que podemos experimentar como fruto de las palabras de nuestra pareja y nos centremos en mantener el circuito de conexión cerrado a base de validar, abrazar la vulnerabilidad y responder de forma positiva, aportando seguridad, incluso cuando no estemos de acuerdo.

¡ATRÉVETE A HACER UN EXPERIMENTO!

La próxima vez que tu pareja verbalice algo que le molesta, prueba a darle las gracias por expresar aquello que le incomoda o sienta mal. Observa qué sucede: cómo te sientes tú y cómo se siente tu pareja. Puedes usar afirmaciones como:

- «Gracias por compartir conmigo cómo te sientes».
- «Que expreses lo que te sienta mal es importante para mí».
- «Agradezco que hayas decidido comentar conmigo cómo te has sentido».
- «No ha debido ser fácil poner en palabras cómo te sientes. Gracias por hacerlo. Me ayuda a entenderte mejor».

- «No te voy a negar que estas palabras me incomodan, pero creo que es importante que podamos expresarnos con libertad».
- «Para mí la confianza es muy importante. Si te soy sincero, hubiese preferido que tu mensaje fuera en otra dirección; pero entiendo que, para poder crecer en la relación, debemos tener conversaciones incómodas. Así que gracias por ponerlo sobre la mesa».

Cuando hablamos de gratitud también debemos hablar de **reconocimiento**. Y es que parte de la gratitud pasa por reconocer las acciones de nuestra pareja.

Reconocer significa hacer visible a nuestra pareja expresando valía y merecimiento, manifestándoselo explícitamente.

Presta atención a estos dos aspectos: la necesidad que se satisface es la de sentirse visto, pero también la de sentirse valioso; y es importante explicitarlo. ¿Por qué? Porque de lo contrario incurrimos en el clásico error de dar por sentado. Y digo que es un error porque, a pesar de que nos acostumbremos a todo, el esfuerzo que hay detrás de cada acción sigue siendo el mismo que al principio y, por lo tanto, merece el mismo reconocimiento (si no más, pues el esfuerzo mantenido en el tiempo requiere constancia e intención).

BONUS TRACK
DIARIO DE GRATITUD... Y RECONOCIMIENTO

Voy a pedirte que anotes en una libreta o en las notas del móvil todas aquellas acciones que lleva a cabo tu pareja y que tienen un impacto positivo en tu bienestar. Anota tanto aquellas que tu pareja hace a propósito porque sabe que te aportan seguridad, como aquellas que lleva a cabo de forma natural y espontánea y que, de manera indirecta, contribuyen a una mayor seguridad en el vínculo.

Toma nota de ellas durante los próximos diez días. Proponle a tu pareja que haga lo mismo. Una vez pasados los diez días, encontrad un momento en el que verbalizar lo que habéis anotado. Hacedlo en un lugar tranquilo, sin prisas, mirándoos a los ojos.

¿Qué puede pasar? Que os emocionéis. ¡Eso será genial! 😀 Dejaos llevar por lo que sentís. También puede pasar que la lista de uno de vosotros sea larguísima y la otra contenga apenas unos ítems. ¡Que no cunda el pánico! Recuerda: no estáis a examen. No olvides tampoco que no a todos se nos da igual de bien «pescar» microrrazones por las que expresar gratitud: quizá sea cuestión de tiempo y entrenamiento.

¿Y sabes qué suele proporcionarnos un chute de energía respecto al reconocimiento? Que se nos reconozca en público. Ya sea en una comida familiar o mientras tomamos algo en una terraza con amigos, que nuestra pareja verbalice también en público lo agradecida que está por algo que hemos hecho, lo orgullosa que se siente de nosotros o cuánto nos admira añade valor al acto de reconocimiento.

Voy a ponerte un ejemplo: Roque asumió prácticamente todas las tareas de casa, las suyas y las de su pareja, Berta, durante un año mientras ella se preparaba una oposición a la vez que trabajaba. A Berta le proporcionaba seguridad saber que Roque estaba ahí, que se encargaría de que ella no tuviera que tomar decisiones del día a día como qué cenar o qué comprar en el súper, decisiones para las que no tenía capacidad mental.

—Me lo puso tan fácil... —comentaba Berta emocionada en una cena con amigos—. Roque se encargó de facilitarme el día a día para que, cuando llegase del trabajo, pudiese dedicarme plenamente a estudiar. Le estoy muy agradecida. En otras circunstancias me hubiese resultado muchísimo más difícil sacarme la oposición.

—No contemplaba otra opción: hoy por ti, mañana por mí. Somos un equipo, ¿no? Si no, recuerda cuando estuviste encargándote de todo cuando mi padre estuvo ingresado en el hospital —respondía Roque.

Podemos pensar: «Si Berta estuvo ahí para Roque, qué menos que él haga lo mismo, ¿no?». La reciprocidad es justa y muy necesaria, ya lo sabemos, pero que no sea una razón para no mostrar agradecimiento, pues en él hallaremos más seguridad. Cuando Berta agradece a Roque y no lo da por sentado, este se siente valorado; y cuando Roque hace lo mismo recordándole que estuvo ahí mientras su padre estaba ingresado, demuestra a Berta que lo tiene presente y que fue un gesto muy importante para él.

A veces sucede que no nos damos cuenta de algo hasta que, por casualidad, sale el tema. Entonces conectamos con la realidad que hemos vivido y con lo agradecidos que estamos de que nuestra pareja nos haya acompañado como lo ha hecho; ya sabes: **verbalizarlo lo vuelve más real**. También sucede que necesitamos sentir orgullo y admiración por nuestra pareja, algo que probablemente no manifestemos tan a menudo como deberíamos. Así que ¿por qué no prestarle más atención y darle el lugar que merece en la relación?

CONSTRUIR JUNTOS UN «NOSOTROS» Y EL SENTIDO DE PERTENENCIA QUE NOS BRINDA UN VÍNCULO SEGURO

La aritmética no engaña: 1 + 1 son 2. Sin embargo, en las relaciones no podemos aplicarlo de forma explícita, pues, en los vínculos de pareja, tú y yo, un «nosotros», es más que la suma de las partes: es **crear juntos** una historia, es proporcionarnos sentido de pertenencia, es que el vínculo contribuya a nuestro crecimiento a título individual, es **construir juntos** algo nuevo y que nunca ha existido.

Te preguntarás por qué hablo de crear y construir juntos. Muy simple:

Una relación se crea y se construye de forma conjunta. Cada miembro de la pareja contribuye de forma única e imprescindible al vínculo.

A estas alturas ya te habrás dado cuenta de lo importante que resulta elegir bien las palabras. La importancia de las palabras afecta también al sujeto que escojamos para nuestras oraciones. Recuerda cuando en el patio del colegio se jugaba a deportes de equipo donde el «nosotros» y el «ellos» quedaba bien diferenciado. Algo parecido sucede cuando formamos parte del «nosotros» en la relación de pareja.

Débora no puede evitar sentirse desconcertada y emocionalmente desconectada cuando su pareja, César, utiliza la primera persona del singular («Cuando tenga hijos...») en vez de la primera persona del plural para referirse a planes y objetivos («Cuando envejezcamos...»).

«Es como si a veces contara conmigo y otras, en cambio, decidiera prescindir de mí en sus planes de futuro. Y lo decide de manera unilateral y sin que haya habido un conflicto que lo precipite. Me desconcierta. No sé qué pensar. ¿Me quiere en su vida o no formo parte de sus planes?», se pregunta Débora.

Hablar de «nosotros», utilizar la primera persona del plural, es importante. No es una mera elección de palabras, sino toda una declaración de intenciones.

Utilizar la primera persona del singular atenta directamente contra nuestro **sentido de pertenencia**: de repente, no formamos parte del sistema pareja, nos quedamos descolgados, ¡con lo importante que es para nosotros, como humanos, pertenecer a un grupo!

Abro paréntesis: hoy en día podríamos vivir aislados de los demás. Estrictamente hablando, podríamos proporcionarnos lo que necesitamos para sobrevivir sin necesidad de contar con nadie. Sin embargo, esto no es lo que ha aprendido nuestro cerebro tras años y años de evolución. En nuestro ADN llevamos grabado que la supervivencia aumenta de forma exponencial si nos rodeamos de personas, si formamos parte de un grupo. Por eso el sentido de pertenencia es tan y tan importante para nosotros, los humanos. Y por eso nos destroza sentirnos rechazados por un grupo (familia, amigos, compañeros de trabajo…). Cierro paréntesis.

Incluir a nuestra pareja en los planes de futuro, y que nuestra pareja nos incluya, contribuye a que caminemos en la misma dirección y nos proporciona seguridad en tanto que reafirma que queremos a nuestra pareja al lado en el futuro, que contamos con ella, y viceversa: nos garantiza el sentido de pertenencia a largo plazo.

METAS, OBJETIVOS Y SUEÑOS COMPARTIDOS

Haz memoria y recupera conversaciones en las que hayáis hablado de cómo ve cada uno de vosotros el (y vuestro) futuro. Trata de responder a las siguientes preguntas:

- ¿Qué objetivos tenéis cada uno? ¿Cómo se encuentran en el camino?
- ¿Qué metas, objetivos y sueños compartís?
- ¿Qué os motiva para seguir adelante a cada uno de vosotros? ¿Y como pareja?
- ¿Qué metas, objetivos y sueños contribuyen a alimentar el «nosotros»?

Después, comparte las respuestas con tu pareja.

El **humor** también es una parte importante de la relación, y es habitual que se generen bromas internas que nazcan de experiencias compartidas. Tonterías, chorradas; todo tiene cabida ¡y es más que bienvenido! si nos hace sentir más cerca de nuestra pareja.

Hermi y Nuria están tomando algo con amigos cuando, de repente, se miran y empiezan a reírse a carcajadas. Nadie entiende qué pasa, salvo ellas dos. Es un momento desconcertante para el resto, pero de conexión e intimidad para ellas. ¿Por qué? Porque la situación vivida ha sacado a relucir una broma interna, algo que solo saben ellas dos. La complicidad y el hecho de que nadie más entienda qué pasa subraya el «nosotros» del que hablábamos: ese momento de confusión para los demás es un momento de intimidad para ellas y pertenece a su **microcultura**.

Permíteme que utilice un ejemplo del área profesional para explicar el concepto de microcultura (creo que nos ayudará a entenderlo mejor). Seguramente hayas oído hablar de la importancia de la cultura en las organizaciones. Esta se refiere a las normas, valores y costumbres que las rigen. ¿Por qué es importante ser consciente de la microcultura de las organizaciones? Porque esta puede explicar nuestro bienestar (o malestar) en ellas y, sobre todo, velar por su buen desarrollo, pues de ella dependen las dinámicas y relaciones que se den entre las personas que las conforman.

Hay un aspecto fundamental respecto a la cultura de las organizaciones: los trabajadores deben sentirse identificados con lo que transmiten, con su cultura; de lo contrario, se sentirán poco auténticos y su nivel de compromiso y satisfacción puede verse afectado de forma dramática.

¿Por qué te explico esto? Porque algo parecido sucede en los vínculos de pareja: desde el minuto cero empezamos a construir nuestra microcultura de pareja. De ella dependen la gestión de las tareas diarias, las obligaciones, la logística del día a día...; pero, sobre todo, las rutinas, los rituales (como los que hemos comentado con anterioridad), las celebraciones, las fechas señaladas…

EXPLOREMOS NUESTRA MICROCULTURA

Tómate unos minutos para reflexionar acerca de las siguientes preguntas. Sería genial si pudieras construir las respuestas con tu pareja. 😉

- ¿Cómo es el desayuno, el almuerzo y la cena para nosotros? ¿Qué esperamos de cada uno de estos momentos? ¿Cómo eran en nuestras familias de origen y cómo escogemos que sean para nosotros?
- ¿Con qué rituales nos sentimos especialmente identificados?
- ¿Qué celebraciones son más importantes para nosotros? Por ejemplo: cumpleaños, aniversarios, día de..., Navidades... ¿Cómo los celebramos? ¿Los pasamos solos o con más personas?
- ¿Cómo nos divertimos? ¿Qué nos hace reír? ¿Qué tonterías nos hacen gracia? ¿Qué chistes nos contamos?

De la misma forma que mirar al futuro contribuye a fortalecer la conexión y a afianzar el vínculo, lo que nos decimos sobre **nuestra historia** también importa. En páginas anteriores decía que es importante cómo pensamos a nuestra pareja. Lo mismo sucede con nuestra historia: somos más que dos personas que deciden compartir tiempo y espacio: somos dos personas que construyen juntas una historia. Una historia que empezó en el minuto cero, con la primera palabra o la primera mirada que nos cruzamos. Puede que fueseis amigos de toda la vida, o que os conocierais por casualidad en una noche de fiesta, o que vuestra historia empezase hablando de perros en el pipicán o con un *match* en Tinder.

Sea como fuere, juntos habéis reído mucho, habéis llorado en alguna ocasión, habéis mantenido conversaciones incómodas, habéis resuelto conflictos y habéis superado dificultades. Todo eso, los recuerdos de momentos dulces y aquellos de momentos un tanto amargos —o ácidos—, forma parte de vuestra historia.

NUESTRA HISTORIA

Echa (o, todavía mejor, echad 😉) la vista atrás, a vuestra historia, a los momentos compartidos, y pregúntate:

- ¿Qué fechas son importantes para nosotros?
- ¿Qué acontecimientos han marcado nuestra historia?
- ¿Qué situaciones, sucesos, conversaciones, rupturas o reparaciones del vínculo han resultado un punto de inflexión?
- ¿Qué han significado para nosotros los momentos difíciles?
- ¿Qué hemos aprendido de las dificultades, el uno del otro, y de los dos como pareja?
- ¿Qué nos ha ayudado a crecer?

Pensar en nosotros, tener metas y objetivos que van en la misma dirección, ser conscientes de los rituales que llevamos a cabo como pareja y promover la microcultura de la relación fomenta la unidad y el sentido de pertenencia a la vez que fortalece el vínculo mediante la creación de significados compartidos. Y es que crear juntos una relación implica construir juntos **significados compartidos**.

Todos y cada uno de nosotros tenemos una idea de qué significan amor, familia, compromiso, respeto... Pero es en los matices individuales donde encontramos la riqueza de las aportaciones de cada miembro de la pareja.

SIGNIFICADOS COMPARTIDOS

Quizá no os lo hayáis preguntado de forma explícita, pero sería interesante que pudierais responder a las siguientes preguntas. Importante: no se trata de un examen, no hay respuestas correctas o incorrectas, sino que las siguientes preguntas ofrecen el contexto perfecto para crear oportunidades de construir juntos significados. Aprovechadlas para acercaros emocionalmente, para curiosear respecto a lo que penséis el uno y el otro, como un momento de intimidad.

- ¿Qué es para nosotros el amor? ¿Qué significa querernos?
- ¿Qué esperamos de esta relación?
- ¿Qué necesidades emocionales queremos que satisfaga este vínculo?
- ¿Qué significa para nosotros el compromiso? ¿Y el respeto? ¿Y la fidelidad?
- ¿Qué significa para nosotros la familia?
- ¿Cómo debe ser para ti tu hogar para que lo sientas tuyo? ¿Y para mí? ¿Cómo debe ser nuestro hogar?
- ¿Cómo queremos educar a nuestros hijos (si queremos tener hijos)?
- ¿Qué significa para cada uno de nosotros la seguridad financiera? ¿Qué necesitamos para sentirnos seguros con la economía familiar?
- ¿Qué importancia tiene el trabajo para cada uno de nosotros?

YO EN LA PAREJA: «¿CÓMO PUEDE MI RELACIÓN DE PAREJA CONTRIBUIR A MI CRECIMIENTO?»

A lo largo de este libro he hablado de la importancia de ver a nuestra pareja, pero hay algo que no debemos olvidar, y es que construir juntos un «nosotros» también contribuye a que nos veamos a nosotros mismos: nos pone en la tesitura de preguntarnos qué queremos, qué necesitamos del vínculo y qué podemos aportarle. Eso nos remueve, puede conectarnos con viejas heridas, y nos lleva a plantearnos preguntas (algunas quizá un tanto incómodas) y a entablar un diálogo interno con cierta autocrítica a la vez que nos anima a aprender a integrar patrones de vinculación más sanos. Y es precisamente en este punto en el que las relaciones de pareja pueden **proporcionarnos sentido**.

Me explico: cada vínculo, cada interacción, trae consigo aprendizajes sobre la otra persona, sobre las relaciones en general y también sobre nosotros mismos. Nuestras creencias sobre las relaciones, las expectativas que tenemos de ellas, cómo nos vemos en el área pareja, qué creemos que podemos aportar, qué necesitamos que nos proporcionen los lazos afectivos, cómo nos lleva a vincularnos nuestra historia... Todo eso es información tremendamente valiosa a la que podemos acceder a través de un trabajo interno, pero, sobre todo, prestándonos mucha atención, haciendo un ejercicio de introspección para vernos cuando nos vinculamos, cuando construimos un lazo tan estrecho e íntimo como el vínculo de pareja.

Sabemos cuándo ha empezado una relación. No sabemos cuándo acabará, ni tan siquiera si terminará algún día. Pero de algo podemos estar seguros: no vamos a ser los mismos tras vincularnos con nuestra pareja, tras interactuar en innumerables ocasiones y compartir experiencias con ella. Y eso no es negativo, pues las relaciones, si son sanas, si son un lugar seguro, pueden presentarnos el contexto perfecto para vernos de verdad, para crecer y, cabe añadir, para sanar. Sí, he dicho «sanar».

Las relaciones sanas, aquellas que son un lugar seguro, son sanadoras, muy sanadoras.

Tener al lado a alguien que cree en ti, que está ahí para ti de manera consistente, que te aporta paz y calma, que se molesta en verte y en tratar de entender qué necesitas, alguien que te quiere, que te cuida y que te valida, es terriblemente sanador. Y también lo es aprender a vincularse desde la seguridad emocional y ser nosotros quienes contribuyamos al vínculo en esta misma dirección.

Decía que todas las interacciones y todos los vínculos traen consigo aprendizajes, también aquellos que van más allá de la relación de pareja. Esto es lo que nos ha sucedido hasta la fecha, y seguirá sucediendo hasta el momento en que nos vayamos de este mundo. Cada interacción es una oportunidad para aprender cómo funcionan las relaciones y cómo funcionamos nosotros dentro de los vínculos que establecemos con las personas que nos rodean.

No todo en la vida es de color de rosa. Creo que eso ya lo sabes, ¿verdad? Todos vivimos dificultades, atravesamos periodos complicados y contamos con algún que otro episodio que preferiríamos que no hubiese sucedido. Es parte de la vida. Lo mismo pasa con los vínculos y las interacciones que hemos tenido con las personas que han sido significativas para nosotros: padres, abuelos, hermanos, tíos, amigos, profesores, compañeros de trabajo, parejas... En un ejercicio de honestidad y transparencia para con nosotros mismos, podemos darnos cuenta fácilmente de que lo que hemos aprendido de estas interacciones no siempre es sano, no siempre contribuye a nuestro bienestar, a que nuestra autoestima sea fuerte, saludable y permanezca en plena forma.

Antes hablábamos del sentido de pertenencia; ahora es interesante que introduzcamos el concepto de **autopreservación**: y es que muchas conductas que llevamos a cabo, sobre todo las más intuitivas y de carácter más automático, tienen como objetivo mantener nuestra integridad física... y emocional. Ahora bien, cómo hayamos aprendido a sobrevivir depende de nuestra historia: qué tenemos que hacer para que nos acepten y qué es mejor evitar depende de las primeras interacciones con personas significativas para nosotros. Y, recordemos, de que nos acepten depende nuestra capacidad para sobrevivir. De acuerdo, quizá no en un sentido literal, especialmente a medida que nos vamos haciendo mayores y vamos ganando independencia; pero sí cuando éramos bebés sin recursos y del todo dependientes.

Ya sabes que aquí no hemos venido a juzgar a nadie: me gusta pensar —y así lo creo firmemente— que la mayoría de nosotros actúa de la mejor forma que sabe, aunque no sea la más adecuada o la más sana para el vínculo o para sus integrantes. Pero una vez más hablamos de dos realidades que pueden coexistir: hemos podido rodearnos de personas que querían lo mejor para nosotros, pero que no conseguían satisfacer nuestras necesidades emocionales y que tal vez, con sus interacciones, no nos transmitieran aprendizajes del todo sanos sobre lo que debíamos y no debíamos hacer para ser aceptados.

Que nos hayamos rodeado de personas que querían lo mejor para nosotros, pero que no han conseguido satisfacer nuestras necesidades emocionales y que, como fruto de dichas interacciones, hayamos incorporado respuestas no del todo sanas son dos realidades que pueden coexistir.

Eso nos lleva a desarrollar heridas emocionales, carencias o anhelos. Recuerda el segundo capítulo, cuando hablábamos del apego y de la importancia de los primeros vínculos. Todas nuestras interacciones, las que nos aportan y las que nos restan, las que son sanas y las que no tanto, las que contribuyeron a nuestro bienestar y las que no lo contemplaron, forman parte de nuestra historia. Y de nuestro presente. Salvo que (¡atención!) sobrescribamos esa información con nuevas interacciones, con nuevos vínculos cuyas interacciones nos proporcionen seguridad y calma, y promuevan nuestro bienestar emocional.

No hablo de hacer borrón y cuenta nueva, sino de sustituir los aprendizajes que nos llevamos de anteriores etapas y que en su momento tuvieron mucho sentido pero que, en la actualidad, no resultan saludables por otros que nos permitan construir relaciones sanas y seguras para las personas que nos rodean y, sobre todo, para nosotros mismos. Y cuando hablo de «sobrescribir» o «sustituir» me refiero a tratar de que estos aprendizajes tengan mucho más peso que los que nos llevamos de anteriores etapas.

Esto es posible gracias a la **neuroplasticidad**. Verás, las neurociencias han descubierto, investigando la activación de regiones cerebrales mediante técnicas de neuroimagen, que cada interacción, cada experiencia, queda grabada en el cerebro a modo de circuito que conecta unas determinadas células y segrega unas sustancias químicas en concreto. Esto sucede sobre todo cuando las experiencias tienen un marcado carácter doloroso (¿recuerdas el sesgo de negatividad?).

Estos circuitos cobran más protagonismo a medida que se van sumando experiencias que nos recuerdan a las anteriores y que nos evocan emociones de la misma naturaleza. Y viceversa: cuanto más protagonismo tengan estos circuitos, más fácilmente se activarán en situaciones que nos recuerden a aquellas que originaron dichos circuitos. En definitiva:

Cada experiencia queda registrada en el cerebro en forma de circuito. Cuantas más experiencias alberguemos que generen una reacción emocional parecida, más se fortalecerá el circuito y se reforzará, así, el impacto que tenga en nuestra vida.

Voy a ponerte un ejemplo: el padre de Gina dejaba de hablarle durante días cuando se enfadaba con ella. Ahora, cuando Marc se muestra molesto y se aísla, Gina conecta con el dolor que experimentaba cuando, de pequeña, su sentido de pertenencia se veía duramente amenazado y se sentía invisible y nada querida por su padre.

No sé si «revertir» sería la palabra, pero la neuroplasticidad nos permite contrarrestar todos estos aprendizajes, neutralizarlos para que tengan cada vez menos impacto en nuestro presente. ¿Cómo? Cada interacción segura compite neuronalmente hablando con aquellas que no lo fueron. En realidad, es algo mucho más complejo, pero creo que así entenderemos por qué, cuando Marc se enfada y le recuerda a Gina que la sigue queriendo, que necesita unos minutos y que después podrán hablar con tranquilidad de lo sucedido, Gina vive en su propia piel una realidad distinta, una nueva forma de vincularse; sin duda, algo que la ayuda a sanar.

QUÉ HE APRENDIDO Y CÓMO HE CRECIDO GRACIAS A ESTA RELACIÓN

Tómate unos minutos y pregúntate:

- ¿Qué he aprendido de mí, de cómo me vinculo, de mis necesidades emocionales y de cómo gestiono las dificultades gracias a esta relación de pareja? ¿Y a las anteriores?
- ¿De qué manera creo que mi pareja ha contribuido a que aprenda a vincularme de forma distinta?
- ¿Qué situaciones me han resultado todo un reto y, gracias a mi relación de pareja, me he puesto manos a la obra, haciéndome preguntas incómodas, aprendiendo sobre mí mismo y sobre mi manera de vincularme?

Lo venía diciendo en el primer capítulo: los motivos que nos llevan a tener pareja han ido cambiando a lo largo de los siglos. Ya no vemos las relaciones como una transacción que nos proporciona cobijo, alimentación y cuidado, y que garantiza la supervivencia de nuestra prole. Tampoco las vemos como el contexto en el que tener hijos. Ahora esperamos más de ellas: esperamos que satisfagan nuestras necesidades emocionales.

Hay relaciones en las que nos pasamos el día tratando de dar con la fórmula mágica para que —por fin— funcionen; otras en las que intentamos evitar la ruptura a toda costa; otras en las que nos sentimos encorsetados, poco libres de mostrarnos tal y como somos y de expresar lo que necesitamos. Todo eso nos lleva a adoptar el modo supervivencia: nuestros esfuerzos se reducen a mantener un frágil equilibrio interno.

Sin embargo, si nuestra relación es segura, podemos ir más allá; si el vínculo no nos preocupa, sino que nos aporta calma, paz y seguridad, podemos invertir nuestros recursos mentales y emocionales en crecer, en nutrirnos de las interacciones.

Y es precisamente en este punto en el que nos damos cuenta de la importancia de construir relaciones que nos proporcionen seguridad... y sentido. ¿A qué me refiero con esto? A que las relaciones deben ser un lugar que nos invite a mostrarnos tal y como somos, un espacio seguro que nos permita la autorreflexión y la autocrítica, un vínculo desde el que aprender y sanar, y que no solo no perjudique nuestro bienestar, sino que lo potencie, junto con nuestro crecimiento. Que las relaciones de pareja promuevan nuestro crecimiento y nos acompañen en el camino puede ser el nuevo propósito de estas. Y eso sucede gracias a poder explorar, dar sentido, expresar y satisfacer nuestras necesidades emocionales, y tanto recibir como proporcionar aquello que todos buscamos aun sin saberlo: una relación caracterizada por la seguridad emocional, un amor seguro, un amor sano, un amor del bueno.

EPÍLOGO

Gracias por haberme permitido acompañarte en este viaje. Gracias por haberte permitido llegar hasta aquí.

Quizá ha habido momentos en los que no te ha resultado fácil. Estoy segura de que algunas páginas te han hecho reflexionar sobre aspectos que no siempre son cómodos. Es esperable, pues adentrarte en tu mundo interno y tratar de conocer el de tu pareja es una cuestión compleja y de una carga emocional considerable: supone detenerse y plantearse muchas preguntas, algunas incómodas y muchas para las cuales es probable que todavía no tengas respuestas, y que pueden significar entablar conversaciones difíciles o incómodas.

Pero seguro que también ha habido momentos de entender, de dar por fin sentido a aquello que venías experimentando y que te costaba poner en palabras. Espero que eso se acompañe de cierto alivio, que en ti haya algunas partes más en calma y que mires al futuro con cierta esperanza.

Sea como fuere, independientemente de cuáles hayan sido las emociones con las que has conectado a lo largo de estas páginas, el camino no ha hecho más que empezar.

Seguro que a una parte de ti le gustaría que ya estuviera todo hecho y poder tener la relación que deseas tanto contigo como con tu pareja. Pero estoy convencida de que dentro de ti hay una parte que ha disfrutado haciéndose preguntas, adentrándose en tu mundo emocional, observándose con curiosidad y haciendo lo mismo con tu pareja. Es esa parte la que necesitamos que esté más presente: necesitamos que, de la misma forma que nos ha acompañado a lo largo de este libro, también lo haga en el momento en que lo cierres y lo dejes en el estante de libros leídos.

De hecho, me gustaría que no solo lo hubieses leído. Me gustaría que lo hubieses trabajado. Que hubieses permitido que estas páginas te acompañasen en un viaje de esos que dan miedo pero que, a la vez, sabemos que cuando volvamos a casa nos habrán transformado, para bien.

Si, por el motivo que sea, has leído, pero no trabajado estas páginas, permíteme que te haga una sugerencia: déjalo en el estante, sí, pero no lo pierdas de vista. Quizá haya cuestiones que no has podido desarrollar ahora mismo, o cuestiones en las que no sientes que sea el momento de adentrarse; es importante escucharse, pero no descartes cogerlo de nuevo en unos días, semanas o meses.

Cuando valoramos poner fin al proceso terapéutico, siempre digo a las personas a quienes acompaño en consulta: «No tienes por qué saber hacerlo todo perfecto. No. Siempre habrá cosas que quieras mejorar y en las que quieras trabajar. Y eso está bien. Basta con que te lleves contigo herramientas, con que experimentes una mayor seguridad a la hora de hacer frente a determinadas situaciones del día a día, con que aprendas a recuperar el equilibrio y a preservar tu bienestar. Y tienes toda la vida por delante para seguir trabajándote».

Y lo mismo te digo a ti: lejos de terminar, tu camino no ha hecho más que empezar. Pero que eso no te desaliente. De la misma forma que en ocasiones te decía que es esperable que no baste con trabajar unas páginas de un libro, que quizá necesites (o necesitéis, tu pareja y tú) un proceso de acompañamiento terapéutico, tampoco es esperable que sucedan determinados cambios de la noche a la mañana. ¡Que la impaciencia no se apodere de ti!

Fíjate que a menudo ponemos tanto el foco en la meta que nos olvidamos del camino; pero el camino no solo es enriquecedor, sino que también puede resultar placentero. Cada paso que des tú, cada paso que dé tu pareja para construir juntos el vínculo que deseas, puede ser saboreado desde ese «nosotros» tan único que estáis creando, desde esa nueva oportunidad que te estás dando para verte a ti, ver a tu pareja y ver la relación de forma distinta. Estás escribiendo nuevos capítulos de vuestra historia. Hazlo de tal manera que dentro de un tiempo mires atrás y te sientas orgulloso del camino recorrido; de tal forma que este trabajo sea un punto de inflexión en vuestra relación. Y ojalá en este camino cuentes con una colaboración estrella o, mejor dicho, con la otra coprotagonista: tu pareja.

En algún momento te he hablado de ese GPS que parece que llevemos incorporado. Sabemos hacia dónde dirigirnos: hacia esa relación sana que tanto ansiamos. Pero que sepamos cuál es el destino no significa que no debamos pararnos a lo largo del camino y reflexionar sobre cómo nos sentimos a cada paso que avanzamos... o retrocedemos. Por eso, pregúntate cómo vais; da espacio a conversaciones sobre ese «nosotros» que estáis construyendo juntos; crea oportunidades para reajustar aquello que os aleja de la seguridad emocional.

Es posible que tras terminar este libro te des cuenta de que tu relación no es un lugar seguro. Que, por mucho que tú lo intentes, como las relaciones son cosa de dos, jamás lo va a ser. O que, quizá, el trabajo que podáis hacer para fortalecer el vínculo y nutrirlo con mayor seguridad llega tarde. Espero que, en ese sentido, estas páginas hayan contribuido a una mayor claridad respecto al vínculo y la situación en la que te encuentras.

Pero, si al leer este libro te has dado cuenta de que los cambios que necesita vuestra relación son algo en lo que puedes y quieres (o, mejor todavía, podéis y queréis) trabajar, me gustaría recordarte lo siguiente: huye de pensar que tienes que llevar a cabo grandes acciones para que el vínculo siga en plena forma. Más bien asegúrate de nutrir vuestro día a día con muchas de esas pequeñas cosas que hemos ido comentando a lo largo de los capítulos, aquellas pequeñas acciones o breves palabras que marcan la diferencia entre un vínculo seguro y uno que no lo es, que nos llevan a alimentar un amor más seguro, más sano, y a vivir un amor del bueno.

AGRADECIMIENTOS

A mi madre y a mi hermana, por ser un apoyo incondicional.

A mi pareja, por estar ahí cuando comparto alegrías y cuando me inunda el miedo.

A Lucas, por ser la mejor compañía que podría tener al escribir estas páginas.

A mis amigas y amigos, por esos espacios que compartimos en los que caben proyectos como este.

A mis compañeras de equipo, por darme la oportunidad de nutrirme de ellas y de crecer a su lado.

A las personas que han confiado en mí y en mi equipo para que las acompañemos en el camino de quererse más a sí mismas, y de tener relaciones más sanas y seguras.

A aquellas personas que apoyan el contenido que comparto en las redes sociales, por formar comunidad y animarme a seguir divulgando.

A mi editora, por creer en mí.

A mí misma, por decir que sí a esta aventura, por trabajar en saborear cada palabra y cada paso del proceso, y por intentar que la ilusión eclipse al miedo.

Y a ti, por permitir que me cuele en tu vida, aunque sea a distancia, a través de estas páginas; y por escogerme para formar parte de tu camino de crecimiento.

LECTURAS RECOMENDADAS

Bowlby, John, *Vínculos afectivos: formación, desarrollo y pérdida*, Las Rozas de Madrid, Morata, 2014.

Chapman, Gary, *Los 5 lenguajes del amor*, Medley, Unilit, 2017.

Finkel, Eli J., *The All-or-Nothing Marriage: How the Best Marriages Work*, Nueva York, Dutton, 2017.

Gottman, John y Nan Silver, *Siete reglas de oro para vivir en pareja: Un estudio exhaustivo sobre las relaciones y la convivencia*, Barcelona, Debolsillo, 2010.

Gottman, John, *Eight Dates: To Keep Your Relationship Happy, Thriving and Lasting*, Londres, Penguin Life, 2019.

—, *The Love Prescription: Seven Days to More Intimacy, Connection, and Joy: 1 (The Seven Days Series)*, Nueva York, Penguin Books, 2022.

Hernández, Manuel, *Apego y psicopatología: la ansiedad y su origen*, Bilbao, Desclée de Brouwer, 2017.

Johnson, Sue, *Abrázame fuerte: Siete conversaciones para lograr un amor de por vida*, Barcelona, Alba, 2019.

Pankseep, Jaak, *Affective Neuroscience: The Foundations of Human and Animal Emotions*, Nueva York, Oxford University Press, 2004.

Pankseep, Jaak y Lucy Biven, *The Archaeology of Mind: Neuroevolutionary Origins of Human Emotions*, Nueva York, WW Norton & Co, 2012.

Perel, Esther, *Mating in Captivity: How to Keep Desire and Passion Alive in Long-Term Relationships*, Londres, Yellow Kite, 2007.

Porges, Stephen W., *La teoría polivagal: Fundamentos neurofisiológicos de las emociones, el apego, la comunicación y la autorregulación*, Madrid, Pléyades, 2017.

NOTAS

1. B. S. McEwen, «Allostasis and Allostatic Load: Implications for Neuropsychopharmacology», *Neuropsychopharmacology*, vol. 22, n.° 2, 2000, pp. 108-124.
2. Mary D. Salter Ainsworth *et al.*, *Patterns of Attachment. A Psychological Study of the Strange Situation*, Nueva York, Routledge, 2015.
3. Joseph E. LeDoux, «Emotion, Memory and the Brain», *Scientific American*, vol. 270, n.° 6, junio de 1994, pp. 50-57. DOI: 10.1038/scientificamerican 0694-50.
4. Donald W. Winnicott, *The Maturational Process and the Facilitating Environment*, Nueva York, International Universities Press, 1965.
5. Susan S. Woodhouse *et al.*, «Secure Base Provision: A New Approach to Examining Links Between Maternal Caregiving and Infant Attachment», *Child Development*, vol. 91, n.° 1, enero-febrero de 2020, pp. e249-2265. DOI: 10.1111/cdev.13224.
6. John Gottman, *The Relationchip Cure*, Nueva York, Three Rivers Press, 2001.
7. E. Kross *et al.*, «Social Rejection Shares Somatosensory Representations with Physical Pain», *Proc Natl Acad Sci USA*, vol. 108, n.° 15, 12 de abril de 2011, pp. 6270-6275. DOI: 10.1073/pnas.1102693108. Epub, 28 de marzo de 2011. PMID: 21444827; PMCID: PMC3076808.
8. S. B. Algoe, L. E. Kurtz y K. Grewen, «Oxytocin and Social Bonds: The Role of Oxytocin in Perceptions of Romantic Partners' Bonding Behavior», *Psychol Sci*, vol. 28, n.° 12, diciembre de 2017, pp. 1763-1772. DOI: 10.1177/095 6797617716922. Epub, octubre de 2017. PMID: 28968183; PMCID: PMC 5734372.
9. H. F. Harlow, «The Nature of Love», *American Psychologist*, vol. 13, n.° 12, 1958, pp. 673-685.

10. A. Dreisoerner *et al.*, «Self-Soothing Touch and Being Hugged Reduce Cortisol Responses to Stress: A Randomized Controlled Trial on Stress, Physical Touch, and Social Identity», *Comprehensive Psychoneuroendocrinology*, vol. 8, noviembre de 2021, 100091.
11. E. H. Jönsson *et al.*, «Affective and Non-affective Touch Evoke Differential Brain Responses in 2-Month-Old Infants», *Neuroimage*, 169, 1 de abril de 2018, pp. 162-171. DOI: 10.1016/j.neuroimage.2017.12.024. Epub, 11 de diciembre de 2017. PMID: 29242105.
12. K. M. Grewen, S. S. Girdler, J. Amico y K. C. Light, «Effects of Partner Support on Resting Oxytocin, Cortisol, Norepinephrine, and Blood Pressure Before and After Warm Partner Contact», *Psychosom Med*, vol. 67, n.º 4, julio-agosto de 2005, pp. 531-538. DOI: 10.1097/01.psy.0000170341.88395.47. PMID: 16046364.
13. K. M. Grewen *et al.*, «Warm Partner Contact Is Related to Lower Cardiovascular Reactivity», *Behav Med*, vol. 29, n.º 3, otoño de 2003, pp. 123-130. DOI: 10.1080/08964280309596065. PMID: 15206831.
14. S. Kirshenbaum, *The Science of Kissing: What Our Lips Are Telling Us*, Nueva York, Grand Central Publishing, 2011.
15. R. C. Rosen, «Prevalence and Risk Factors of Sexual Dysfunction in Men and Women», *Curr Psychiatry Rep*, vol. 2, n.º 3, junio de 2000, pp. 189-195. DOI: 10.1007/s11920-996-0006-2. PMID: 11122954.
16. B. W. McCarthy, «Marital Style and its Effects on Sexual Desire and Functioning», *Journal of Family Psychotherapy*, vol. 10, n.º 3, 1999, pp. 1-12.
17. A. W. Barton *et al.*, «The Protective Effects of Perceived Gratitude and Expressed Gratitude for Relationship Quality Among African American Couples», *Journal of Social and Personal Relationships*, vol. 0, n.º 0, 2022. <https://doi.org/10.1177/02654075221131288>.